十国税制概览

巫 山 ◎ 编著

图书在版编目（CIP）数据

十国税制概览 / 巫山编著 . -- 北京：当代中国出版社，2023.10
ISBN 978-7-5154-1292-4

Ⅰ.①十… Ⅱ.①巫… Ⅲ.①税收制度—对比研究—世界 Ⅳ.① F811.4

中国国家版本馆 CIP 数据核字（2023）第 176914 号

出 版 人	王　茵
责任编辑	高　山　柯琳娟
责任校对	贾云华
印刷监制	刘艳平
封面设计	鲁　娟
出版发行	当代中国出版社
地　　址	北京市地安门西大街旌勇里 8 号
网　　址	http://www.ddzg.net
邮政编码	100009
编 辑 部	（010）66572132
市 场 部	（010）66572281　66572157
印　　刷	中国电影出版社印刷厂
开　　本	710 毫米 ×1000 毫米　1/16
印　　张	27.25 印张　2 插页　387 千字
版　　次	2023 年 10 月第 1 版
印　　次	2023 年 10 月第 1 次印刷
定　　价	85.00 元

版权所有，翻版必究；如有印装质量问题，请拨打（010）66572159 联系出版部调换。

序一：制度始于规定，成于执行

作者完成《十国税制概览》这本书时，委托我写一篇序言。我理解他请我写序言的用意不在于单纯从税务管理的视角来写，而是结合税收制度，着眼于制度学研究的视角来写。

多年来我一直致力于制度学基础理论的探索和研究，并和一些部委领导、专家、学者在中国人民大学成立了制度学研究中心。主要的研究内容是制度学的基础理论研究、中国特色社会主义制度的理论研究以及公司治理、城市治理、政府治理、社会治理的制度问题与现实问题研究。在这本书中，作者把税务管理实务与制度学基础理论研究两个专业结合起来，对美、英、法、俄、日等十个国家的税收制度进行比较分析，开启了一个有益的尝试。

人类社会是一个高度组织化的社会，同时也是一个高度制度化的社会。制度是一种普遍的社会现象，如公司制度、国家制度、家庭婚姻制度、政治制度、经济制度等，税收制度也是一种非常重要的制度形式。人们对制度这个词很熟悉，但是缺乏理论上的深入探讨，存在着一些认识上的误区。例如，我曾看到一个关于税收制度的定义："税收制度是指国家（政府）以法律或法规的形式确定的各种课税方法的总称，它属于上层建筑范畴，是政府税务机关向纳税人征税的法律依据，也是纳税人履行纳税义务的法律规范。"这个定义具有一定的代表性，仅把制度定义为法律、法规或法律规范。实际上，这个定义只局限于制度形成的一个方面，并没有对税收制度做出完整、准确的解释。制度始于规定，成于执行，仅有法律法规或法律规范并不能形成制度。任何制度的形成过程都包括制度规定和制度执行两个方面。马克思说："人的本质是一切社会关系的总和。"按照这个理论推论，制度的本质是人的社会关系的规范和固化。人的社会关系的规范属于制度规定的过程，人的社会关系的固化属于制度执行的过程。对于一个国家来说，首先要有立法机关制定和颁布法律，这是非常必要的。但是仅有立法机关制定和颁布法律，并不能形成法律制度和国家制度，必须设立执行机关并通过执行机关执行法律的实际过程才能形成相应的法律制度和国家制度。税收制度也一样，不仅要有税法和关于税种、征税的各种规定，而且要有税务部门的严格执行及所有纳税人的认真遵守才能形成现实的税收制度。法律法规等税收方面的制度规定是非常重要的，但是如果没有税务局等税收机构的具体执行，则不能形成现实的税收制度。习近平总书记指出，"制度的生命力在于执行"[①]，特别强调了制度执行的重要性。

税收管理和税收制度是由税收法律制定者、执行者及所有纳税人在互动过程中构成的，可以统称为制度构成"三要素"。税收制度的形成过程可以分为税制规定和税制执行两个方面。目前关于税收的书很多，论述的多是税收方面的法律法规的具体内容及税种的类型和特点，集中或偏重于税制规定的方面，很少涉及税制执行的方面。本书不仅论述了各个国家的税制规定而且增加了税务机构和税制执行的内容，可以使读者对各国税收制度有更全面的了解。

在现代社会中，税收制度已成为世界上所有国家普遍存在的制度形式。世界各国在设立税收规制机构、税收执行机构和税种税率方面具有许多共同的特点，同时在立法程序、执行过程及具体的税种税率等方面也存在着很大的差异。各国税制比较不仅要探讨它们的共同点，同时也要分析它们的差异性及其产生的原因。各个国家的税收制度不是一个孤立运行的过程，而是政治、经济、法律、行政、金融、文化、技术等多种要素相互

---

① 《习近平谈治国理政》第3卷，外文出版社2020年版，第128页。

作用、相互推动的结果。这些要素的千差万别造成了各国税收制度、税种、税目、税率、课税对象、个税免征额、税收处罚、纳税人意识以及税收对经济的调控作用等各个方面的巨大差异。分析这种差异性及其产生的根源，是各国税制比较研究的一个重要内容。任何国家的税收制度都是其整个国家制度的有机组成部分，都有其特定的政治背景、历史传统、文化环境和经济发展状况等，对各国税收制度进行多视角、多层次的分析研究比孤立、单纯的分析研究更有理论借鉴和实际应用的意义。

本书对各国税制税种税率等进行了深入探讨，同时运用制度学的基础理论对税收制度的本质、税收制度产生和运行的原理、税制规制过程和税制执行过程的实际状况进行了多视角多层次的研究，这是一种把税务管理研究与制度学基础理论研究结合起来的有益尝试，也是今后在分析比较各国税收制度的基础上结合国情进一步发展和完善中国特色社会主义税收制度的努力方向。希望有兴趣的读者、税务理论研究者和实际工作者能够参与进来，共同探讨研究。

彭和平
中国人民大学校长助理　研究员
中国人民大学制度学研究中心主任

序二：企业出海，必懂税情

收到《十国税制概览》书稿后，我翻看了一下目录，其内容便一下子抓住了我的眼球。继续读下去，不知不觉地被书中的内容所吸引，特别是书中对10个国家的税收立法、税务机构设置以及主要税种、特色税种进行了列举介绍，具有很强的参考性、实用性，达到了一书在手便能对相关国家税制体系及主要税种纵观通览、了然于胸的目的。我常听说，企业出海因不了解相关国家税收法律制度而带来经营性损失的情况。我相信，此书的编写出版，必将在中国企业阔步走向海外，阔步迈向"一带一路"国家的进程中，对把握适应这些国家的税制，起到积极的作用。

《十国税制概览》紧紧围绕十个国家，聚焦以下几个方面内容：一是梳理了相关国家税收法律制度体系，探究了这些国家的税法税制基本情况；二是较为系统地介绍了相关国家的税务管理机构及其职责，为企业投资落地到相应国家，了解这些国家税务部门的职能职责列举了"导览"；三是对相应国家现行税种进行了分析，使读者能够了解到各国税种特色和特点，以帮助企业了解相应国家的税收法律制度环境，便于有针对性地确立投资行业、产业；四是着重探讨了这些国家特色税种的主要模式和特点。值得指出的是，该书还提到了数字经济和低碳发展与税收制度的关系，并将相关国家的做法进行了介绍，这点非常重要，对于制定和完善我国相关的税制有一定的参考意义。

此书不仅适合企业财会、办税人员等专业人士阅读，也适合社会公众在了解相关国家的税收状况中引为借鉴，同时也能为从事税务研究和税制设计的工作者提供较好的参考。

序二：企业出海，必懂税情

这本书的特点是简洁明了，直观性强。中国已经开始走近世界舞台中央，踔厉奋发、勇毅前行，我们要更好地应对国际国内的风险挑战，更好地帮助中国企业走出去，更好地打造具有全球税收竞争力的税收法律体系，就必须了解其他国家的税收法律。税法内容极为丰富，体系十分博大，而世界各国税制因国别不同区域有别，又各有差异、各具特色。爱因斯坦精骛八极，心游万仞，其思维在宇宙时空天马行空，纵横驰骋，但亦感觉税收制度纷繁复杂，不易理解。[①]本书编著者选取了同我国贸易、投资往来密切的韩国、日本、印度、俄罗斯、英国、法国、德国、美国、巴西、澳大利亚十国，对这十国的税收法律制度、税收机构设置及管理职责、主要税制及特色税种等税收中的关键"要件"做了概述勾勒，是十国税制概况的"导览图"，为读者深入了解这十国税制概况提供了向导作用。相信此书的出版，会对我国企业走出国门，开拓国际市场，了解相关国家的税收概况，把握相关国家的税收营商环境，遵从相关国家的税法等方面，起到良好的辅助作用。

蔡宇

中国税务学会副会长兼秘书长

[①] 据说爱因斯坦有这样的名言："世界上最让我难以理解的就是所得税。"

序三：贸易全球化需要税收指南

习近平总书记在2013年9月7日提出了"一带一路"重大倡议，至今正好十周年，本书的出版可谓恰逢其时。在数字化经济带来的产业和社会深刻变革之际，在我国对内深化体制改革的当前，面对复杂外部环境继续对外开放的重要时期，急需这样一本全面深入介绍世界主要国家税制情况的书作为参考和指南。

党的十八大以来，以习近平同志为核心的党中央统筹国内国际两个大局，以前所未有的决心和力度推动许多领域实现历史变革，系统性重塑整体结构，团结带领人民开创了改革新局面。2017年10月18日，习近平总书记在党的十九大报告中继续指出："坚持对外开放的基本国策，坚持打开国门搞建设，积极促进'一带一路'国际合作，努力实现政策沟通、设施联通、贸易畅通、资金融通、民心相通，打造国际合作新平台，增添共同发展新动力。中国支持多边贸易体制，促进自由贸易区建设，推动建设开放型世界经济。"[①]党的二十大进一步提出，要完整、准确、全面贯彻新发展理念，加快构建新发展格局，着力推动高质量发展，努力扩大内需，提升产业链供应链的韧性和安全水平，进一步优化市场化、法制化、国际化营商环境，加快构建以国内大循环为主体、国内国际双循环相互促进的新发展格局。

当前，随着数字中国快速发展，数据要素价值有效释放，数字经济发展质量效益大幅增强，数字经济不仅创新了交易方式，还改变了价值创造

---

① 《习近平谈治国理政》第3卷，外文出版社2020年版，第47页。

模式。2023年2月27日，中共中央、国务院印发了《数字中国建设整体布局规划》（以下简称《规划》）。《规划》提出："到2025年，基本形成横向打通、纵向贯通、协调有力的一体化推进格局，数字中国建设取得重要进展。"数字化带来的第四次产业革命，已经深刻地影响到了经济、社会和人民生活的方方面面。税收制度是顶层设计中的重要内容，借鉴国外数字经济发展经验以及有关的税收制度尤为重要，可以让我们少走弯路，有所裨益。将目光投向世界，越来越多的企业走出去，越来越多的国家和地区成为我们企业走出国门的立足之处，越来越复杂的对外合作形式在不断演进和生发。国际竞争中要严格遵循经济合作与发展组织（OECD）税收协定规则，公平税赋，打破贸易壁垒，实现经济贸易全球化，我们迫切需要一本这方面的"税收指南"。

经历规则多样性选择及参与主体间的博弈竞争，才能最终形成新的制度。如何经历规则多样性的选择？这就势必要求我们放眼世界，将目光投注到其他国家的税制研究之中。落实好中共中央办公厅、国务院办公厅的《关于进一步深化税收征管改革的意见》，使税收更好地服务于市场主体的发展及对外开放战略，从这个意义上讲，我认为本书很好地担负起了这一时代使命，为我国当前税制深化改革提供了极佳的参考角度。

蒋志刚
丝路规划研究中心副理事长

自　　序

习近平总书记在党的二十大报告中提出了"推进高水平对外开放"的重要任务，为我国企业"走出去"提供了强大动力、指明了正确方向。

推进高水平对外开放，是坚持对外开放基本国策的必然要求，是实现中华民族伟大复兴的必然选择。习近平总书记一贯强调"坚持胸怀天下"，提出要"以更大的开放拥抱发展机遇，以更好的合作谋求互利共赢，引导经济全球化朝正确方向发展"[1]，"维护以世界贸易组织为核心的多边贸易体制，消除贸易、投资、技术壁垒，推动构建开放型世界经济"[2]。这要求我们必须坚持经济全球化正确方向，推动贸易和投资自由化便利化，支持多边贸易体制，推进双边、区域和多边合作。

党的二十大开启了新时代企业走出去新征程。我们要坚持以习近平新时代中国特色社会主义思想为指导，全面贯彻党的二十大精神和中央经济工作会议精神，坚定不移扩大开放。依托我国超大规模市场优势和产业链供应链优势，夯实企业走出去基础，深化拓展对外经贸关系，在基础设施互联互通、境外经贸合作区建设等领域取得显著成效，并积极拓展数字丝绸之路等新领域合作。

有因于此，中国企业做好国际战略经济布局，实施好当前经贸合作的发展战略，结合产业变革的契机，走出去投资发展，先期了解相关国家的税收法律制度有重要的意义。我们尝试编写了部分国家现行的税收法律制

---

[1] 《习近平谈治国理政》第3卷，外文出版社2020年版，第473页。
[2] 《习近平在金砖国家工商论坛开幕式上的主旨演讲》，新华网2022年6月22日。

度简版丛书，力求帮助读者以最便捷、最直接的方式了解所关注国家的税收法律环境。

在本书中，我们主要选编了世界五大洲中，具有区域特色的10个主要经济体的税收制度进行学习研究，这10个国家也是和中国贸易往来最为密切，在税收法律制度方面各具特色的国家。本书分为五部分。第一部分对税收法律体系、税收制度做了系统的梳理。第二部分讲解税务机构及管理职责。第三部分精炼概括这10个国家主要税种法规的要义和要点，并结合国家之间的异同做比较分析，从而使读者更深入地了解各国不同税种的特点。在这个部分，我们对所得税、增值税、资本利得税等占比较大的税种做了详细介绍和分析。第四部分将各国特色较为鲜明的税种一同分享出来以飨读者。最后，在第五部分为方便读者了解更多的主要税种知识，并在实际的工作生活中灵活应用，我们进一步介绍了主要税种基本情况，使各位读者不仅能够了解、认识和应用各种税种，还充分了解其渊源和由来，以及其所植根的体系和制度。

本书的编写主要基于"一带一路"倡议、各国税收政策指南等材料，对其中涉及税收的主要内容进行归集和整理，并总结分析不同国家的税制、税种的特色内容。由于世界经济形势的不断变化，作为经济发展的重要制度，各国税收法律也在不断更新和发展，书中所收录的均是近几年的情况，敬请各位读者在阅和使用时，充分考虑数据、税收法规等信息可能存在的变化和更新，及时登录各国财税官网，再次确认。

在编写过程中，考虑到诸国税种不尽相同，税制千差万别，概念艰涩难懂，规则繁多复杂，我们采用了多种方式呈现分析，力求达到深入浅出、通俗易懂的效果，便于读者查阅。比如对各国复杂的税收制度和组织架构的介绍，我们采用图示方法展现，辅以文字说明，使复杂的结构形象化；具体的税制条目、各项规定，很多情况下采用表格的样式来列示，使条理更加清晰。

同一税种，各国在制度规定上呈现出自己的特色和亮点；同时不同国家结合其区域特点及社会文化风情，也产生了独具特色的税种。通过对比分析，我们可以看到各国税收制度的变化，以及这些制度对社会和经济发展的不同阶段所发挥的作用。我们相信，本书可以为企业发展、政策分析提供一定的帮助。

总之，我们希望本书的内容既符合当今时代发展的需要，又照顾到近年来各国税制错综复杂的变化和更新；以言简意赅、提纲挈领的讲解和说明，体现较强的实操性和指导意义，以期使读者可以结合自身情况拿来即用。

本书在编写过程中，得到了来自各领域的领导和专家的热情支持和帮助，在此表示深深的敬意和感谢！感谢中国税务学会蔡宇副会长兼秘书长给予的专业指导；感谢参与本书编写的冯炜、余建林、李君文、彭诚、夏锋、刘莉、李哲睿等；感谢当代中国出版社原总编辑冀祥德，副总编辑王茵、高山，责任编辑柯琳娟，以及诸多默默无闻从事具体工作的同志的付出。

囿于我的专业水平的疏漏和经验的欠缺，书中仍有不成熟、欠妥之处，难免挂一漏万，有颇多不能尽善尽美之处，如有任何错误，恳请广大读者给予指正，也希望大家不吝赐教，提出更多建设性意见！

巫 山

目　录

第一编　税收法律制度体系

- 第一章　制度、法律及其规制者 ······ 002
- 第二章　各国的税收法律制度 ······ 005
  - 第一节　韩国 ······ 005
  - 第二节　日本 ······ 006
  - 第三节　印度 ······ 007
  - 第四节　俄罗斯 ······ 008
  - 第五节　英国 ······ 009
  - 第六节　法国 ······ 010
  - 第七节　德国 ······ 011
  - 第八节　美国 ······ 012
  - 第九节　巴西 ······ 014
  - 第十节　澳大利亚 ······ 015

第二编　税务组织架构及主要职能

- 第一章　制度与组织的关系 ······ 018
- 第二章　各国税务机构的组织架构 ······ 021
  - 第一节　韩国 ······ 021
  - 第二节　日本 ······ 022

第三节 印度 ·· 023

第四节 俄罗斯 ·· 023

第五节 英国 ·· 025

第六节 法国 ·· 026

第七节 德国 ·· 027

第八节 美国 ·· 028

第九节 巴西 ·· 029

第十节 澳大利亚 ·· 029

第三编 税种比较与分析

第一章 制度与制度场的互动 ···································· 032

第二章 各国主要税种概览 ······································ 034

第三章 个人所得税篇 ·· 039

 第一节 个人所得税制度安排及征税原则 ······················ 039

 第二节 个人所得税的居民纳税人 ···························· 040

 第三节 个人所得税非居民纳税人 ···························· 056

第四章 企业所得税篇 ·· 065

 第一节 韩国法人税 ·· 066

 第二节 日本法人税 ·· 069

 第三节 印度企业所得税 ···································· 073

 第四节 俄罗斯企业所得税 ·································· 080

 第五节 英国企业所得税 ···································· 087

 第六节 法国公司税 ·· 094

 第七节 德国企业所得税 ···································· 100

 第八节 美国公司所得税 ···································· 104

 第九节 巴西企业所得税 ···································· 108

 第十节 澳大利亚企业所得税 ································ 117

第五章　增值税篇 ·· 122

第一节　韩国增值税 ·· 122
第二节　日本消费税 ·· 125
第三节　印度增值税性质税种 ······································ 126
第四节　俄罗斯增值税 ·· 131
第五节　英国增值税 ·· 138
第六节　法国增值税 ·· 141
第七节　德国增值税 ·· 145
第八节　美国销售与使用税 ·· 150
第九节　巴西增值税 ·· 150
第十节　澳大利亚商品及服务税 ···································· 153

第六章　消费税篇 ·· 156

第一节　韩国个别消费税 ·· 156
第二节　印度消费税 ·· 160
第三节　俄罗斯消费税 ·· 160
第四节　英国消费税 ·· 164
第五节　法国消费税 ·· 164
第六节　德国其他消费税 ·· 165
第七节　美国消费税 ·· 166
第八节　澳大利亚消费税 ·· 167

第七章　遗产与赠与税篇 ·· 168

第一节　美国遗产税 ·· 168
第二节　德国遗产和赠与税 ·· 169
第三节　韩国继承税和赠与税 ······································ 172
第四节　日本继承税和赠与税 ······································ 173
第五节　英国遗产税 ·· 176
第六节　法国赠与税和遗产税 ······································ 177

第七节　巴西遗产和赠与税……………………………………… 178
第八章　印花税篇…………………………………………………… 180
第九章　社会保险篇………………………………………………… 183
　　第一节　美国联邦社会保险……………………………………… 183
　　第二节　澳大利亚养老金制度…………………………………… 185
　　第三节　法国社会保障制度……………………………………… 186
　　第四节　德国社会保障制度……………………………………… 187
　　第五节　英国社会保障制度……………………………………… 188
　　第六节　巴西社会保障制度……………………………………… 188

第四编　各国特色税种概览

第一章　日本特色税种……………………………………………… 194
　　第一节　燃油与道路相关税种…………………………………… 194
　　第二节　注册许可税……………………………………………… 195
　　第三节　矿泉浴税………………………………………………… 196
第二章　韩国特色税种……………………………………………… 197
　　第一节　酒税和教育税…………………………………………… 197
　　第二节　证券交易税……………………………………………… 198
　　第三节　注册税和许可税………………………………………… 198
　　第四节　财产税…………………………………………………… 200
第三章　英国特色税种……………………………………………… 201
　　第一节　资本利得税……………………………………………… 201
　　第二节　数字服务税……………………………………………… 202
　　第三节　豪宅年费………………………………………………… 203
　　第四节　气候变化税……………………………………………… 204
　　第五节　垃圾填埋税……………………………………………… 204
　　第六节　石方税…………………………………………………… 205

第四章 法国特色税种 206
第一节 数字服务税 206
第二节 不动产税 209

第五章 澳大利亚特色税种 210
第一节 葡萄酒平衡税 210
第二节 房产税 210

第六章 巴西特色税种 212
第一节 金融操作税 212
第二节 数字服务社会贡献费 212
第三节 房地产税 213

第七章 印度特色税种 214
第一节 财产税 214
第二节 资本利得税 214

第八章 俄罗斯特色税种 216
第一节 矿产资源开采税 216
第二节 水资源使用税 217
第三节 交通运输税 217
第四节 个人财产税 218

第九章 德国特色税种 219
第一节 床税 219
第二节 房产税 219

第十章 美国特色税种 221
第一节 财产税 221
第二节 弃籍税 221
第三节 罪孽税 223

第十一章 数字税 225
第一节 数字税的讨论 225
第二节 数字税的征收种类 226

第五编　各国主体税种详解

第一章　韩国 ··· 234
第一节　法人税 ·· 234
第二节　增值税 ·· 240
第三节　所得税 ·· 244

第二章　日本 ··· 254
第一节　法人税 ·· 254
第二节　个人所得税 ·· 258
第三节　消费税 ·· 263

第三章　印度 ··· 266
第一节　企业所得税 ·· 266
第二节　个人所得税 ·· 275
第三节　货物与劳务税 ··· 283

第四章　俄罗斯 ·· 287
第一节　企业所得税 ·· 287
第二节　个人所得税 ·· 296
第三节　增值税 ·· 300

第五章　英国 ··· 310
第一节　企业所得税 ·· 310
第二节　个人所得税 ·· 315
第三节　增值税 ·· 318

第六章　法国 ··· 325
第一节　公司税 ·· 325
第二节　个人所得税 ·· 333
第三节　增值税 ·· 341

第七章　德国 ·· 348
第一节　企业所得税 ·· 348
第二节　个人所得税 ·· 351
第三节　增值税 ·· 360

第八章　美国 ·· 364
第一节　个人所得税 ·· 364
第二节　公司所得税 ·· 370

第九章　巴西 ·· 377
第一节　企业所得税 ·· 377
第二节　个人所得税 ·· 388
第三节　增值税 ·· 397

第十章　澳大利亚 ·· 401
第一节　企业所得税 ·· 401
第二节　个人所得税 ·· 406
第三节　商品及服务税 ·· 409

参考文献 ··· 411
致　谢 ··· 414
特别感谢 ··· 415

第一编
税收法律制度体系

◆ 第一章　制度、法律及其规制者

在人类社会中，人与人之间形成各种各样的社会关系是最普遍的社会现象。管理、领导、组织过程，即人们结成一定的社会关系相互影响相互作用的过程。制度是要求大家共同遵守的办事规程或行动准则。制度有多种多样的形式，如在组织制度方面，有企业制度、学校制度、政党制度、国家制度等，在管理制度方面有生产制度、税收制度、监察制度、人事制度等。这些制度或者涉及某一个具体组织，或者涉及某一个具体领域、过程。

制度学理论认为："制度是规定、构成、调整人们的关系、角色及其行为的有明文规定和强制力的社会组织的构成形式。"可见，制度是在制度规定和制度执行相互作用的基础上形成的。它有三个明显特点：

第一，制度是以规则的形式明文规定的。制度虽然不等同于规则，但制度的形成离不开规则。制度规定指的是按照严格的法定程序，采用表述严谨、措辞明确的文字形式规定各种规则。

第二，制度是在强制执行的条件下形成的。制度始于规定，成于执行。制度执行是指利用法律的、行政的或奖惩的手段将明文规定的规则和标准强制性地转变为现实制度的过程。规则规定了人们应有的制度关系、制度角色和制度行为，它们经过一定的程序制定出来后，必然要求人们能够遵守和贯彻落实。在现实社会中，某种制度规定的出台不可能得到所有人的认同和支持，强制执行至少保证人们在行为上的一致性，以维护制度规定所要求的制度形式。

第三，制度是组织构成的固化形式。在制度化的组织中，明确的规定和严格的执行使制度形成一种较稳定的、常态的形式。制度的作用在于以某种形式将松散的、互不相关的人员整合为严密、协调一致的组织，以利于实现既定的目标。制度是保证组织正常运行、员工密切合作、个人尽职尽责的基础和条件。

制度规定是构建、确定国家或组织的基本关系、内部结构、行为准则及活动程序的文字性规定的统称。无论是企业、学校或国家机关，对于任何一个制度化的组织来说，制定相关规定是制度形成的最重要的一步。制度规定按其规制机构可以划分为宪法和法律、行政法规、政策性规定和实体性规定四种主要的类型。在制度化的组织中，制度规定工作有专门的机构和程序。制度规定一般要经过激烈的讨论、反复的论证、严格的审批程序，最后以盖有组织印章的文件形式在组织内部公布执行。

在组织成员的相互作用中始终存在一种与组织目标不同的反作用力，这种反作用力需要通过制度的强制力抑制和消除。制度强制力以制度执行机构和组织成员的执行行为和执行力度为主要来源，其主要作用在于维持制度形式和制度场的稳定性，维护组织的整体行动和正常秩序，防止和处罚违法违规行为等。

制度规制者，泛指经过合法程序用文字形式明确表述并正式颁布制度规定的机构或人员，准确的称谓是制度规定的制定者，简称为"制度规制者"。"规制"包含两层意思：一是制度规定的制定，二是拟定制度或规定制度。存在着四种制度规制机构，它们分别是国家和地方立法机关、国家和地方行政机关、执政党的政策制定机关和企事业单位的领导和决策机关。作为制度规制者，他们以法律、法规、条例、决议、章程、命令、决定、办法等纸质文件的形式正式颁布各种制度规定，不仅为构建或形成相应的制度形式提供规则和标准，而且在组织内部的成员关系、工作关系、权责关系、机构设置、岗位设置、任职条件、办事程序等方面做出了具体的规定。

制度规制者的任务和作用是将组织的战略目标或基本构想以文字形式细化为法律性、法规性、政策性、实体性的各种制度规定，并通过法定程序下达给制度执行者和制度互动者。在规模较大、层级较多的组织中，制度规定的工作实际上是由各个层级的制度规制机构通过将宏观的制度规定逐步分拆、分解、细化的过程完成的。

税收制度的规制者是国家，执行者是税务机构，互动者是纳税人。规制者会在不同的历史时期结合社会的发展状况出台新的制度规定，或对已有的制度进行补充和完善，这样做的目的是应对社会发展过程中出现的诸多经济和税收问题。规制者站在国家法律的高度，通过调整法律来促进制度的发展和进步。对于制度的优劣，我们是这样理解的，一项好的法律制度，要经过多个科学的论证过程，才能使之既有理论的科学性，又有实践的可操作性，同时，还具有制度场的相关协调性。根据这个论述，执行者，也就是税务机构必须按照规制者发布的政策法令执行，因为税收的法律制度具有强制性、保障性、无偿性，作为执行者必须严格执行这一原则——制度的成败取决于执行的效果。反之，执行者在法律制度执行过程当中还要分辨是否存在不利的因素和影响。也就是我们所说的，一项好的制度，要上接天线，下接地气，要具有时效性，具有实际的效果。所以执行者的职责，也是制度优劣的表现形式，也可以总结为"始于制度，成于执行"。纳税人可以分为个人和企业、居民和非居民，要务即是正确执行。

税收的杠杆作用可以调配企业财务状况，也可以调节国家的税收预算情况。杠杆可以是税种，也可以是税率，都可以带来税收总量的变化，对整个社会经济的发展起到助推器的作用。所以国际上应用税收杠杆对整个经济运行发展进行调控已成为普遍现象，这就是法律制度的力量。

从社会和国家的层面来讲，税收制度在财政体系中起着举足轻重的作用：对宏观经济的调控，对微观产业主体的引导、鼓励和限制，对社会收入结构的调节等，都具有重要意义。随着产业链全球化的深度融合，我国对外开放程度进一步加深，国际间经贸往来日渐密切，我们要加强对制度的研究，积极学习世界先进制度，参与国际规则的制定和制度的建设。下面我们即以制度学的方法论，系统地总结提炼各国税收法律制度，及其对各国所带来的影响和规制者对税收法律制度的效力和效果的期待。

◆ 第二章 各国的税收法律制度

各国的税收法律制度体系各有不同，我们选取了韩国、日本、印度、俄罗斯、英国、法国、德国、美国、巴西及澳大利亚进行税收法律制度体系介绍，主要涉及英美法系（也称"海洋法系"）和大陆法系。我们将根据各法系的特点，从税收法案提请、立法程序、税法规定等方面进行阐述。这个国家在税收立法上，有中央集权税收立法及联邦、州、地方三级税收立法权等形式；在税收法律制度体系上，有《税法典》、《税收通则》、成文法、欧盟法律、判例法等法律条文。这些法律明确了中央税、地方税、直接税、间接税的征收与管理。结合各国的政治和经济发展的需要，在各国法律体系框架下，各国政府根据各自不同的历史发展时期和经济社会特点，建立了适合于本国国情的税收法律制度体系。

税收的强制性是国家意志的体现。为了维护税收的法律地位，打击税务违法犯罪行为，部分国家建立了"税务警察"机构，如美国、日本、俄罗斯、德国等，特别是美国的税务警察拥有比一般警官和法官更大的权力；俄罗斯税务警察制度模式的优势在于高压集权、政出一门、反应快速，便于协调行动，统一指挥，有效打击涉税犯罪。税务警察维护了国家税收法律的尊严。总之，税收法律的建设决定着税收制度的方向。

本章节我们将对这十个国家的税收法律制度体系做简要介绍。

第一节 韩国

韩国税收立法权、征收权、管理权主要集中在中央，道、市、郡、区等各级地方政府无税收立法权,只有有限的征管权。税务与海关总署主要负责制定并协调中央税及海关政策,此外还负责编制收入预算及确定税收月度计划并进行征收。韩国的财政税收预算体系主要分为中央税和地方税两大类。

韩国拥有比较完善的税收制度,透明度较高,执法较严。韩国税制以直接税为主,间接税为辅,实行中央与地方分税管理。有关税收法律、法令主要有《国家税收框架法》《国家税税收征收法》《偷漏税处罚法》《特别税收待遇管理法》《国际涉税事务协商法》《关税法》《关税退税特殊法》《地方税法》。国税按照《国家税税收征收法》征收,旨在保障国家税收收入,《国家税税收征收法》的条款同样适用于地方税和其他公共费用的强制征收。《国家税收框架法》和其他税法优先于含有总则和程序规定的《国家税税收征收法》。

图1-2-1 韩国税种词云图

第二节 日本

日本的税收立法权集中在中央,中央政府不仅负责中央税收的立法工作,还负责地方税收立法工作。中央税收简称国税,由财务省税收政策局和关税局负责法案、修正案的起草工作,由内阁提交国会审议、批准。中央税收占税收总收入的80%左右。

日本不仅有系统、具体的实体税法，而且为了实体税法的执行，在税收的征管方面还制定了切实可行、系统严密的程序法。有关税收征管的法律、法令主要有《国税通则法》《国税征收法》《打击税收犯罪法》《行政不服审查法》《国税不服审判所组织章程》《国税通则法实施令》《国税征收法实施令》《滞纳处分及强制执行时手续调整的法令》《国税征收法实施细则》等。在税收征管法律体系中，《国税通则法》和《国税征收法》处于核心地位。

日本税警是拥有刑事侦查权的税务员，以打击涉税犯罪为己任，但不允许配枪，并且隶属于税务局，可以说是一种非常特殊的警察。日本税警除有询问、检查和证据保全等非强制调查权力外，还拥有突击搜查、封存扣押证据等多项强制调查权。强制调查必须要取得法院签发的搜查令、扣押令等才可以进行。另外，监视居所、跟踪、搜身等针对人身权的调查手段，也是税务警察依法拥有的权限。日本的税务警察集中精力打击数额巨大、手段具有代表性的犯罪，或是公众人物、知名大企业的犯罪。

图1-2-2　日本税种词云图

第三节　印度

印度税收立法权和征收权主要集中在联邦政府和各邦政府。印度很早就建立了税收法律体系，但是由于印度地域辽阔，各邦之间相对独立，因此各邦都有一定的税收征收的立法权，政策的稳定性较弱，在税收的管理上也相对分散。印度的税收法律和制度经过几十年的发展，在政策执行和中央集权上，已经取得了较大的进步，并实施了多次税制改革。2019年，印度进行了一次重大税制改革，废除了许多邦和地方的税收制度规定，建立了以联邦税为主的货物与劳务税税收制度，逐步实现税制统一。邦和地方政府只负责少量的税种征收。

印度的《所得税法》是印度税法体系中的核心法律，构成直接税成文法的主体。此外，印度关税及货物与劳务税构成了间接税成文法的主体，加上各邦的地方税，形成了目前的税收法律制度体系。

图1-2-3　印度税种词云图

第四节　俄罗斯

俄罗斯属于大陆法系，俄罗斯税法由《俄罗斯税法典》（以下简称《税法典》）及据其颁布的其他法规组成。根据《税法典》，俄罗斯税收按中央、联邦主体（地区）和地方三个层级征收。

俄罗斯税收法律体系主要由联邦税费、联邦主体税及地方税费组成。联邦税费根据《税法典》和联邦法律确定，联邦主体税根据《税法典》和联邦主体法律确定，地方税费根据《税法典》和市政当局的法规确定。联邦主体和地方的税收减免、特定范围内的税率、纳税程序和截止时间等可根据《税法典》确定。《税法典》属于联邦法律层级，在联邦议会通过后，联邦法律被转交给俄罗斯总统签署和颁布。总统有权拒绝一项联邦法律并将其送回联邦议会重新审议，但如果联邦法律被大多数的两院议员批准，则总统必须签署。

俄罗斯境内已建立了90个税务警察机构，共有税警约1.3万人。按照规定，税务防暴警察可以荷枪实弹，强制执行公务。税务警察署及其他地方机构负责检查活动的安全，保护税务工作人员在执行公务时不受非法侵害，以及预防、揭露和制止税务机构内部的徇私舞弊行为。

图1-2-4　俄罗斯税种词云图

第五节　英国

英国作为一个君主立宪制国家，其税收管理体制高度集中。英国没有独立的税收法典，税法主要来源于成文法、欧盟法律、判例法和税务机关声明。同其他英国法律一样，税收的法律框架由一系列的议会法案构成。议会法案设定了税法的基本原则，法院负责法案解释，法官的判决意见也是英国税法的重要组成部分。

从立法权限上看，税收立法由中央掌握。地方只对属于本级政府的地方税享有征收权及适当的税率调整权和减免权等，但这些权限也受到中央的限制。

从立法程序上看，英国税收的立法由财政部向议会提出财政法案，经议会讨论通过后，还须经王室同意才能生效。

图1-2-5　英国税种词云图

第六节　法国

法国是实行中央集权型税政管理的典型国家，中央税收占总税收80%左右。在税收立法方面，宪法规定，税种的开征与停征、税目的增减和税收的减免等由法国议会决定，税收立法权集中于中央。税收政策制定权和征管权集中于中央政府。法国设立了全国统一的隶属于中央政府的国家税务机构。对于地方税，在法国议会确定基本税率范围的前提下，地方各级议会可以根据实际情况每年确定土地税和居住税等地方税的适用税率。根据宪法规定，法国总理和议会议员有权提出法律议案。法国经济财政工业部负责提出税收立法议案草案，下设税收征管机构公共财政总署。

法国税收法律包括税收实体法和税收程序法两大部分。根据法律法典化的传统，法国税收实体法和程序法分别被编纂为《税收法典》和《税收程序法典》。其中，《税收法典》涉及所有税种的法律，分为中央税、地方税和其他内容三个部分：第一部分中央税，分别规定增值税、消费税、登记税等内容；第二部分地方税，分别规定地方税、特定公共实体优惠税率等内容；第三部分其他内容，分别规定税源监控、纳税人义务、税收优惠、税款支付、不动产登记和退税等内容。《税收程序法典》涉及税收程序的法律和行政法规。

法国在财政部创立了一个特别调查单位,取名"税务警察",由一名法官主管,执行全国财金检察院的命令,对需要高水平税务鉴定和涉及重要预算的案件进行调查。这支司法税务稽查队的任务是协助打击全国税务犯罪,可采取监听手段和执行搜查任务,和司法警察一样。

图1-2-6　法国税种词云图

第七节　德国

《德国基本法》(以下简称《基本法》)构建了立法体制的宪法基础。德国由联邦与州分权立法,但主要集中在联邦,而行政权和司法权的大部分则由各州行使。以《基本法》为依据形成的德国立法体制,强调立法权应当服从宪法秩序,行政权和司法权受法律和正义的制约。在联邦与州的立法权限划分上,可以分为联邦的专有立法权,联邦和州共同享有的立法职权和州的立法职权。在法律体系的位阶关系上,联邦法律超越于各州法律。《基本法》明确规定了联邦享有某些专有立法权。所谓联邦的专有立法权,是指在某些领域只有联邦才能行使的立法权,各州只有在法律明确授权的情况下,并且在授权范围内,才享有立法职权。

《德国税收通则》属于德国税收法律体系中的基本法。现行的《德国税收通则》共9篇415条,包括总则、税收债法、一般程序规定、课征税收的实施、征收程序、强制执行、法院外之法律救济程序,兼具税收实体和程序的有关规定,从税基的确定到税款的征收,从税务纠纷的处理到各种罚则的运用,内容相当完善,堪称税收法典化国家的典范。

德国采用税务违法案件调查局制度。税务违法案件调查局负责对税务稽查局移送的和群众举报的涉税犯罪案件进行刑事侦查,对触犯刑法的案件向法院提起公诉,对于未构成犯罪的案件则移交税务征收局处理。德国税务违法案件调查局既有税务检查权又有对税务违法刑事案件的侦察权和起诉权。

图1-2-7 德国税种词云图

第八节 美国

美国的税收法律体系为英美法系(判例法系),主要由美国国内税收法律、财政法规和其他官方税收文件构成。美国国内税收法律的制定要经过众议院筹款委员会起草、众议院讨论并批准、参议院财政委员会审核、参议院讨论并提出改动意见、参众两院联席委员会商讨、参众两院表决通过等程序,最后交由总统签署。

财政法规,通常又被称为联邦税收法规,由美国财政部对国内税收法律未详细说明的地方提供官方解释。财政法规最初以草案的形式向大众公布,在充分考虑公众对于草案的意见后,正式确定最终版本。其他官方税收文件包括税务裁决、税收程序、私人信件裁决和技术建议备忘录等。税务裁决和税收程序具有正式法律效力，私人信件裁决和技术建议备忘录不具备财政法规的同等法律效力，也不能被纳税人或税务机关作为先例引用，但在实操中具有重要参考价值。

美国是以直接税为主的国家，实行联邦、州和地方（市、县）三级征税制度，属于分税制国家，联邦税占联邦税收比重约为97%，其中个人所得税占联邦税收比重约为45%，其次是社会保险税约为35%，第三是公司所得税约为6%。联邦政府的主要税务管理部门是美国国内收入局。有关税收法律、法令主要有《税法典》《美国联邦法规汇编》，其中《税法典》是除宪法外具有最高法律效力的税法渊源。《美国联邦法规汇编》属于财政部规章，由财政部制定，是最为重要的税收行政性规范文件，其效力仅次于《税法典》。此外，相关司法判例及联邦税务局的税收行政文件也是美国税收征收中需要参考的重要内容。

美国的税务警察拥有比一般警官和法官更大的权力，他们可以冻结存款、封闭私宅、收缴财产，直至纳税人缴清税款。美国税警还享有查处权，通常可查阅纳税人账户、存款等，情况特殊时，还可查封纳税人私有财产并予拍卖。美国通常的案件追溯期为3年，而对不申报、申报不实或弄虚作假者可无限期进行追究。

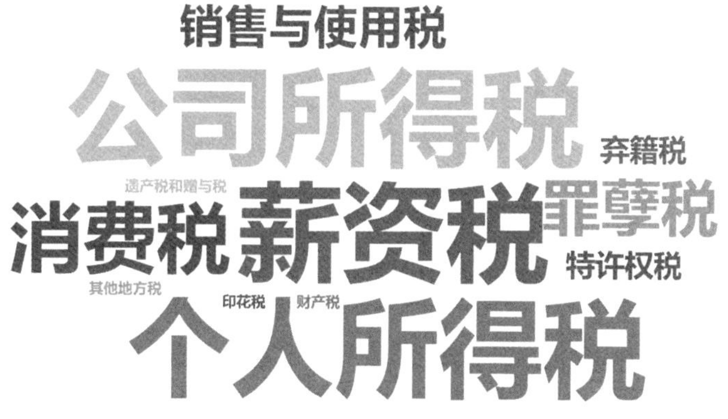

图1-2-8 美国税种词云图

第九节 巴西

巴西联邦宪法明确规定，联邦、州、地方三级政府都有相对独立的税收立法权和管理权。巴西采用宪政税制，设立税种的权限集中于联邦，州和地方无权开征关税、新税等。允许州和地方对所管税种享有部分立法权，可在一定幅度内调整税率和采取某些征管措施等。为了避免产生地区间矛盾，巴西宪法又规定，各地实施被授予的税收立法权时，应经联邦财政协调委员会进行协调，然后由州议会立法后执行。巴西的税收立法权比较集中，但划归各级政府管理的税种，均可依法独立行使管理权。在宪法规定的范围内，三级政府互不干预。同时，联邦、州、地方三级税务机关按照《巴西税典》行使职权。

根据联邦宪法对巴西税法体系的规定，任何税种须根据法律开征或增加税目，行政规范仅可以对现行税种的征收进行约束，不能开征税种或增加税目，除了联邦宪法有例外规定的具有特定目的的税种。宪法中规定了联邦、州、市的征税权。在宪政税制下，大多数税务诉求具有宪法基础，因此在征纳双方或多方存在争议时，可能递交至联邦最高法院进行诉讼。

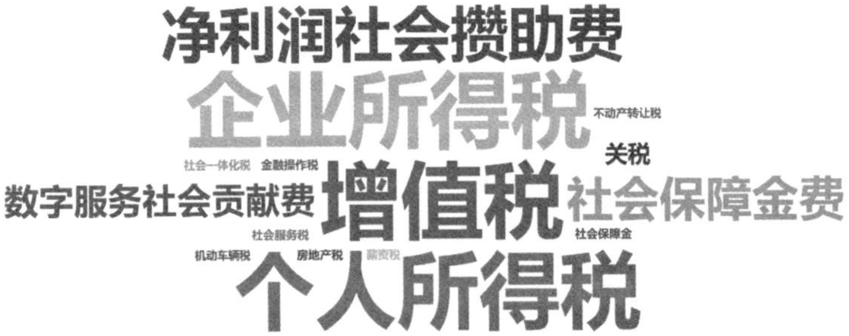

图1-2-9 巴西税种词云图

第十节 澳大利亚

澳大利亚是普通法系国家,税收法律制度体系主要组成部分包括法庭相关判例、成文法和国际税收协定,具有特定法律效力的公共裁定、类别裁定、个案裁定,不具有法律约束力的法律执行说明、公开出版物等。澳大利亚的财政与事权相对应,财政管理体制实行分税制,即联邦、州和地方三级政府按照宪法和法律规定的职权,各自享有征收专属税费的权利和履行相关的义务。澳大利亚税收征收权主要集中在联邦税务局。澳大利亚与相关国家签订的税收协定,只有通过议会法令才能纳入国家法律体系并产生法律效应。

图1-2-10 澳大利亚税种词云图

第二编
税务组织架构及主要职能

◆ 第一章　制度与组织的关系

人类社会是一个高度组织化的社会，而每个组织都是高度制度化的实体。制度和组织的关系很密切，制度是组织的形式，组织是制度的载体。深刻了解制度和组织的关系，有助于加深对制度的理解，也有助于增强组织的活力和对组织的管理。每一个组织都有自己的制度，制度决定着组织特殊的构成方式和运行方式。

组织作为人类社会中的有机体，制度规定了组织的形式、权力结构、机构和岗位设置、工作流程以及组织成员之间的隶属关系和分工协作关系。人是组织中的细胞，人们的活动相当于一个组织生命体中细胞的活动，任何组织工作都可以看作组织细胞新陈代谢的过程。这个过程就是制度执行过程。制度规定和制度执行通过组织成员的活动构成有效的制度体系。

组织中的制度规制机构和制度执行机构构成制度主体，包括所有组织成员在内的制度互动者构成制度客体。制度场中的所有活动都是制度主体与人数众多的制度客体相互影响、相互作用、相互制约的过程。国家、军队、学校、公司等所有的组织实体都可以被看作一个制度场。组织中的所有成员之间存在着错综复杂的关系，如管理关系、领导关系、监督关系、工作关系等，这些关系中的各方相互作用，形成了一种合力，推动组织各项活动的开展和各项工作的运行，最终以制度效力表现出来。

在以组织实体形式存在的制度场中，由制度规制机构和制度执行机构构成的制度主体是整个场的核心，对场内的所有人员具有强大的作用力。制度的吸引力和制度的强制力是制度场作用力的两个基本来源。

可以说，决定组织未来发展的基因信息全部包含在制度规定的内容和条款中，制度执行只是这些信息的指引、传导、释放和作用的过程。生物体的遗传信息是很难改变的。组织的基因是人们在制度设计和制度构建过程中通过制度规定人为设定的，因而是可以通过修改制度规定加以改变的。这一过程是制度改进的过程，指的是在现有制度体系不变的情况下，对某些制度规定或制度措施进行修改而引起的制度方面的变化。在自然界生物体的进化过程中，基因方面的微小变化可能经过一连串的连锁反应后引起生物体的整体变化。组织的发展也是一样，微小的制度改进有可能演变为涉及面更大的制度改革，并进而演变为规模更大、内容更深入的制度创新。对公司来说制度改进、制度改革、制度创新是其不断获得持续发展动力、保持制度优势和制度领先的重要途径。

在制度化的社会中，管理是社会生产和社会活动过程中最普遍的行为，任何管理工作的实质都是制度执行，没有执行就没有管理。准确地说，管理重在执行，管理就是照章办事，就是严格执行制度规定，在制度执行的过程中实现组织的目标。制度执行落实到哪里，制度就在哪里形成或构建。在管理、领导、组织的实际过程中，达到预定工作目标的工作绩效和组织绩效取决于个人和组织两个方面。制度形式对个人能力的发挥和组织活力的显现有非常重要的影响。在同等条件下，不同的制度有不同的效力。制度效力则必然要通过制度执行过程显现出来。

制度规定是制度执行的依据，制度执行是制度规定的实施。显而易见，没有制度规定就谈不上什么制度执行，而如果没有制度执行，制度规定只能是一纸空文。制度执行是指运用强制力量贯彻落实制度规定并使之成为现实制度及每一个组织成员具体行为的过程。从严格意义上说，制度执行指的是制度规定的执行，而不是制度的执行。制度规定不是制度，制度规定是对所要构建的制度的文字性表达，需要通过制度执行的环节才能够转化为现实的制度。有一点需要明确的是，我们平时所说的"按制度办事"，实际上是"按制度规定办事"，所谓制度执行就是"按制度规定办事"。"依法行政"是按照宪法和法律制度进行社会公共事务管理，是一种最典型的制度执行过程。制度是在制度规定和制度执行相互作用的基础上形成的。制度执行过程不是一个孤立的进程，它要求制定具体的规定在先，执行该规定的具体行动在后。特别是在法治社会或制度化的组织中，必然先有制度规定后有制度执行。法治社会的实质是依法治国，法治以法制为基础。制定宪法和相关法律或制定公司章程和相关规定是制度规制的过程，执行宪法和法律或执行公司章程和相关规定是制度执行的过程。

顾名思义，制度执行者是根据制度规制者的授权，专门负责执行制度规定的机构和人员。制度规制者只负责制度规定的制定，而不负责制度规定的执行。将这两类机构和人员明确区分也是一种经过深思熟虑的制度形式。制度执行者可划分为四种主要的类型，即国家和地方执行机构、国家和地方行政机关中的执行机构、执政党中的政策执行机构和企事业单位中的执行机构。

制度执行阶段的工作主要有三项内容：一是按照制度设计方案正式成立制度执行机构；二是由制度执行机构在制度规制机构限定的职权范围内按照法定程序严格执行法律、法规、公共政策、组织规范等各项制度规定；三是制度执行者不仅自己执行各项制度规定，而且要推动并监督组织中的所有成员认真执行制度规定。有了规定还必须有执行，在制度规定和制度执行相互作用的基础上才能形成制度。管理制度是在管理规定和管理执行的基础上形成的。财税制度是在财税制度规定和财税部门工作的基础上形成的。

通过上述的内容，我们了解到制度与组织是息息相关的。一个组织的骨骼是它的组织架构。完善的组织架构可以让制度场更好地发生作用，也可以让制度的执行更加流畅。下面我们来看一看不同国家税务机构的组织架构。

♦ 第二章 各国税务机构的组织架构

各国税收机构基本都隶属于经济和财政部门,但下设机构名称不同,如韩国、英国分别设有税务与海关总署,法国设有公共财政总署,美国设有国内收入局等。虽然税务机构名称不同,但都行使着国家税收征管的职责。

第一节 韩国

韩国企划财政部下属的税务与海关总署、国税厅、关税厅以及地方税务机关负责税收征管。韩国单独设置税务法庭,负责仲裁税务上诉案件。

中央税由国税厅征收管理,地方税由地方税务机关征收管理。

国税厅的主要职能有两个:一是负责国内税征收管理,组织财政收入;二是促进税收公平,保护纳税人的合法权益。

关税厅的主要职责是对进口商品征收关税和国内税。

税务与海关总署的主要组织机构与分工如图2-2-1所示。

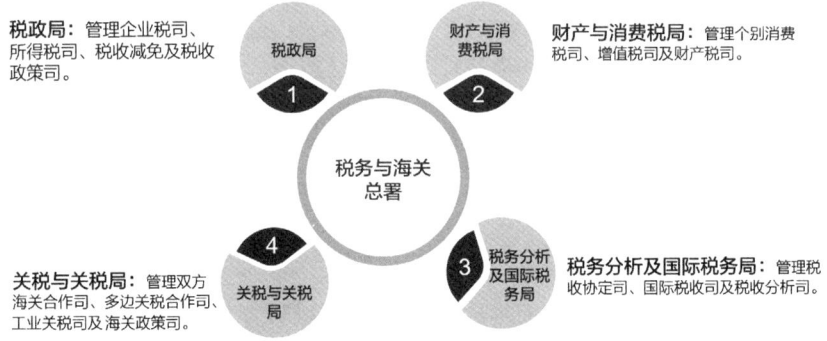

图2-2-1 税务与海关总署的主要组织机构与分工示意图

第二节 日本

日本税的税政和征收由财务省负责。作为国家税收征管机构，总体上分为两个层级：第一层级是国家税收税政机构，包括主税局和关税局；第二层级是国家税收征收机构，包括国税厅和海关关税局。

日本税政和征收组织结构如图2-2-2所示。

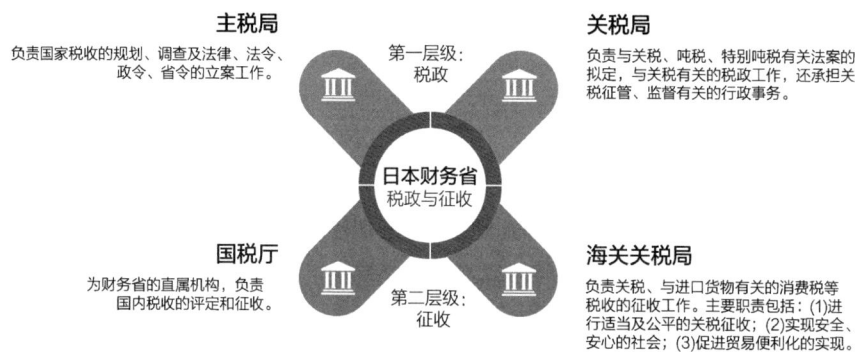

图2-2-2　日本税政和征收组织结构示意图

日本国税厅组织架构及其职能如图2-2-3所示。

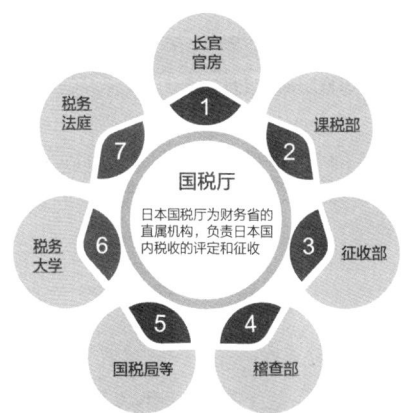

1. **长官官房**：负责整个组织相关的行政事务，并管理规划各种税务管理的全面运营政策。
2. **课税部**：负责管理国税债权债务、国税滞纳税款的征收。
3. **征收部**：负责规划和制定与国内税收有关的事务，指导和监督国税局及税务署，解读法规条文等。
4. **稽查部**：负责大企业纳税调查、逃税者调查，向检查机关检举告发等。
5. **国税局等**：全国共设有11个国税局及1所冲绳国税事务所和524个税务署。主要负责接收国税厅指示；监督指导税务署征管工作；自行对大企业进行税务调查；对税收违法事项进行调查；对大额滞纳税款的整理。
6. **税务大学**：除税务大学本部之外全国另设有12处地方研修所。税务大学的主要职能包括：税务官员教育研修的执行；税务相关学术研究；税务相关资料情报的收集、整理、提供；税务相关国际交流协作等。
7. **税务法庭（国税不服审判所）**：除了国税不服审判所本部，全国另设有12处支部，是对税收征管处罚相关申诉进行裁决的机关。

图2-2-3　日本国税厅组织架构及职能示意图

地方税的税政与税收征收管理工作由总务省以及地方政府负责，具体如图2-2-4所示。

第二编 税务组织架构及主要职能

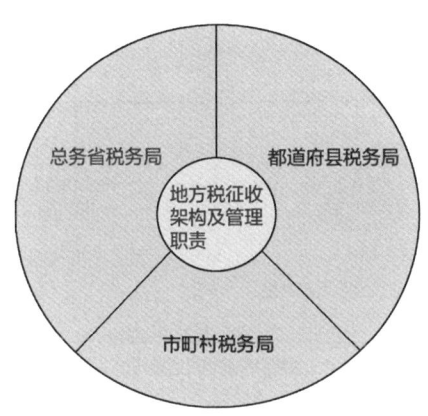

图2-2-4 地方税征收架构及管理职责示意图

第三节 印度

印度税务局是印度政府管理税务的中央公共服务行政机构。该机构在联邦政府财政部税务部门的管理下履行职能，主要负责联邦政府应计收的各项直接税和间接税征管事宜。

印度税务局组织架构及职责如图2-2-5所示。

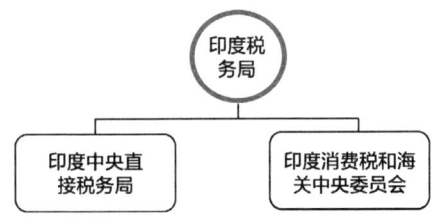

图2-2-5 印度税务局组织架构及职责示意图

第四节 俄罗斯

俄罗斯联邦税务局是联邦税务部门的中央机关，其税务机构体系如图2-2-6所示。

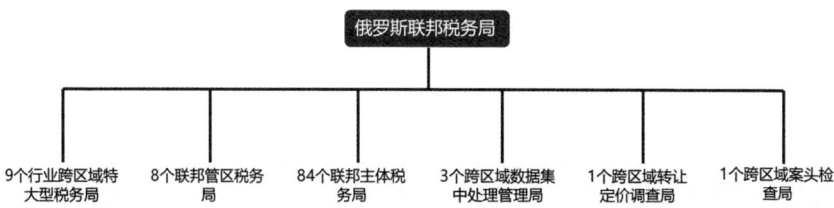

俄罗斯税收机构体系

俄罗斯联邦税务局是联邦税务部门的中央机关，下设六大执行税务局。

俄罗斯联邦税务局按照宪法、宪法性法律、联邦法律、俄罗斯联邦总统令、联邦政府法令、俄罗斯联邦签署的国际条约、俄罗斯联邦财政部规范性法律文件、联邦税务局组织法履行自己的职能。

俄罗斯联邦税务局直接或者通过其派驻在各地的机构与其他联邦执法机关、俄罗斯联邦主体执法机关、地方政府执法机关、国家预算外基金组织、其他社会团体以及其他组织协调配合开展工作。

图2-2-6　俄罗斯税务机构体系示意图

俄罗斯9个行业跨区域特大型税务局如图2-2-7所示。

图2-2-7　俄罗斯9个行业跨区域特大型税务局示意图

俄罗斯8个联邦管区税务管理局如图2-2-8所示。

图2-2-8 俄罗斯8个联邦管区税务管理局示意图

俄罗斯税务局的职能包括执法权力、监督烟酒、外汇管理、法人登记、维护信息、社会保险六大类,具体如表2-2-1所示。

表2-2-1 俄罗斯税务局职能表

职能分类	职能说明
执法权力	履行监督税法的执行情况、税款以及国家征收的其他费用能否按照有关法律规定准确、足额、及时缴纳
监督烟酒	监督酒精、酒精制品和烟草制品的生产和流转
外汇管理	负有在其管辖范围内的外汇管理职能
法人登记	授权进行法人组织的注册登记,以及作为个体经营者、农场经营者的自然人注册登记;此外,在破产事务中代表国家要求破产的组织机构履行有关支付义务
维护信息	负责建立并维护各类人口和商业数据信息的统一记载和保存
社会保险	负责收取雇主和个体企业家支付的社会保险费

第五节 英国

英国税务与海关总署,是英国政府的非部长制政府部门之一,通过财政部部长向议会报告,受财政部监督管理。英国税务与海关总署下设估价办公室和审裁办公室两大主要机构,在全国设有170多个办事处。英国税务与海关总署行政委员会是其决策机构,整个体系由最高行政长官领导,并另设有9名委员会委员。

英国税务与海关总署组织架构如图2-2-9所示。

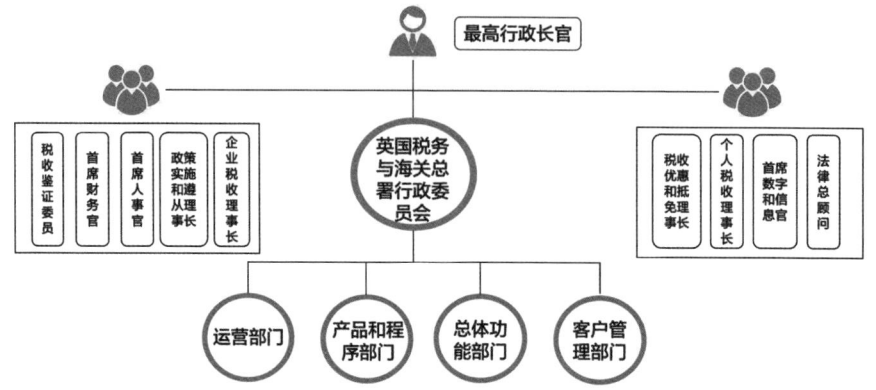

图2-2-9 英国税务与海关总署行政委员会架构示意图

英国税务与海关总署主要负责税收政策的执行和落实，英国财政部主要负责战略性税收政策和相关政策的制定，这种安排被称为"政策合作伙伴关系"。英国税务与海关总署和财政部通过政策设计及执行来提供有效的税收政策，达成政府的目标。

英国税务与海关总署具体职责包括税收的征收与管理，法规的起草、事项的决策及评估等，拥有广泛的权利确保纳税人及时缴纳所有的税款，包括检查文件及系统的权利。此外，英国税务与海关总署还负责国家贸易统计，国民保险金、税收抵免、儿童津贴、国家最低工资标准执行，助学贷款还款的追征等工作。英国提倡利用互联网构建高效互动型的客户服务模式，通过数字化税企互动的平台，实现全部业务的税企网上互动。

第六节 法国

法国的税收征管机构为公共财政总署，其隶属于经济财政工业部。法国公共财政总署组织架构如图2-2-10所示。

第二编 税务组织架构及主要职能

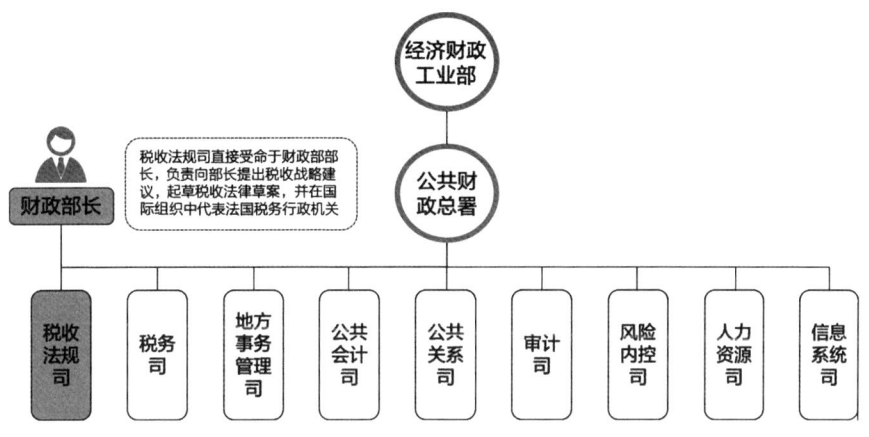

图2-2-10 法国公共财政总署组织架构示意图

第七节 德国

德国税务组织主要分三级架构：德国联邦财政部和各州财政部共同构成德国税务管理的高层机构；高等税政署是德国税务管理的中层机构；地方税务局是德国税务管理的基层机构。

德国税务部门组织架构如图2-2-11所示。

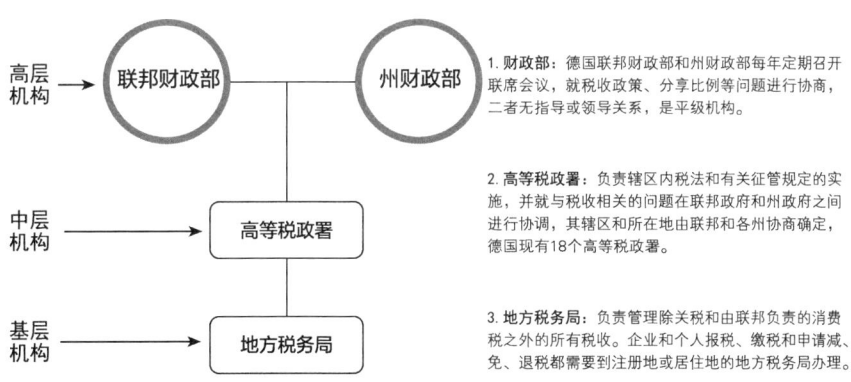

图2-2-11 德国税务部门组织架构示意图

第八节 美国

美国的税收征管机构分为美国国内收入局、海关署、海关及州与地方税务机构。美国国内收入局负责联邦税的征收，海关署负责关税的征收，州与地方税务机构负责州与地方税的征收。各州与地方税务机构有权对征管中的问题作出决定而无须美国国内收入局批准，也就是说，各州的税务机构与联邦的税务机构基本是互相独立的。

美国国内收入局是联邦政府的主要税务管理部门，联邦税收主要由美国国内收入局征收。美国国内收入局是财政部的下属机构，虽然归财政部管辖，但在财政部系统里有很大的独立性。美国国内收入局的局长是由总统直接任命的，而不是由财政部部长任命。国内收入局的机构分为三级，总部设在华盛顿，下有若干职能部门；在税收上，分为大区局和中心局；再往下是地区分局以及大量的办事处。美国国内收入局下设局长、副局长级领导机构，并由其分管各业务、行政及管理职能部门。

美国国内收入局组织结构如图2-2-12所示。

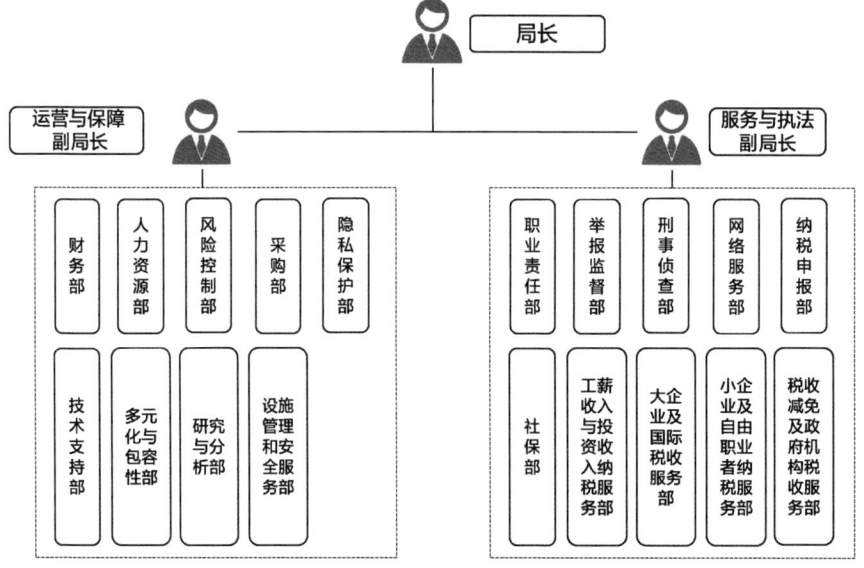

图2-2-12　美国国内收入局组织架构示意图

美国国内收入局下设大区局,并由大区局分设地区分局和办事处,负责税收征管及相关纳税服务,各大区局及地区分局根据其征管工作实际需要进行机构设置。

美国各个州与地方一般会针对州或地方税种设立专门的税收征管服务机构,该机构在地方设有若干办事处。

第九节 巴西

巴西划归各级政府管理的税种,均可依法独立行使管理权。在宪法规定的各自范围内,联邦政府、州政府、地方政府三级政府互不干预。

巴西税务系统组织架构如图2-2-13所示。

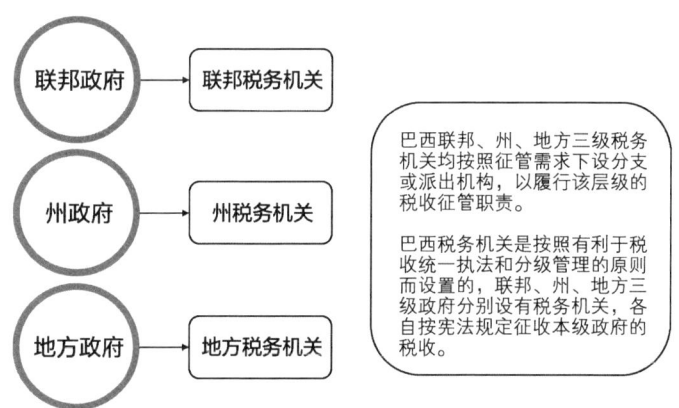

图2-2-13 巴西税务系统组织架构图

第十节 澳大利亚

澳大利亚税收征管权主要集中在联邦税务局。联邦税务局由5个部门组成,并下设若干子部门。

澳大利亚联邦税务局主要架构如图2-2-14所示。

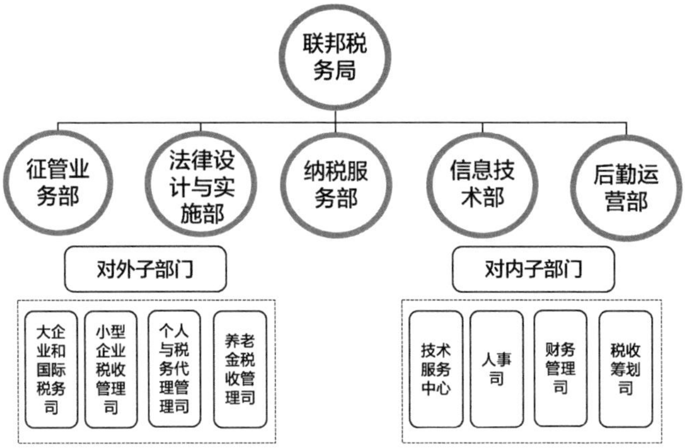

图2-2-14　澳大利亚联邦税务局主要组织架构示意图

澳大利亚税务局在全国范围内设立了若干个办税场所，均位于人口相对密集的大城市，如悉尼、墨尔本等。联邦税务局下的征管部门也在办税场所设有分支机构，而支持协助部门只设置在联邦税务局。

各州还设有州级税务局，州税务局体系如图2-2-15所示。

澳大利亚税务局主要负责征收企业所得税、个人所得税、商品及服务税、消费税、附加福利税及其他联邦税，同时管理澳大利亚商业登记和养老金系统。澳大利亚州级税务局隶属州财务部，其职责为征收州税并上交其征得税款到州级政府，主要负责征收工资税、印花税、土地税、金融机构税、债务税等税费。

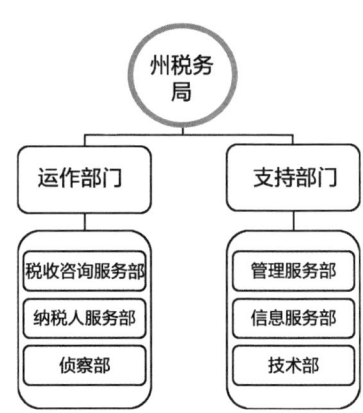

图2-2-15　澳大利亚州税务局体系示意图

第三编
税种比较与分析

◆ 第一章　制度与制度场的互动

在现实社会中，人们是通过某种制度形式结成社会关系的，制度是人们的社会关系的外在表现形式。在此意义上说，制度的本质是社会关系的外现。我们每一个人不仅是生物人、经济人、社会人，而且是制度人。甚至在某种意义上可以说，人类社会的成熟程度和先进程度与制度化的程度成正比，制度的先进性决定着社会的先进性，决定着人们的认识水平，决定着一个组织的发展水平。

制度化的组织中，组织成员间无论是依赖关系、领导关系还是分工合作关系，都是相互影响、相互作用的关系。在制度环境中，人与人之间存在着一种作用力，这种作用力局限在特定组织或特定活动场所的范围内。我们可以将这个范围称为"场"，就是制度场。

在制度场中，主要有制度规制者、制度执行者和制度互动者，其中制度互动者有两种含义：从狭义上说，制度互动者指制度化组织中除制度规制者和制度执行者之外的所有组织成员，他们既是制度规定和制度执行的对象，又对制度规定和制度执行产生重要的影响；从广义上说，制度互动者指制度化组织中包括制度规制者和制度执行者在内的所有组织成员，因为制度规制者和制度执行者作为制度化组织的成员，同样要受到制度规定和制度执行的约束，同样处于制度场的作用之中。

制度规制者在制定制度规定的过程中，必须考虑到制度规定的代表性，分析判断该项规定能否得到大多数制度互动者的认同和支持。制度互动者的态度和行为对制度执行的效率、效果有重要的影响。当他们的态度和行为与制度规定和制度执行的要求相一致时，将会在制度场中产生一种强大的积极的合力，形成良好的文化氛围和工作氛围。

税法制度场是指由税收法律构成的一种特殊的社会关系场，其中包括税法规制者、税法执行者和税法互动者三类参与者。一方面，税法制度场是国家实现其公共职能的经济基础，通过税法规定各种税种、税率、征收范围、优惠政策等，使国家能够按照法定程序和标准从纳税人处取得必要的财政收入，用于提供公共产品和服务，维护国家安全和社会稳定，促进经济发展和社会进步；另一方面，税法制度场是国家实施宏观调控的重要手段，通过税法对不同的经济主体、行业、区域、项目等实施差别化的征收政策，影响纳税人的经济利益和行为选择，从而达到调节总需求、优化资源配置、促进结构转型、保护环境、调节收入差距等目的。

同时，税法制度场是国家与纳税人之间利益协调的平台，通过税法明确规定纳税人的权利义务、征收程序、行政复议和司法救济等，使纳税人能够依法享有合理的财产权利和参与权利，防止国家滥用职权或侵犯纳税人合法权益，维护纳税人的合理诉求和正当利益。此外，税法制度场是国家表达其价值理念和目标的载体，通过税法体现国家对不同群体、领域、问题等的重视程度和支持力度，反映国家对社会公平正义、民族团结、文化传承等方面的态度和立场，传递国家对社会发展方向和理想愿景的期待和引导。

♦ 第二章 各国主要税种概览

本章节我们主要对不同国家的税种进行介绍,并就其主要税种进行多角度、多维度的比对分析。我们在对这些国家的现行税法和税制梳理后发现,在税收的法律和制度建设上,它们都具有各自的特点,既发挥了税收的杠杆调节作用,又具有相对较高的政策稳定性,体现出了税收政策抵御风险的功能。结合不同国家的税制特点和开征的税种,我们会发现,各国税收的立法宗旨、理念,以及在不同时期、不同社会背景下做出的税收制度安排,都具有时代特点和特色。

我们尽可能地把最大的信息量奉献给读者,使广大读者能够站在不同角度去看不同国家的税收制度,了解其税制现状、主要税种在国家税收体系当中所占权重,以及结合区域特点,观察不同国家实行的分级分类税收管理体制和机制。为此,我们将选取权重较高和普遍开征的税种进行分析介绍,如权重较高的个人所得税、企业所得税、增值税、消费税、印花税、遗产与赠与税、资本利得税等,个别税种还具有税中税、税中附加税、税中费等特点。

下面,我们通过表3-2-1至表3-2-3总体了解一下这些国家目前所开征的税种以及税款所属级次。

表3-2-1 韩国、日本、印度三国税种概览表

序号	韩国		日本		印度	
	税种	中央或地方	税种	中央或地方	税种	中央或地方
1	所得税	中央	个人所得税	中央	个人所得税	中央
2	法人税	中央	法人税	中央	企业所得税	中央
3	增值税	中央	消费税	中央	货物与劳务税	中央

续表

序号	韩国		日本		印度	
	税种	中央或地方	税种	中央或地方	税种	中央或地方
4	个别消费税	中央	印花税	中央	销售税和增值税	中央、邦税
5	继承税和赠与税	中央	关税	中央	印花税	中央
6	综合不动产税	中央	汽油和地方道路税	中央	关税	中央
7	酒税	中央	液化石油气税	中央	消费税	中央
8	印花税	中央	汽车重量税	中央	研发税	中央
9	证券交易税	中央	汽车环境性能税	中央	资本利得税	中央
10	交通能源环境税	中央	注册许可税	中央	遗产和赠与税	中央
11	教育税	中央	酒税	中央	注册税	中央
12	农渔村特别税	中央	石油税	中央	土地和建筑物价值税	中央
13	购置税	地方	事业所税	中央	职业税	邦税
14	注册税和许可税	地方	继承税和赠与税	中央	交通工具税	邦税
15	休闲税	地方	国际观光旅客税	中央	土地价值税	邦税
16	居民税	地方	法人居民税	地方	农业所得税	邦税
17	财产税	地方	法人事业税	地方	财产税	地方税
18	城市规划税	地方	个人居民税	地方	土地和建筑物税（租金）	地方税
19	汽车税	地方	个人事业税	地方	土地增值税	地方税
20	烟草消费税	地方	固定资产税	地方	广告税	地方税
21	地域资源设施税	地方	汽车税	地方	财产转让税	地方税
22	地方所得税	地方	汽油交易税	地方	补偿附加税	地方税
23	地方消费税	地方	轻型汽车税	地方		
24			不动产购置税	地方		

续表

序号	韩国		日本		印度	
	税种	中央或地方	税种	中央或地方	税种	中央或地方
25			城市规划税	地方		
26			高尔夫球场使用税	地方		
27			矿区税	地方		
28			矿产税	地方		
29			矿泉浴税	地方		

表3-2-2 俄罗斯、英国、法国、德国四国税种概览表

序号	俄罗斯		英国		法国		德国	
	税种	中央或地方	税种	中央或地方	税种	中央或地方	税种	中央或地方
1	个人所得税	中央	个人所得税	中央	个人所得税	中央	个人所得税	中央、州、地方
2	企业所得税	中央	企业所得税	中央	公司税	中央	企业所得税	中央、州、地方
3	增值税	中央	增值税	中央	增值税	中央	增值税	中央、州
4	消费税	中央	资本利得税	中央	数字服务税	中央	贸易税	中央、州、地方
5	矿产资源开采税	中央	数字服务税	中央	薪酬税	中央	团结附加税	中央
6	水资源使用税	中央	遗产税	中央	社会保障金	中央	社会保险	中央
7	开采碳氢化合物额外收入税	中央	印花税	中央	消费税	中央	保险税	中央
8	企业财产税	联邦	社会保险税	中央	关税	中央	矿物油税	中央

续表

序号	俄罗斯		英国		法国		德国	
	税种	中央或地方	税种	中央或地方	税种	中央或地方	税种	中央或地方
9	交通运输税	联邦	消费税	中央	登记税	中央	航空税	中央
10	博彩税	联邦	关税	中央	财产转移税	中央	关税	中央
11	个人财产税	地方	豪宅年费	中央	印花税	中央	其他消费税	中央、州
12	土地税	地方	气候变化税	中央	赠与税	中央	土地购置税	州
13			石方税	中央	遗产税	中央	遗产和赠与税	州
14			航空旅客税	中央	净资产税	中央	机动车税	州
15			垃圾填埋税	中央	不动产税	中央	教会税	州
16			石油税	中央	居住税	地方	床税	地方
17			软饮料行业税	中央	已开发土地税	地方	房产税	地方
18			能源利润税	中央	未开发土地税	地方		
19			房产税	地方	跨区域资产统一税	地方		
20					地方商业税	地方		

表3-2-3 美国、巴西、澳大利亚三国税种概览表

序号	美国		巴西		澳大利亚	
	税种	中央或地方	税种	中央或地方	税种	中央或地方
1	个人所得税	中央或地方	个人所得税	中央	个人所得税	中央
2	薪资税	中央	企业所得税	中央	企业所得税	中央

续表

序号	美国		巴西		澳大利亚	
	税种	中央或地方	税种	中央或地方	税种	中央或地方
3	公司所得税	中央或地方	增值税	中央、州	商品及服务税	中央
4	消费税	中央或地方	净利润社会赞助费	中央	关税	中央
5	罪孽税	中央或地方	社会保障金费	中央	消费税	中央
6	特许权税	中央	关税	中央	医疗保险费	中央
7	遗产税	中央	金融操作税	中央	养老金	中央
8	弃籍税	中央	数字服务社会贡献费	中央	附加福利税	中央
9	销售与使用税	地方	机动车辆税	州	石油资源租赁税	中央
10	财产税	地方	社会一体化税	地方	葡萄酒平衡税	中央
11	印花税	地方	薪资税	地方	高档汽车税	中央
12	其他地方税	地方	社会保障金	地方	房产税	地方
13			房地产税	地方	印花税	地方
14			不动产转让税	地方	工资税	地方
15			社会服务税	地方	土地税	地方
16					金融机构税	地方
17					债务税	地方

♦ 第三章　个人所得税篇

第一节　个人所得税制度安排及征税原则

各个国家的税收法典、税法通则、国税征收法、税收征收法都对个人所得税作出了法律规定以及制度安排。我们对所列举的这些国家的征收方式、征税对象、税率、申报方式进行了归集整理（表3-3-1），便于大家学习使用。

表3-3-1　各国征税原则概览表

项目	韩国	日本	俄罗斯	德国	法国	美国	巴西	澳大利亚
征收方式	分类计算，综合计征	分类计算，综合计征	分类所得，综合计征	分类所得，综合计征	分类所得，综合计征	分类计算，综合计征	分类计算，综合计征	综合税制
征税对象	居民纳税人和非居民纳税人	居民纳税人和非居民纳税人	居民纳税人和非居民纳税人	居民纳税人和非居民纳税人	居民纳税人和非居民纳税人	公民、居民外国人和非居民外国人	居民纳税人和非居民纳税人	居民纳税人和非居民纳税人
税率（%）	超额累进税率，最高税率45	累进税制，无起征点，5-45	不同档次的税率，13和15	累计税率，最高税率45	累进税率，有起征点，0-45	超额累进税率，10-37	累进税率，最高税率27.5	超额累进税率，最高税率45
申报方式	个人申报、按年计征	个人申报	个人申报	个人申报和夫妻合并申报	以家庭为单位联合申报	夫妻合并纳税、已婚人士分别纳税、户主申报及单身人士申报	个人申报和夫妻合并申报	个人申报

* 德国、法国和印度存在附加税（费）

总体来看，列举的这些国家征税主要特点是分类计算、综合计征，征收对象主要为居民和非居民（美国分公民、居民外国人和非居民外国人）。个人所得税税率主要表现为超额累进税率和以固定税率为主、特殊税率为辅的组合式税率两种形式。目前，这些国家的最高边际税率为45%。申报形式是多种多样的，以个人申报为主。法国、美国与其他国家的有所区别，法国以家庭为单位申报，美国则是有夫妻合并纳税申报、已婚人士分别纳税申报、户主申报等形式，德国和巴西也可选用夫妻合并纳税申报。税款缴纳则普遍采用的是源泉扣缴、代扣代缴的纳税方式。

之所以我们没有在上表中列举英国和印度，是因为这两个国家的个人所得税制度非常特殊。英国的个人所得税制度是通过设定扣除和不同档次税率的制度来运转的，设定扣除的主要考量因素是自然人的年龄、婚龄，以及因通货膨胀带来的变化调整等因素。印度的个人所得税是以收入范围和年龄段为特点的税制，也是以变量为主的征收模式。

第二节　个人所得税的居民纳税人

不同国家的居民个人所得税征收范围各有不同，由于征税项目复杂多样，我们仅就主要的征收税目列表说明。表3-3-2中所列举的项目，在征收管理、税率的适用、申报的方式、政策差异等方面都各具特色。

一、征收范围

表3-3-2　个人所得税居民纳税人的征收范围表（供参考）

序号	韩国	日本	印度	俄罗斯	英国	法国	德国	美国	巴西	澳大利亚
1	利息所得	工资薪金	雇佣收入	受雇所得	受雇所得	受雇所得	农业和林业所得	工资薪金所得	实物福利	工资薪金

续表

序号	韩国	日本	印度	俄罗斯	英国	法国	德国	美国	巴西	澳大利亚
2	股息所得	利息收入	经营收入	营业和专业所得	工资和福利	经营所得	贸易活动经营所得	资本利得	工资薪金	实物福利
3	经营所得	红利收入	投资收入	利息所得	自由职业者取得的利润	农业所得	专业服务所得	股息收入	养老金	退休金收入
4	工薪所得	营业收入	董事费	股息所得	国家福利	专业服务所得	受雇所得	股权薪酬	董事费	董事费
5	退休金收入	租金收入	租金收入	特许权使用费收入	大部分养老金	管理者控制家族企业或有限合伙企业的所得	资本投资所得	业务收入	股权期权	经营活动和专业劳务所得
6	转让所得	退职收入	其他	转让股份证券所得	超过限额的储蓄和养老债券利息	不动产所得	不动产和某些有形动产租赁所得	租赁收入	其他	投资收入
7	其他	转让收入		转让不动产所得	租金收入	投资所得	特许权使用费所得	其他		资本利得
8		山林收入		其他财产所得	工作取得的津贴	资本利得	私人交易收益			其他
9		一次性收入		其他	信托所得	其他	赡养费			
10		其他			公司股票分红		养老金			
11					其他		其他			

个人所得税在国家的税收法律体系当中，居重要的法律地位，且在国家的整体财政收入中占比较大，和社会民生有着较强的关联性，比如对财政、社保基金、人力资源、退休福利等都有着至关重要的意义。

二、税收优惠项目

个人所得税税收优惠主要有不征税收入、免税收入和税收抵免。

1. 不征税收入

不征税收入不是普遍意义的概念，这里我们仅列举英国、韩国、澳大利亚这三个国家的不征税收入做分析说明。

英国的不征税收入包括：从免税账户获得的收入；政府有奖债券或者国家彩票奖金；出租部分自住房屋并取得7500英镑以下的收入等。从上述项目看，值得我们注意的是其出租部分自住房屋方面的政策，目的是提高房屋的使用率，防止资源浪费。

韩国的不征税收入是以总统令的方式进行公布的，法律地位和层级较高，体现了国家在对特定项目的支持上做出的税收制度安排（图3-3-1）。

图3-3-1　韩国不征税收入项目示意图

澳大利亚对不征税收入是这样规定的：私人退休金、部分离职赔偿金、分拆股利等为免税事项，在个人所得税申报时单独列示填报，与征税项目在申报表上做出区分，突出表现不征税事项。重点体现在退休、离职赔偿的政策优势上。

2. 免税收入

个人所得税中的免税收入是一个国家征收个人所得税的重要制度安排，集中体现国家对某些个人收入的特别优惠与照顾，平衡了个人所得税的征纳关系。其既体现了政策的制度优势，又鲜明地表现了不同国家对个人收入的政策指向。例如，英国会根据通货膨胀适当调整当年的个人所得税的标准免税额，2021—2022年为12,570英镑，较2020—2021年增加了70英镑。英国对高收入群体实施的政策规定是收入与免税额成反比，即如果净收入超过10万英镑，那么每超过2英镑，免税额将减少1英镑，直至免税额为0。其免税制度还规定，如果申请婚姻津贴和盲人津贴，将享受更多的免税额。俄罗斯《税法典》当中对个人取得的社会保障收入、农业畜牧业收入、资产长期持有获得的收入等给予免税支持。德国是欧洲比较发达的国家，其商业流通、工业制造和科学技术等方面的税收政策都体现这样的特点。德国对健康保险以及养老等方面非常重视，同时也对从事科学技术研究、艺术教育等专业人员出台了优待政策。对于个人取得的养老保险、科学奖励金等给予免税鼓励。巴西的个人所得税除基础免税规定外，有一条免税规定值得注意：居民个人在出售住宅物业180天内，用出售收入再投资或购买巴西境内另一住宅物业，则出售环节的所得免税；如果仅将部分收入用于再次购买，则未使用部分应缴纳所得税。这条规定鼓励了居民的房产置换，同时防范了在交易过程中未使用部分少交税款的行为。澳大利亚免税收入包括退休金和社会保障金、员工附加福利、奖学金、人身伤亡索赔、出售主要居住房屋的所得等，以及在某些情况下的境外受雇收入。

【要点分享】

通过以上五个国家的免税收入规定可以看出，相关规定既体现了对低收入者的政策优惠，又体现了对高收入者的税收调节。他们的基础免税主要聚焦在健康养老保险、社会保险、退休金、国家专项基金、农业、科学技术等方面。同时个别国家对于居民房产出售及置换等项目，给予税收政策调控与支持。

3．税收抵免

从概念上看，税收抵免属于税收优惠的范畴；从具体的内容上看，它属于鼓励和支持的条款。我们分析了一些国家税收抵免的相关政策，不同国家体现了不同的特点。下面介绍韩国、法国、德国这三个国家的情况。

（1）韩国

韩国的税收抵免政策比较宽泛，既涉及具体的税收抵免额，又涉及国际税收的范畴。税收抵免制度在个人所得税制度体系当中发挥了至关重要的作用，政策的指向性也比较明确和清晰，主要体现在以下四个方面。一是股息所得税收抵免规定，它是鼓励性政策的重要内容之一。该规定充分肯定了股权在市场发展中的经济地位和作用，以抵免的方式鼓励和促进其发展。二是境外税收抵免规定，该政策鼓励了境外的经济合作。三是意外损失的税收抵免。韩国政府制定了一系列关于意外损失的抵免政策以及应对方案，充分发挥了税收抵免在意外损失中的救济功能。四是工薪所得的特别税收抵免，体现了对薪金制度的完善性补充，发挥了税收抵免的功能性、调节性和促进性。

（2）法国

法国税收抵免主要体现在对向欧盟的非营利性组织的捐赠支出方面。近些年的税收抵免主要是对家用节能设施的抵免优惠，同时对低收入家庭以支付补贴的方式替代税收抵免优惠。另外，税收抵免还包括家庭的日托费、子女教育费和家政服务费的抵免。法国税收抵免项目有如下几类。

① 捐赠。纳税人向位于欧盟的非营利性组织（包括政党）的捐赠支出，只要用于经批准的项目，则可享受税收抵免。税收抵免额为捐赠金额的66%，但不得超过应纳税所得额的20%。对为受困者提供医疗服务的机构的捐赠，抵免额为捐赠金额的75%，最高抵免限额为537欧元。符合条件的捐赠，如果年度捐赠额超过纳税人当年应纳税所得额的20%，则超出部分可向后结转5年。

② 节能设施优惠。对于中等收入家庭购买的用于自住住宅的符合条件的家用节能设备（如节能供热系统、隔热设备）可享受税收抵免，在特定条件下最高可以享受30%的税收抵免优惠。对于低收入家庭，由国家住房机构支付补贴，以替代税收抵免优惠。

③ 家庭支出抵免额。法国是以家庭为单位申报个人所得税的，对于家

庭支出中的日托费、子女教育费和家政服务费做出了税收抵免规定。比如纳税人为7岁以下子女支付的日托费用可以获得50%的抵免额，最高抵免额为1150欧元。如果纳税人有子女正在接受中学或大学教育，则该纳税人可享受每个子女每月61—183欧元不等的抵免额。纳税人雇佣家政服务人员的费用可以获得50%的抵免额，最高抵免额为6000欧元，如果纳税人是残疾人，抵兑额为10,000欧元。

（3）德国

在德国税收抵免制度当中，我们主要关注了如下具有代表性的内容：由自由从业者（雇佣）提供的家政服务，以及抚养不满18岁的子女的税收抵免。根据税收抵免制度规定，德国的自由从业者和某些受雇佣的家政服务人员提供的家政服务的收入可享受税收抵免。税收抵免制度规定：纳税人抚养不满18岁的子女可以税收抵免形式（超额部分退税）享受每月的子女税收抵免。子女税收抵免同样适用于18-25岁的成年子女——如果子女是全日制学生、入伍或从事社区服务等。子女税收抵免要求该子女每年自己的所得不超过8004欧元。

三、税收优惠的特点

从不征税收入、免税收入、税收抵免的相关内容可以看出，税收优惠在各个国家的税收法律制度体系当中非常重要并且较为普遍，但是针对各自的国情、经济发展方向和社会发展需要，每个国家的优惠又各有特点。

一般而言，各国的税收优惠政策都具有方向明确、内容具体、方式多样的特点。下面分别讲一讲税收优惠政策比较有特色的六个国家。

1．日本

日本的个人所得税税制改革重点体现了税收优惠鼓励和支持的方向，包括延长住宅贷款相关税额扣除政策适用期限、修正与延长小额投资不征税制度、修正天使投资相关所得扣除政策等，如图3-3-2所示。

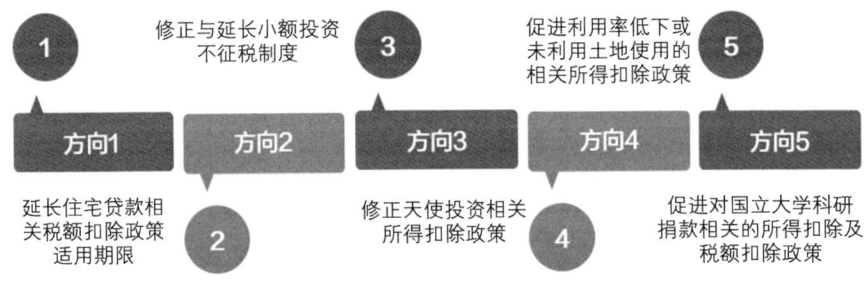

图3-3-2　日本个人所得税税制改革方向示意图

2．英国

英国的税收优惠主要体现在对收入的不征税规定上。鼓励英国居民利用个人储蓄账户（ISA）进行存款，并就不超过20,000英镑的收入免税；鼓励房东出租部分自住房屋，对于取得7500英镑以下的租金收入免缴个人所得税；鼓励自营职业和出租财产，并对其取得的1000英镑及以下收入免税。

3．法国

法国针对绿色能源利用和儿童抚养制定了税收优惠政策。如对于在2021年1月1日至2023年12月31日，个人购买和安装电动汽车充电桩实际支付的符合条件的费用，可享受75%的税收抵免（每个充电桩的税收抵免上限为300欧元）。纳税人抚养儿童适用两项一次性扣除税收优惠政策，即子女扣除，保育、抚育和教育扣除。

4．德国

德国为鼓励人口生育，出台了"家长支持"的补贴政策，该补贴不征收个人所得税。子女免税额是父母缴纳所得税时的扣除额。目前每孩的基本免除额为2730欧元，以及子女照管、抚育和培训需求免除额1464欧元。如果父母双方共同申报，则免除额翻倍，共计8388欧元。在子女出生后一年内停止工作来照顾子女的父母可以享受"家长支持"的减免政策，同时，还可领取父母津贴，金额为之前净收入的65%，最低不少于300欧元，最高不超过1800欧元。"家长支持"将支付12个月，如果是父亲留在家里照顾子女，可额外延长两个月。

5. 巴西

巴西的税收优惠主要方向是慈善捐款和社会保障。巴西法律规定，对于特定的项目、基金及慈善团队给予的慈善捐款可享受税收减免，但该减免不得超过个人所得税额的6%；对于社会保障的缴纳由"国内个人雇主"支付，一定限额内可扣除。

6. 澳大利亚

澳大利亚的税收优惠有别于其他国家，重点指向员工持股计划，符合条件的纳税人可享受最高达15年的递延纳税优惠。另外，它的税收优惠政策还鼓励资产的长期持有，比如对居民个人出售或处置持有一年以上的资产可以申请减半征收个人所得税。对于出售主要居住房屋所取得的收入只要符合条件规定，可享受免征个人所得税的税收优惠。

图3-3-3 各国税收优惠项目示意图

四、个人所得税扣除项目

了解个人所得税当中的扣除项目，是计算个人所得税税基的重要条件。扣除的目的是减轻纳税人税负、保证低收入者基本生活，体现了社会政策的意义。每个国家的扣除内容、扣除对象、扣除方法既有本质上的区别，又有实质上的相同之处。个人所得税作为税收体系当中非常重要的税种，从宏观上讲，在国民收入中具有一定的权重，从微观上看，又体现了居民收入的动态变化。所以，科学合理的扣除项目对于个人所得税的征收与管理具有至关重要的作用。在扣除项目当中,有固定性的扣除,也有变动性的扣除;有列举性的扣除,也有综合性的扣除;有以家庭为单位的扣除,也有以子女为单位的扣除。每个国家的扣除项目都很多,我们选取其中有特点的和有代表性的项目进行分析。

1. 韩国

韩国实行综合所得扣除,分为基本扣除、额外扣除、特别扣除三种扣除方式。一是基本扣除,指居民可以按照家庭人数每人每年扣除100万韩元。二是额外扣除,指居民除适用基本免税外,当属于特定情况时,允许每年从其综合所得中额外扣除50万韩元。三是特别扣除,指工薪收入者可从其工薪所得中扣除纳税年度的保险费支出、医疗支出、教育支出、住房贷款利息支出、捐赠支出等多项特殊支出(图3-3-4)。

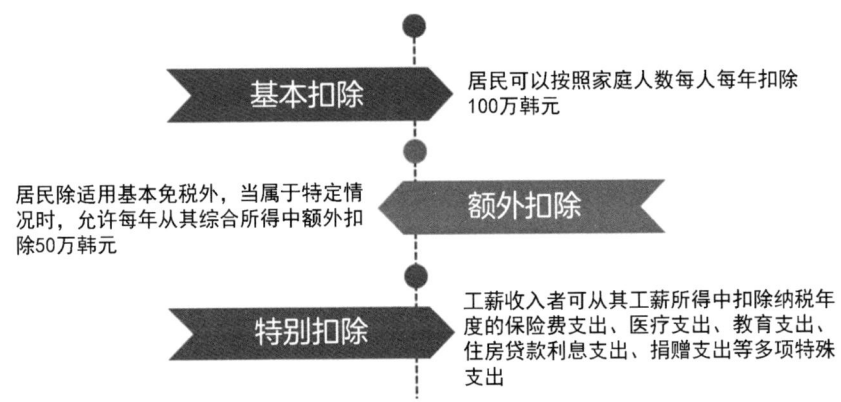

图3-3-4 韩国个人所得税扣除项目示意图

韩国个人所得税扣除的核心特点是详细规定了每一个税目应该执行的费用扣除标准,并且费用扣除标准不是一成不变的固定金额,而是将税基划分为几个级距,每一级距间费用扣除比例不同。一般级距越高,费用扣除比例越低,使税收主要针对高收入人群。

2. 日本

日本个人所得税实行无起征点制度,主要分为综合征税和分离征税。分离征税的所得实行比例征税,用扣除必要费用外的全部所得乘以税率征税；综合征税所得，既要扣除必要的费用，也要扣除部分所得。日本将所得扣除分为两大类：一是对人的扣除，包括所有人可享受的基础扣除；二是对事的扣除，包括针对突发事件的扣除（图3-3-5）。

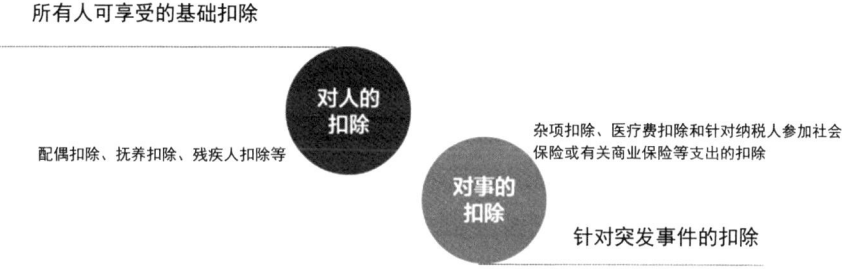

图3-3-5　日本个人所得税的所得扣除示意图

综合征税虽然没有统一的起征点，但是实际上对于每个个人来讲是存在起征点的。换句话说，在综合征税方式下，如果某个人一年的综合征税所得小于或等于所得扣除总额，就可以不用缴纳个人所得税。对于综合征税所得大于所得扣除总额的个人来讲，需根据其大于各项扣除的所得部分纳税。

3. 英国

英国个人所得税的税前扣除特点是通过设定扣除项目和不同档次税率的制度来运转的，主要考虑了纳税人的婚姻状况和身体情况等因素。允许扣除的费用包括：基础扣除、抚养扣除、劳动所得扣除、老年人扣除、病残者扣除、寡妇（鳏夫）扣除和捐款扣除等。这些扣除项目的金额是变量，按法律规定，每年随通货膨胀情况进行调整。

扣除额根据收入的变化而变动，是英国个人所得税扣除制度独有的特色。税前扣除规定，在标准扣除额（12,570英镑）的基础上，纳税人的年收入超过10万英镑的，每超过2英镑，需要在标准扣除额的基础上减少1英镑的扣除额，直至扣除额为0，可以理解为收入与扣除额成反比。政策在调节收入分配方面发挥了重要作用。

4. 法国

法国的个人所得税扣除项目体现了政府对子女的抚养费、购买普惠养老储蓄计划的保险费、工会会费等方面的关注和支持，在养老保险费方面表现得尤为突出。在法国，个人支付的养老保险费在其所得税的征收上予以扣除。另外，法国是最早建立工会组织的国家之一，工会组织在整个社会体系当中发挥着重要作用，为了更好地发挥工会组织的先进作用，工会会费予以税前扣除。这项扣除也是法国独有的特殊的扣除内容。

5．俄罗斯

俄罗斯《税法典》规定，个人所得税采取专项扣除的方式计算须缴纳税款，专项扣除包括五大项内容：标准扣除额、社会化扣除额、房屋扣除额、经营业务费用扣除额和投资扣除额。俄罗斯的个人所得税是以《税法典》的形式来表现的，其法律规格高，从扣除的项目上来看，每一项扣除都有极其丰富的内容，也具有俄罗斯国家和民族的特点，特别是在鼓励什么、支持什么和发展什么等方面旗帜鲜明，具有很强的国家特色。

俄罗斯的个人所得税税法中，明确地列示了对国家作出突出贡献的群体或个人给予鼓励和支持，对于残疾人也同样给予税收上的关爱，并实行每月定额扣除的政策。比如切尔诺贝利核污染及其他核辐射受害者、卫国战争中的残疾者等群体，每人每月扣除额为3000卢布；苏联及俄罗斯英雄、三级荣誉勋章获得者、国内战争和卫国战争的参加者，自幼是一、二级残疾人，符合上述条件的每月扣除额为500卢布。俄罗斯的税法中还制定了支持生育方面的扣除条款，抚养子女的父母、养父母每月扣除额，按照所供养的子女数量和扣除标准计算扣除额。俄罗斯个人所得税在社会发展方面，还制定了社会化扣除的相关规定，涉及丰富的民生内容，比如教育费用的扣除、医疗费用的扣除、保险费用的扣除、劳动资格评估费扣除和捐赠扣除。这些扣除政策全面体现了对个人的关注和个人发展的支持。

俄罗斯地域辽阔，政府在鼓励发展生育的同时，对个人取得房屋或者建造房屋所发生的费用也纳入扣除范围。纳税人为取得或者建造房屋所发生的实际费用，包括抵押贷款本金和利息费用，都可以扣除，目前此项规定的最高扣除额为200万卢布。个人所得税法还结合产业发展对投资制定了鼓励性的扣除条款。

通过以上对俄罗斯的个人所得税扣除条款的分析，我们可以感受到它的税收法制既有对于人的核心关怀，比如教育、医疗、保险、捐赠等多项扣除，也有其自身强烈的民族特色，如对在战争和突发事件中为国家作出贡献的个人或群体的优待。同时其特殊的地理位置也造就了其地域广阔、人口稀少的特点，并在税收扣除条款中得到体现，有很强的借鉴和参考意义。

6. 德国

德国个人所得税抵扣政策的特点是特定费用和特殊支出的扣除。特定费用，是指可以依据所得税法明确扣除的个人或家庭支出。扣除必须在费用发生当年执行，分为可全额的扣除和有最高扣除限额的扣除。德国是欧盟中的发达国家，工业化、精细化程度高，社会福利优越，各项税收政策的制定较为全面具体，尤其注重保险费、捐赠、儿童保育服务费、学业费等特定费用的扣除，以及抚养孩子的支出、在私人疗养院的支出等特殊扣除。

德国个人所得税的扣除项目对保险费支出给予了高度的政策支持。政府强制要求个人购买个人健康险、意外和责任保险、残疾人和老年人保险等类似私人保险，以上保险费用明确规定为税前扣除项目。德国政府对于保险事业的支持还体现在对非居民社会保险机构的政策上。纳税人的保险费如果是支付给非居民社会保险机构，或者付给已经被批准在德国经营业务的保险公司，这类缴款和保险费也是可以扣除的。

德国的扣除项目当中的捐赠扣除也具有其国家特色。首先，体现在对于非营利活动的捐赠扣除；其次，对于基金会的资本捐赠扣除是其扣除体系当中的重要特色。税法针对以上两项内容都做出了具体的扣除规定。非营利性活动的捐赠扣除可以采取向下一年结转，资本捐赠扣除可以选择扣除时间。另外，向各党派的捐赠扣除也做出了制度规定，采取的是定额扣除和比例扣除的方式。

7. 美国

美国个人所得税的税前扣除有列举扣除法和标准扣除法两种，纳税人可以选择其一适用。非居民纳税人只适用于列举扣除法。美国的列举扣除法有若干规定，如对于纳税人主要住所的抵押贷款利息可以税前扣除。此条款与德国的个人所得税法中相关条款不同，在德国主要住所的抵押贷款利息，如果不是用于出租的不可以税前扣除。从单一的扣除项目看，两国的规定是有差异的。

美国个人所得税的标准扣除法适用于公民和外国居民，标准扣除限额每年根据通货膨胀情况调整。以2022年为例，已婚夫妻共同申报的标准扣除额为25,900美元，户主申报为19,400美元，单身个人和已婚个人单独申报的标准扣除额为12,950美元。符合一定条件的标准扣除额将增加，例如65岁以上的盲人。

8．巴西

巴西的个人所得税抵扣项目有医疗费用、教育费用、社保费用、抚养子女的费用、私人养老金等。医疗费用、抚养子女的费用以及社保费用的抵扣是没有限制的，只需提供相关的发票证明便可以抵扣，其他几项可抵扣所得税的情况都有相应的金额上限。纳税人可以选择简易计算公式来抵扣所得税，但抵扣是有上限规定的。

9．澳大利亚

澳大利亚的个人所得税扣除项目基本上采取直接列举的方式，扣除的项目主要体现在与受雇有关的费用、房产投资的利息、税务专业代理机构提供的服务所发生的费用等方面。纳税人发生的税务代理费用可以完全抵扣，这也是有别于其他国家的一个特色扣除，体现了对第三方专业税务机构的培育和支持。抵扣政策在鼓励就业方面表现为允许往返于工作地点之间的交通费、上班需穿戴的制服费、保险费等进行税前扣除。抵税政策鼓励以贷款的方式投资房地产，并就其发生的贷款利息的税前扣除做出了具体规定。

五、股息和利息

个人纳税人取得的股息和利息均属于投资范畴，对于这部分的税收不同的国家是有区别的,韩国、法国、德国和美国的相关政策都很有特点。

1. 韩国

韩国个人所得税法规定,纳税人取得的利息和股息实施源泉扣缴,按14%的税率缴纳。

2. 法国

法国的个人所得税针对纳税人取得的股息和利息做出了如下的征税规定:采取源泉扣缴制度,以年终汇算清缴、多退少补的方式进行,纳税人可以选择累进税率,也可以选择固定税率(12.8%)。但是年应纳税所得少于50,000欧元(单身、离婚或寡居纳税人)或(联合申报纳税人)75,000欧元的,可以请求免除该项预提税。

3. 德国

德国的股息按25%税率征收固定统一预提税,再加上团结附加费(税率基础上的5.5%)则增至26.375%。

4. 美国

美国公民和居民外国人所获得的股息收入,无论其源自美国还是其他国家,都在征税范围内。从国内企业或者符合条件的外国企业所收到的合规股息,联邦最高个人所得税税率为20%。

以上分析可看出,纳税人取得的股息和红利都要征税,且均是源泉扣缴。但是法国又规定了可以申请免除预提税的条款,而德国不仅要征收预提税,还要加收团结附加费。(图3-3-6)

图3-3-6 四国股息、利息税率示意图

六、资本利得

资本利得在多个国家的税收制度中都有体现，但是概念却有所不同。有的范围宽泛，有的较为具体，所涉及的税种也是多种多样，与个人所得税、企业所得税、增值税、预提税等税种都有政策关联性，同时也有具体的法律规定。部分国家的资本利得没有单列，但属于资本利得性质的部分都在不同的税种当中做了表述。在这里我们不下定义，只就部分国家的资本利得表现形式和具体内容进行阐述。

1. 印度

印度的税收法律体系决定了资本利得的表现形式，一般分为长期和短期、上市和非上市、实物和非实物；所涵盖的具体内容包括土地资产、证券、基金、外汇、股票期权等转让利得。在计算长期资本利得时，资产成本可根据通货膨胀情况进行调整。除股票和证券外的资产的资本利得，源于短期资产转让的按照标准税率缴税；利用长期资本利得（持有3年或以上的资产处置）在6个月内进行再投资的，可在某些情况下免税。在印度证券交易所上市的股票及证券的资本利得，首次公开募股中按公开要约出售的未上市股票，以及转让已上市的股票或股票型基金所获得的长期资本利得（源于持有期限超过一年的上市证券的收益）免税；短期资本利得按15%的优惠税率缴税（加收附加教育税）。对于未上市股票及证券的资本利得，长期资本利得应在经通货膨胀调整后，按20%的税率缴税（加收附加教育税）。另外，雇员因员工持股计划产生的收入应作为薪金收入缴税。

可见，印度针对资本利得的政策有两大特点：鼓励资产的长期持有，并给予免税；鼓励企业在印度上市，给予税率优惠。

2. 法国

法国税收法律中的资本利得主要涵盖不动产处置、股份转让以及数字资产转让所得，其中对数字资产交易实施征税是法国在数字经济发展的环境下出台的前瞻性税收政策。下面分别介绍。

（1）不动产。转让不动产或不动产相关的权利的资本利得须缴纳个人所得税,税率为19%。具体规定如下:一是纳税人转让主要住宅获得的资本利得免缴个人所得税和附加税;二是如果转让不动产的价格不超过15,000欧元,则转让不动产获得的所有资本利得免税;三是长期持有的资产利得,适用税率递减的税收政策。如个人转让所有权为5—21年的不动产取得的资本利得按6%征收个人所得税;转让所有权为22年的不动产取得的资本利得按4%征收;转让所有权超过22年的不动产的资本利得全部免缴个人所得税。

(2)股份。资本利得项下的股份转让所取得的收入,都适用12.8%的固定税率。居民纳税人可以选择按照一般累进税率计征个人所得税。

(3)数字资产。对数字资产征收资本利得税,法国是世界上少数的先行国家之一。2019年1月1日起,法国对数字资产开始征收资本利得税,以征税的方式确定了数字资产(如比特币)在市场活动中的经济地位。一个纳税年度中销售的数字资产(如比特币)价格大于305欧元时,资本利得应缴纳30%的税金(包含12.8%的个人所得税及17.2%的社会保障金)。纳税人在进行年度申报时,需要对数字资产资本利得进行申报。通过以上内容可以看出,随着数字经济、数字产业的发展,数字资产已成为未来征税的趋势。

3.巴西

巴西资本利得为资产处置的对价减去资产的购置成本。资本利得税率范围为15%—22.4%,资本利得单独计算。资本利得的征税规定如下。一是居民个人在出售住宅物业180天内,用出售收入再投资或购买巴西境内另一住宅物业,则出售环节的所得免税。如果仅将部分收入用于再次购买,则未使用部分应缴纳所得税。二是出售低值资产或权利的资本利得,如果销售价格在完成销售的当月不超过35,000雷亚尔,以及在场外交易市场进行交易的股票销售价格不超过20,000雷亚尔的,则均可予以免税。三是出售上市公司股份、其他股票交易所或询价式证券交易市场的有价证券,需就净收益缴税,根据交易性质的不同,净收益按15%或20%税率征收。四是出售关于公共设施私募股权基金的资本利得,无论是否在证券交易所进行交易,均适用零税率。该优惠政策同样适用于居民个人对私募股权基金研究开发和创新所获的资本利得。五是个人于证券交易所出售的中小企业股份所产生的资本利得，2023年12月31日前免于征收个人所得税。

4．澳大利亚

澳大利亚税收政策规定，处置一年以上的资产所得，减半征收个人所得税。出售主要居住房屋的所得免征个人所得税，符合税法定义的小型企业的经营者处置部分或全部资产可享受税收优惠等。

第三节　个人所得税非居民纳税人

非居民纳税人征税制度是税收制度体系当中不可或缺的重要内容。对非居民征税是各国的普遍税收政策，各个国家对于非居民的征税制度各具特色。从征税范围的划定、适用税率的分档实施及征税方式的多样性可以看出一个国家对非居民的政策态度，主要体现在鼓励、吸收、发展、公平、调控等方面。下面我们分别介绍各国非居民纳税人的个人所得税征收政策。由于非居民政策的灵活性比较强，其税收协定处在实时调整的状态，请大家在实际运用时，及时登录相关国家税务官网了解最新政策。

一、韩国

韩国的政府工作人员、董事、受雇于韩国居民或国内公司以及国内公司在境外的全资子公司在境外从事劳务的员工被认定为韩国的居民。不是韩国居民的个人被认定为非居民。非居民就来源于韩国境内的所得承担纳税义务。韩国没有扣除制度，但是分类比较细，实行全球征税和分类征税。在韩国境内设有营业场所的外国公司在应纳税所得额和应纳税额的计算、评估、代扣税款的征收和纳税申报等方面参照境内公司的税法规定执行。但外国公司的特殊条款在适用时享有优先权。除税收协定另有规定

第三编 税种比较与分析

外，向非居民支付来源于境内所得（非居民个人取得的财产收益、工资薪金或退休金所得除外），如果不能归属于境内营业场所，实行源泉扣缴所得税。

非居民纳税人的征税范围包括利息和股息、不动产、租赁船舶和飞机等所得，营业利润、工资薪金、证券或股份等所得，具体如图3-3-7所示。

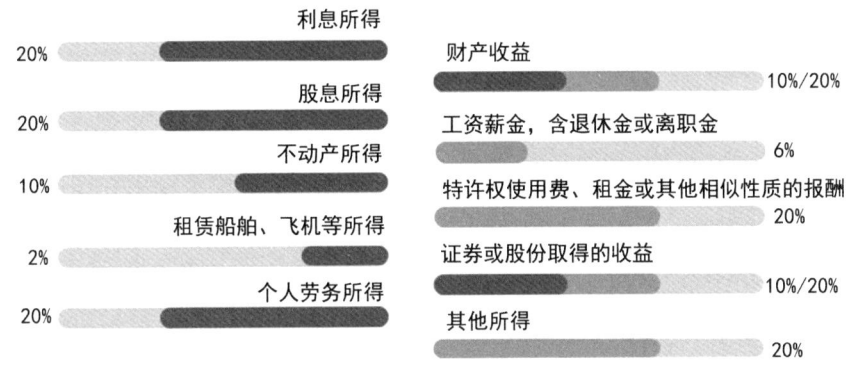

图3-3-7　韩国非居民纳税人征税范围示意图

二、日本

日本的居民纳税人是指在日本拥有住所，或在日本拥有居所且常住一年以上的人；不满足以上标准的，即为非居民纳税人。非居民纳税人只就其源于日本内的收入征收所得税。原则上，非居民纳税人通过申报征收的所得税额的税率与居民纳税人相同。非居民纳税人因在日本工作而获得的工资收入在海外支付，且没有在日本申报缴纳个人所得税的，按照个人所得税制度相关规定，必须在日本申报并缴纳该工资等总额的20.42%作为税额。

【要点分享】

通过上述韩国和日本的非居民纳税人制度规定可以看出，两个国家存在明显的差异：一是韩国个人所得税非居民纳税人分为两种征税方式，即全球征税和分类征税，而日本只就其源于日本内的收入征收所得税；二是韩国的个人所得税非居民纳税人各项所得的税率与居民纳税人有所差异，且实行多档税率，而日本非居民纳税人所得税额的税率与居民纳税人相同；三是韩国个人所得税非居民纳税人没有所得扣除制度，日本则有所得扣除制度；四是韩国分为源泉扣缴和通过申报征收两种方式，而日本仅实施申报征收。

三、印度

印度的居民纳税人有两个判定标准：一是一个纳税年度内在印度停留时间达到或者超过182天；二是一个纳税年度内在印度停留60天及以上，且在之前的四个纳税年度停留时间合计达到365天或以上的个人。不满足上述标准的，即为非居民纳税人。

非居民仅需就来源于印度的收入和在印度获得、累积或产生的收入在印度缴税。非居民纳税人须按居民纳税人相同的税率缴纳预提所得税。此外，还有一些事项适用特殊税率，具体如图3-3-8所示。

年净收入超过1000万卢比还需缴纳15%的附加税和4%的健康教育税

来自外汇资产的投资收入和长期资本利得分别按20%和10%征税，且不能有任何扣除

非居民纳税人出售**未上市证券取得的长期资本利得**，如果已申领指数化权益按20%的税率缴税，未申领则按10%的税率缴税

特许权使用费和技术服务费的收入对应的个人所得税率为10%

图3-3-8　印度非居民个人所得税特殊税率适用事项示意图

四、俄罗斯

俄罗斯非居民纳税人是指连续12个月内在俄罗斯居住不满183天，但有来源于境内应税所得的自然人。

俄罗斯非居民纳税人仅就来源于俄罗斯境内的所得征税，征税范围参照居民纳税人。非居民纳税人个人所得税实行源泉扣缴，固定税率为30%。非居民纳税人的个人所得税除固定税率外，还实行13%、15%、35%的特殊税率（图3-3-9）。

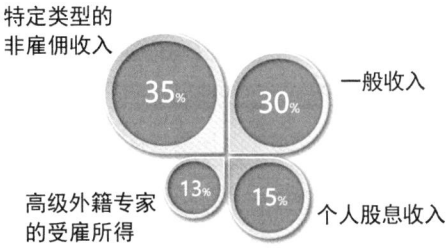

图3-3-9　俄罗斯非居民纳税人的税率适用示意图

另外，一些类别的外国公民的特定收入免于缴纳个人所得税，如图3-3-10所示。

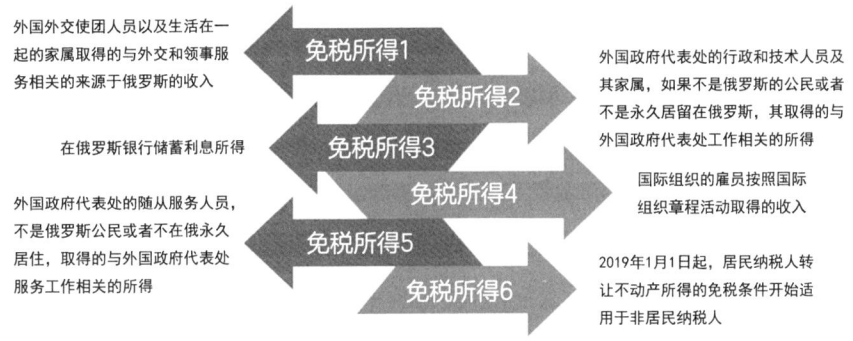

图3-3-10　俄罗斯非居民个人所得税的免税所得示意图

【要点分享】

通过对印度和俄罗斯的非居民纳税人征税的特殊税率的分析，我们可以看到两国税法的多样性特点。比如俄罗斯对赴俄工作的高级人才和专家，适用13%的居民纳税人的税率，但是除此以外的非居民纳税人适用30%的税率，体现其对于高级专家和科技人才的高度重视。同时，他们对于非居民纳税人的相关投资政策也实时做出调整，比如非居民纳税人转让不动产所得开始享受居民纳税人的免税政策。而印度则充分利用了特殊税率，如对收入超过一定标准的纳税人加征附加税和健康教育税，体现了对于高收入的调控作用。

五、法国

法国的居民纳税人判定标准为以下任一标准：家庭住所或者个人的习惯性住所在法国；在法国进行交易、经营业务或提供专业服务；在法国拥有主要经济利益。不满足上述判定标准的即为非居民纳税人。法国非居民纳税人的征税范围如图3-3-11所示。

图3-3-11 法国非居民个人所得税的征税范围示意图

法国对非居民的个人所得税重点关注资本利得和继承或赠与所得，并结合税收协定，制定了较为详细的征税制度。就资本利得而言，非居民纳税人和居民纳税人适用相同标准缴纳税费。除非税收协定有特别规定，当总金额达到一定水平时，非居民纳税人需要就其在法国境内的不动产缴纳不动产税。非居民纳税人需要就其拥有的法国境内财产缴纳已开发土地税、未开发土地税等财产税，并且需就其占有的财产缴纳居住税。

就继承或赠与所得而言，除非税收协定有特别规定，如果赠与人或被继承人为法国的税收居民，则无论所涉及的动产或不动产位于何地（在法国境内或境外），非居民受益人均有义务缴纳遗产和赠与税。为了避免双重征税，位于法国境外动产和不动产在其他国家缴纳的遗产和赠与税可用于抵免法国该税种应纳税额。如果上述资产位于法国境内，则税额不予抵免。

六、德国

如果一个人的住所或习惯性居住地不在德国，则被视为非居民纳税人，非居民需就法律明确列出的来源于德国的所得缴纳德国个人所得税。

支付给非居民个人的款项实施源泉扣缴。非居民个人纳税人适用和居民个人纳税人相同的税率，但对非居民征收的所得税或预提税要附加5.5%的团结附加费（又称团结附加税）。德国的非居民税收制度规定的范围广、内容细，这是由国家法律特征所决定的。在此，我们将采取列举的方式给大家做基本的介绍。

（1）非居民必须针对每个纳税年度取得的来源于德国的收入提交纳税申报表。如果非居民纳税人在一年内成为居民纳税人，则在非居住期间产生的德国来源所得将加入居住期间取得的所得。这意味着，就该年度所有德国来源所得而言，纳税人被视为居民征税。

（2）关于资本利得，非居民个人从私人交易或转让居民企业的实质性权益获得的资本收益须按居民缴纳德国所得税，但税收协定规定不用缴纳的除外。

（3）关于预提税，预提所得税主要按照受雇所得、经营和专业所得、投资所得、其他所得四大类进行管理，具体如图3-3-12所示。

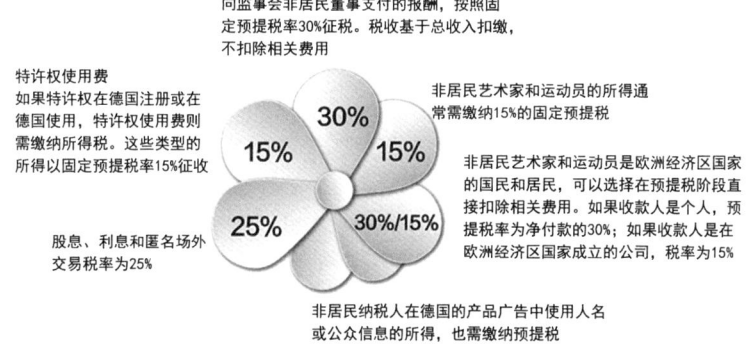

图3-3-12　德国非居民个人所得税预提税四大分类示意图

（4）非居民所得不需征预提税的：非居民个人适用和居民个人相同的最高为45%的税率，可以扣除与收入有关的费用。

（5）非居民个人所得可以申请并经德国税务机关同意按照协定税率计算缴纳个人所得税。

【要点分享】

根据上述对法国和德国的分析可以看出,法国对于非居民纳税人的资本利得和继承赠与所得较为关注。非居民纳税人需要就资本利得和居民纳税人缴纳相同标准的税费。对于继承赠与所得,法国制定了避免双重征税的规定。德国在税制改革中,基本取消了团结附加费,但是为了调节收入,针对3.5%的高收入群体仍保留了团结附加费(5.5%)。

七、美国

不符合持有"绿卡"标准及实际居留标准的非美国公民即为非居民外国人。非居民外国人须就其来源于美国境内的与在美国经营活动有实际联系的收入申报纳税。具体内容如图3-3-13所示。

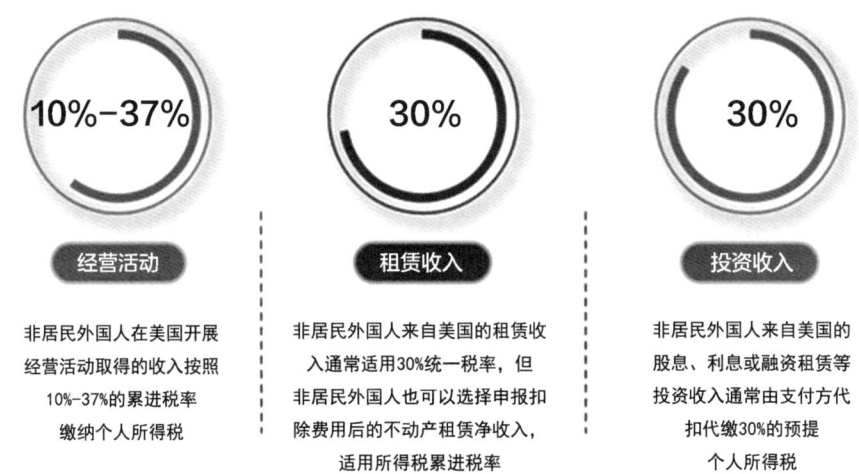

图3-3-13 美国非居民外国人个人所得税税率示意图

八、英国

个人在一个英国纳税年度内停留英国的时间少于16天,或者在之前的三个纳税年度逗留英国的时间少于46天且均被认定为非居民纳税人,则此人一般被自动认定为非居民纳税人。非居民个人纳税人仅就其来源于英国的所得缴纳个人所得税。

非居民纳税人的征税范围包括薪金补贴、租金收入、储蓄利息、工资等，需要纳税人自行申报，税率与居民个人纳税人相同。若满足避免双重征税协定的条件，非居民纳税人在英国取得的个人收入可享受税收协定的税率或者个人所得税豁免待遇。如果非居民个人纳税人符合一定条件，也可以享有个人免税额。

九、巴西

巴西非居民纳税人有以下认定标准：一是巴西境内的个人若不满足居民纳税人定义，则作为非居民纳税人；二是当巴西税收居民离境且提交离境个人所得税申报表则即时被视为非居民纳税人；三是若其未在离境时进行离境个人所得税申报，则将在离境12个月后被认定为非居民纳税人。

非居民纳税人取得的特许权使用、动产或不动产租赁收入适用15%税率，若非居民纳税人为地税司法管辖区税收居民，则税率为25%；非居民纳税人从巴西取得的任何形式任职受雇所得也适用25%税率。对于资本利得，非居民纳税人适用与居民纳税人同样的15%—22.4%累进税率及标准。

向非居民个人支付以下发生在境外的费用，可免征预提所得税：

（1）为教育、科学或文化目的而支付的款项，包括学费、会议或研讨会费用、能力考试费用；

（2）国外医疗相关的医疗费和住院费（包括家属医疗）。

向非居民支付的费用，需缴纳预提所得税：居住在巴西的专业人员向境外支付的培训费，应按15%的税率缴纳预提所得税。

【要点分享】

从上述英国和巴西对非居民纳税人的判定标准可以看出，英国在对非居民的判定上，对停留时间有明确的要求。如一个纳税年度内停留英国的时间少于16天，或者在之前的三个纳税年度停留英国的时间少于46天且均被认定为非居民纳税人，该个人一般被自动认定为非居民纳税人。巴西对非居民纳税人的判定则是以提交离境个人所得税申报表为依据。当巴西税收居民离境且提交离境个人所得税申报表则即时被视为非居民纳税人；若其未在离境时进行离境个人所得税申报，则将在离境12个月后被自动认定为非居民纳税人。

十、澳大利亚

在澳大利亚没有固定住所，且一个纳税年度内在澳大利亚停留少于183天的，即被认定为非居民纳税人。非居民个人取得的来源于澳大利亚或视同来源于澳大利亚的收入应在澳大利亚缴纳个人所得税。非居民个人的受雇收入、经营活动和专业劳务所得、股息收入、资本利得需要缴纳个人所得税。

非居民个人扣除部分同居民纳税人一致，如与受雇直接相关的费用、与工作相关的费用、与房产投资相关的贷款利息、税务咨询费用等，都是扣除项目。非居民纳税人适用的个人所得税最高的累进税率为45%，取得澳大利亚居民企业未付税的股息需缴纳股息预提所得税，税率为30%。

◆ 第四章　企业所得税篇

企业所得税是对企业和其他取得收入的组织的生产经营所得和其他所得征收的一种所得税。企业所得税的纳税人通常分为居民企业和非居民企业，征税对象是纳税人经营所得，包括销售货物所得、提供劳务所得、转让财产所得、股息红利所得、利息所得、租金所得、特许权使用费所得、接受捐赠所得等。通常来说，一个国家的居民企业就其全球所得缴纳企业所得税；非居民企业但在该国有常设机构的，对其经营所得、资产所得与居民企业采用同样的综合计税方法，适用税率与居民企业相同；非居民企业且在该国无常设机构的，仅对其来源于该国的所得征收企业所得税，适用税率因各国政策不同而有所区别。

企业所得税的税收优惠一般表现为对科研企业、小微企业的扶持，对经济特区、开发区、特别区域的税收优待，以及对特定行业的税收减免等。企业所得税的税收优惠充分展现了国家对成熟企业可持续发展的关怀，对初创企业快速发展的保护。

企业所得税作为国家主要的税收来源之一，各国都给予了高度重视，并针对不同的国情出台了相应的法律制度。这里我们将对10个国家的企业所得税政策从纳税人分类、征税对象、合并纳税、税率、税收优惠、免税对象等多个维度进行比较与分析。

对于非居民企业所得税，各国出台的政策各有不同。如俄罗斯、英国、法国、巴西等国家，非居民企业适用和居民企业相同的税率，此项规定能极大地提升了非居民企业投资的兴趣；而部分国家，如印度、美国等国家更注重对居民企业的保护，因此对非居民企业征收高于居民企业的税率。此外，各国通过签订税收协定的方式对部分企业跨国经营给予了便利。具体来说，本国居民企业作为非居民企业对他国进行投资产生的所得，如在本国缴税可按照两国间的税收协定在他国减免或抵免所得税。税收协定的签订避免了对跨国企业的重复征税，对企业跨国经营提供了极大的帮助。

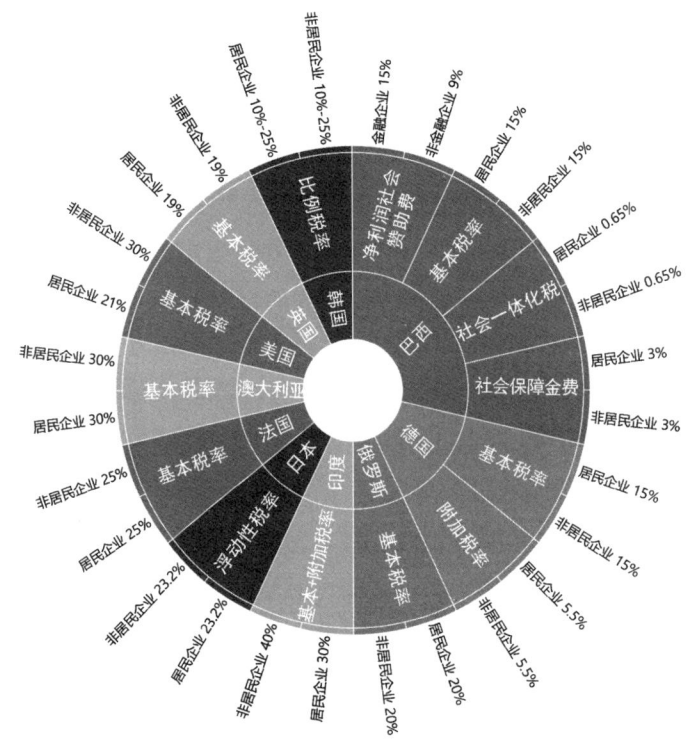

图3-4-1 十国企业所得税税率示意图*

*德国附加税率的税基为应纳税额；巴西净利润社会赞助费的税基为总收入的12%；巴西社会保障金费的税基为总收入；巴西社会一体化税的税基为总收入。

第一节 韩国法人税

韩国的法人税实质上即为通常所说的企业所得税，纳税人分为国内公司与外国公司。法人税采用10%、20%、22%、25%的比例税率,具体税率根据公司性质、所得性质、金额大小而定,具体如表3-4-1所示。

表3-4-1 法人税征税对象及标准概览表

法人种类	征税标准(韩元)	税率(%)	累进制(韩元)
营利法人/非营利法人	2亿以下	10	—
	超过2亿,200亿以下	20	2000万
	超过200亿,3000亿以下	22	42,000万
	超过3000亿	25	942,000万

一、国内公司法人税

韩国境内的法人就其全球范围内的所得缴纳法人税,法人税分为营利性法人和非营利性法人。营利性法人就经营所得和清算所得纳税,非营利性法人就利息和股息、转让股份和资产纳税。韩国境外的公司仅就其来源于韩国境内的所得缴纳法人税,外国公司的清算所得无须缴纳法人税。非营利性的外国公司仅就其在韩国境内的营利性业务缴纳法人税。

1. 确定纳税义务的规则和特例

当公司所得的法定归属公司和实际归属公司不一致时,应由后者缴纳法人税。如果所得归属于某信托,则应由该信托的受益人缴纳法人税。

2. 应税所得和非应税所得

韩国法人税应税所得为各营业年度的所得,包括转让不动产所得以及清算所得。来源于公益信托的所得不征税。

3. 股息所得避免重复征税

此项可分为控股公司及除控股公司外的其他公司两种情况。

(1) 控股公司。按照《规范垄断与公平贸易法》设立的控股公司从其子公司获得的股息符合一定条件的,不确认为收入。

(2) 除控股公司外的其他公司。除控股公司外的其他公司从其子公司获得的股息符合一定条件的,不确认为收入。

4．法人税税率和税收抵免

(1) 税率。法人税税率为10%—25%,具体如图3-4-2所示。

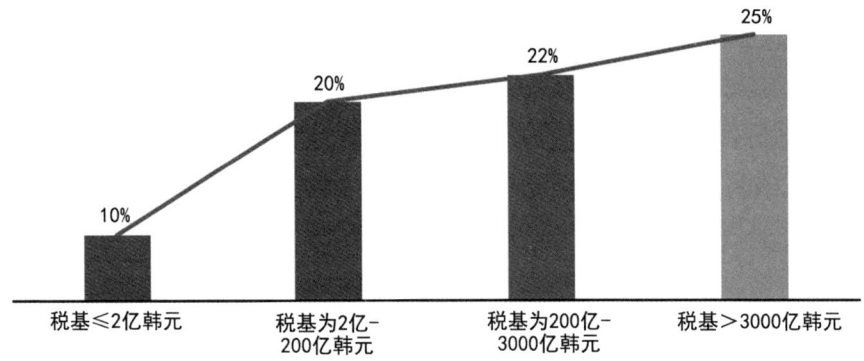

图3-4-2 韩国法人税税率示意图

(2) 境外税收抵免。本国法人在境外已缴或应缴的法人税税额可从境内应缴法人税中扣除,可扣除金额按境外来源所得占应纳税总额的比例计算。如果境外已缴或应缴税款超出了本年应缴法人税规定的可抵免限额,超出的部分准予在5年内结转扣除。符合标准的子公司在境外缴纳的税款可以从母公司的股息收入中抵免。符合标准的子公司是指境内公司自其发布股息分配公告后连续6个月内持有其10%以上股份的公司。

(3) 合并纳税申报制度。合并纳税申报制度是指在母公司和子公司经济上相互结合的情况下,根据其经济实质将它们认定为一个纳税主体,对母公司和子公司的总收入征收法人税。

二、国外公司法人税

外国法人仅就来源于韩国境内的所得缴纳法人税,外国法人清算所得不缴纳法人税。对于外国法人来源于韩国境内的所得应缴纳的法人税,应按与国内法人相同的方式进行评估和征收。在韩国境内未设立常设机构的外国法人来源于境内的所得,应全额代扣代缴法人税,并解缴至税务机关。在韩国境内设有营业场所的外国公司，其应纳税所得额和应纳税额的计算、评估，代扣税款的征收和纳税申报等，参照国内公司的税法规定执行。但外国公司的特殊条款在适用时享有优先权。

居民及国内法人、非居民及外国法人代扣税率如图3-4-3所示。

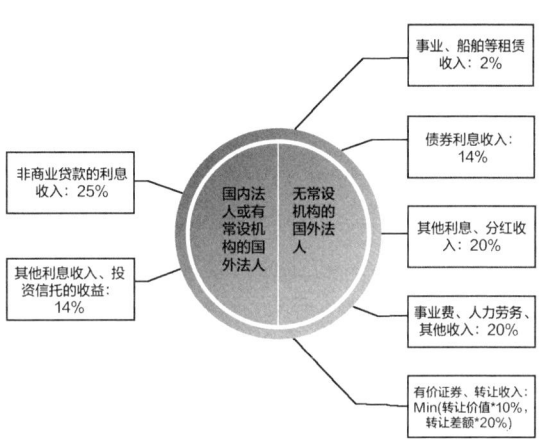

图3-4-3 韩国法人税代扣税率示意图

第二节 日本法人税

日本的法人税同韩国的法人税一样，实质上均为企业所得税。法人税是对法人的业务活动所产生的所得征收的税金。日本法人税征收对象分为居民企业和非居民企业，法人税的税率原则上为浮动型税率，政府会在考虑日本财政状况及经济形势的基础上确定，目前税率通常为23.2%。为了减轻中小企业的税收负担，在确保征收的基础上，政府通过浮动税率这一变量，谋求法人税与其他税种的平衡。

一、居民企业法人税

缴纳法人税的居民企业主要分为普通法人、合作组织、公益法人以及无法人资格的社团。其中，普通法人和合作组织以全部所得作为法人税征税对象，公益法人和无法人资格的社团则只以营利性业务所得作为征税对象。

值得注意的是，法人税的税收优惠中的特别折旧及特别扣除政策。此政策作为鼓励特定产业发展的主要政策手段，其对象不断变化。一般在每年的预算编制过程中提出，以税法修正案的形式实施。

1. 应纳税所得额

应纳税所得额包括当年的销售收入、红利收入、土地及房屋等固定资产的收入、承包工程及提供其他劳务的收入、存款及贷款的利息收入等企业会计核算中列为决算收益的收入，还包括企业会计核算中不列为收益的收入，如无偿转让资产和无偿提供劳务等的收入，该类收入在会计核算层面不列为收入，但是在税务认定层面列为收入。

根据税法规定，对于实际控股比例较高的法人投资取得的红利收入，不列为收入。如对于从投资比例在5%及以下的企业取得的红利，20%的部分作为免税收入；对于从投资比例在5%到33.33%的企业取得的红利，50%的部分作为免税收入；对于从投资比例在33.33%以上的企业取得的红利，允许全额作为免税收入（图3-4-4）。

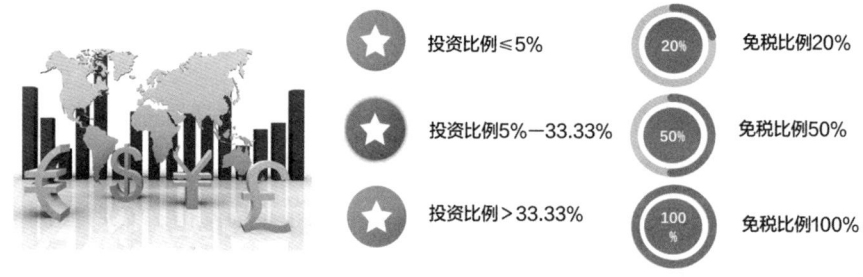

图3-4-4　日本法人税投资红利免税标准示意图

2. 法人税追加征税制度和税额扣除制度

（1）法人税追加征税制度

① 对土地转让所得的追加征税。法人转让土地所得，除要将其纳入法人税征税所得计算综合征税外，还要对其追加特别征税。追加征税的税率视其转让土地的持有（所有）时间而有所区别。持有土地时间超过5年的税率为10%，超过2年不足5年的税率为20%，不足2年的税率为30%。即便是亏损法人（计算出的当年法人税征税所得出现亏损的法人），也必须缴纳

该项法人税。该项政策鼓励长期持有土地资产（图3-4-5）。

② 对退职金等基金征税的法人税。法人一般在信托公司等设置退职金基金，以支付雇员的退职金。法人定期向基金缴纳钱款，在缴款时作为当年的费用处理。退职者在领取退职金时，要按规定缴纳个人所得税。由于个人所得税法对退职金实行轻税政策，如果不对该基金适当限制，法人就可能通过扩大基金增加职工收入而减少国家税收。现行税法规定，在各年度对退职金等储蓄性基金征收1%的特殊法人税，与综合征税分开计算，合并征收。此项政策的出台目的主要是阻止企业过度使用退职金基金的模式进行避税。

图3-4-5　日本土地转让所得追加征税标准示意图

（2）法人税税额扣除制度

① 源泉征收税额扣除。法人在取得利息、红利等时，要由支付方代扣代缴源泉征收的法人税。在年终申报时，应从计算出的法人税中扣除已源泉征收的部分。如果源泉征收的法人税额超过其申报的本年度的法人税总额，那么超过部分由税务部门返还。

② 特别税额扣除。特别税额扣除鼓励法人开展某些开发、投资活动，具体由《租税特别措施法》规定。其扣除项目变化较大，由政府在不同时期鼓励和发展的方向决定。

二、非居民企业法人税

法人税非居民企业仅对其在日本的所得承担纳税义务。居民和外国法人在日本有常设机构的，其经营所得、资产所得与居民一样采用综合计税方法，适用税率与居民企业相同。

1．预提所得税

非居民企业在日本有常设机构的，其劳务报酬、工资、股息、特许权使用费、租赁费、贷款利息、存款利息、债券、金融商品收益等必须缴纳15%—20%的预提所得税。

非居民企业无常设机构的，对经营所得免税，资产所得只限于不动产转让所得列入综合计税对象，劳务报酬、工资、股息、特许权使用费、租赁费、贷款利息、存款利息、金融商品收益等一般征收15%—20%的预提所得税。

2．特殊事项的处理

外国法人通过在日本的常设机构开展经营活动，且只从事广告宣传、咨询服务、市场调查、基础研究和其他对于业务经营起辅助性作用的活动的，免缴法人税。

【要点分享】

韩国和日本征收的是法人税，但实质上就是我们通常所说的企业所得税。在纳税人的划分上，韩国分为国内公司和国外公司，其中，国内公司分为营利性法人和非营利性法人；而日本分为居民企业和非居民企业，且居民企业中分为普通法人、合作组织、公益法人以及无法人资格的社团。从税率上看，韩国实行的是比例税率；日本实行的是浮动型税率及特殊税率。此外，日本的土地资源稀缺，因此对于土地交易制定了追加征税的规定，且为了防范企业逃税风险，日本也对退职金基金制定了追加征税制度。为了鼓励企业研发和再投资，政府又制定了一系列的鼓励政策，如促进技术试验研究开发，促进能源需求结构调查投资，在特定地区、国家战略地区或者为提高生产效率而购买的机器设备等可以享受税额特别扣除。为鼓励控股比例高的投资，日本还制定了递进式的免税政策，对于投资比例在33.33%以上的企业取得的红利，允许全额作为免税收入。通过上述内容可以看出，日本法人税的杠杆调控作用是比较明显的。

第三节 印度企业所得税

印度企业所得税居民企业的基本税率为30%，非居民企业的基本税率为40%，此外，企业还需缴纳相应的附加税和附加教育税。印度对特定企业、特定行业、特定收入实施特定的税率。比如印度金融法案规定，碳信用额转让的总收入适用10%的税率，在境内研发和注册的专利取得的特许权使用费同样适用10%的税率，对于生产制造研发企业和配套企业，在不享受税收豁免和激励的情况下，适用16.5%的税率。从这些较低的税率可以看出，印度鼓励和支持专利和专有技术、生产和制造以及碳交易形成的绿色发展领域。

有别于其他国家，印度对居民企业支付给非居民企业的所得征收预提所得税的项目比较宽泛，包含约20项预提税项目，分7档税率。同时，对于从事航运、空运、成套承包工程和设备租赁业务以及从事勘探、油矿开采、厂房设备建设的非居民企业，建立了特殊的假定税收管理模式。所谓"假定税收"是按照总收入的5%—10%作为应税利润来征收企业所得税，这也是印度所得税管理上的特别之处。当然，对于涉及税收协定内容的，印度也有相应的税收抵免规定。

印度的企业所得税法还制定了最低替代税、回购税、资本利得税的相关规定以及征税标准。比如完成所有符合条件的扣除扣减后，公司的应纳税额低于其账面利润的15%，则应缴纳最低替代税。最低替代税税率为15%，另外加收适用的附加税和附加教育税。再如回购税。境内公司回购其非上市股票应按23.072%的实际税率缴纳回购税，而原股东取得回购价款无须缴税。

在高税率的背景下，印度所得税法也有税收优惠的具体规定，如免税、降低税率、退税、加速折旧或特殊扣除等政策适用于多种行业。印度政府对园区建设非常重视，对在自由贸易、科技园区及经济特区内注册并经营的非居民企业也有相应的税收优惠政策。

一、居民企业所得税

居民企业应就其全球收入在印度缴纳企业所得税(除非有特定豁免)。如果外国公司实际管理机构地点位于印度,则应就其全球收入在印度缴纳企业所得税。

1. 所得税的应税所得和免税所得

居民企业应税所得包括经营利润或收益、资本利得等;免税所得包括合伙企业的股份收益、长期资本利得等,具体如图3-4-6所示。

图3-4-6 印度居民企业应税所得及免税所得示意图

2. 居民企业特定税率

居民企业特定税率为10%—30%,具体如表3-4-2所示。

表3-4-2 居民企业特定税率一览表

适用项目	税率(%)
2016年3月1日或之后完成注册登记的生产、制造、研发企业以及配套企业适用*	15的税率及10的附加税
在境内研发和注册的专利取得的特许权使用费适用	10
碳信用额转让的总收入适用	10

续表

适用项目	税率（%）
以有限责任合伙形式存在的境内企业实体同非法人合伙企业适用	30

* 2019年税收法律条例（修订案）对企业所得税税率进行了一些调整：自2019—2020财年开始，境内企业在不享受税收豁免或激励的情况下可选择按22%的税率缴纳所得税，加10%的附加税和地方税后，实际税率为25.17%。行使此选择权的企业无须缴纳最低替代税。此选择权一旦行使即不可撤销。

3．居民企业预提所得税

预提所得税是指居民企业支付给非居民，包括雇员、商业伙伴及海外代理商时所应缴纳的税。

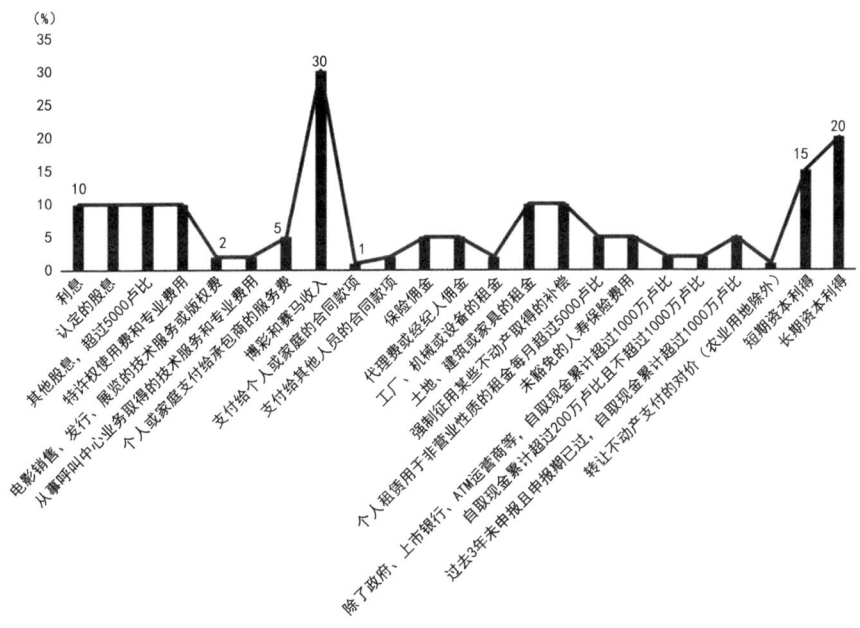

图3-4-7 印度居民企业预提所得税项目及税率示意图

4．境外税收抵免

为避免双重征税，印度已与多个国家（地区）签订了税收协定。若未签订税收协定，居民企业可就境外已缴纳的税款申请境内税收抵免。抵免金额为应缴印度企业所得税款和境外已缴税款的二者孰低值。

二、非居民企业所得税

印度所得税法规定，达不到居民企业标准的公司属于非居民企业。从税收角度考虑，外国公司在印度的分公司会被视作外国公司的延伸，因此在征税时也会被认定为非居民企业。非居民企业仅就来源于印度的所得以及在印度取得的所得在印度缴纳企业所得税。

1. 非居民企业特定税率

在印度境外成立的外国企业和有限责任合伙企业适用40%的企业所得税税率。

在印度无常设机构的非居民企业获得的特许权使用费适用10%的预提所得税税率。

居民企业或商业信托向非居民企业支付的外币贷款利息适用20%的预提所得税税率。

从事航运、空运、整套承包工程和设备租赁业务的非居民企业适用特殊的假定税收，即将总收入的5%—10%视为应税利润来征收企业所得税。

非居民企业从事勘探、油矿开采、厂房设备建设取得的收入按10%计征。如果中央政府同意外国企业将储存在印度的有原油的设施出售给印度居民，该收入将免征所得税。

股东拥有的股息应按20%的税率缴税。公司分配股息需要按20%预提所得税。

对于支付给外国公司的特许权使用费和技术服务费，如果相关协议经中央政府批准或符合行业政策，则按10%的税率缴纳企业所得税，并加收2%或5%的附加税以及3%的附加教育税。

对于在印度构成常设机构或在印度拥有固定营业场所的非居民企业，如果在2003年3月31日后达成特许权使用费或技术服务费协议，且根据协议支付的特许权使用费或技术服务费与该常设机构或固定营业场所有实际联系，则支付的款项将以净收入为基础按40%的税率缴纳企业所得税，并加收2%或5%的附加税以及3%的附加教育税。

印度非居民企业特定税率如图3-4-8所示。

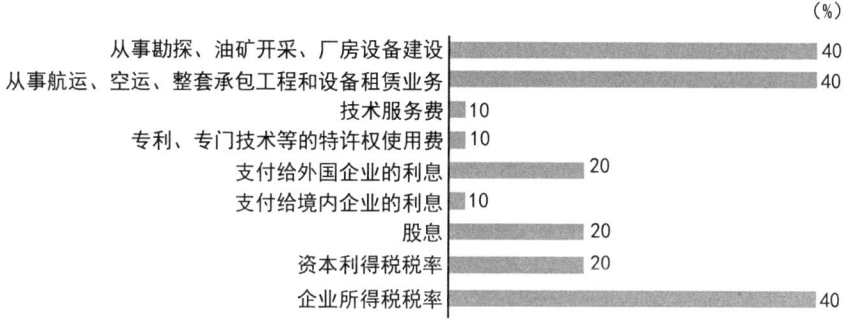

图3-4-8 印度非居民企业特定税率示意图

2．非居民企业预提所得税

非居民企业按照图3-4-9所列项目及适用的税率缴纳预提所得税。

3．境外税收抵免

非居民企业纳税人需要取得所在国税收居民身份证明，证明其属于印度以外的国家或地区的税收居民，方可享受税收协定待遇和减免。

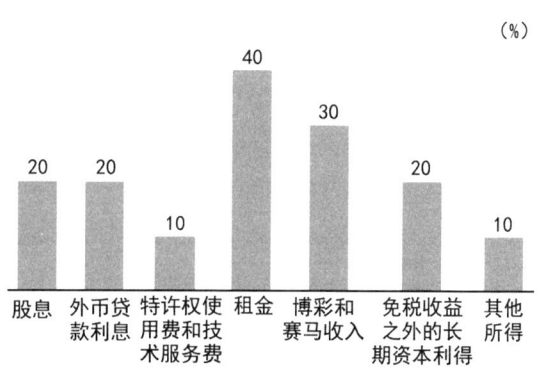

图3-4-9 印度非居民企业预提所得税税率示意图

三、企业所得税的特别征税制度

企业所得税的特别征税制度涉及股息和最低替代税等。

1．股息

自2014年10月1日起，在计算股息分配税时，需要将股息分配额换算成含税金额再计算税额。因此，股息分配税的实际税率变为20.37%。如满足规定的条件，境内公司支付的（应对其征收股息分配税的）股息金额可减去其从附属公司获得的已缴纳股息分配税的股息金额。

境内公司从其拥有26%及以上股份的指定外国公司获得的股息总额，应按15%的优惠税率缴税并加收适用的附加税和附加教育税。如满足特定的条件，境内公司从其拥有50%以上股份的外国公司获得的股息，可抵减该境内公司支付给其股东的应缴纳股息分配税的股息。

自2011年6月1日起，由在经济特区的企业或开发商宣告派发、分配或支付的股息也应缴纳股息分配税。

2．最低替代税

根据所得税法，若完成所有符合条件的扣除扣减后，公司的应纳税额低于其账面利润的15%，则应缴纳最低替代税，税率为15%，另外加收适用的附加税和附加教育税（境内公司视情况按7%或12%的税率缴纳附加税，国外公司视情况按2%或5%的税率缴纳附加税；附加教育税税率为4%）。最低替代税仅对公司征收；事务所或其他个人等非公司组织不适用此税，但需另按15%的税率单独缴纳所得税，所得税有法定扣除，并需征收适用的附加税和附加教育税。

3．回购税

境内公司回购其非上市股票应按20%的税率缴纳回购税，另外加收12%的附加税和3%的附加教育税，从而实际税率为23.072%。原股东取得回购价款无须缴税。

4．资本利得

资本利得在印度适用的特别税率，取决于转让的资本资产是短期资本资产还是长期资本资产。短期资本资产的定义是，持有时间少于36个月的资本资产。然而，若资本资产是印度公认证券交易所上市的证券、股票型共同基金或特定零利息债券，则持有时间可少于12个月。

（1）已缴纳证券交易税的特定交易的资本利得。证券交易税是指投资者为股票交易行为支付的税收。若已就交易缴纳了证券交易税，则转让印度公认证券交易所交易的股票、股票型基金或商业信托股票所产生的长期资本利得可免予缴纳资本利得税。若转让短期资本利得，应按15%的优惠税率缴税，并视情况加收附加税和附加教育税。上述税制适用于所有类型的纳税人，包括外国机构投资者。

（2）未就交易缴纳证券交易税的资本利得。尚未缴纳证券交易税的股票、股票型共同基金的销售以及转让非特定证券的资本资产产生的资本利得，不同主体适用不同的资本利得税税率。具体如图3-4-10所示（不含适用附加税和附加教育税）。

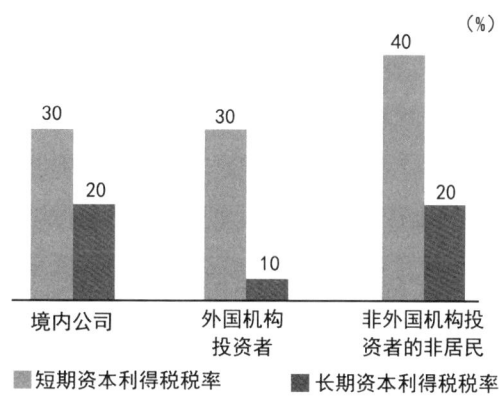

图3-4-10　印度资本利得税税率示意图

四、税收优惠

印度有诸多所得税税收优惠政策，包括提供全部或部分免税、降低税率、退税、加速折旧或特殊扣除。税收优惠适用于多行业，如图3-4-11所示。

图3-4-11　印度税收优惠行业词云图

在经济特区制造产品或提供服务的新成立企业有资格获得多项税收优惠，包括前5年的利润和收益100%免税，在接下来的5年利润和收益50%免税；如满足某些条件，未来5年还可50%免税；经批准的开发商可获得较长时间的免税。

第四节 俄罗斯企业所得税

俄罗斯企业所得税由法人单位在纳税年度缴纳。法人单位包括在俄罗斯注册和实际管理机构在俄罗斯的公司（俄罗斯税收居民）和通过常驻机构在俄罗斯开展活动或从俄罗斯获得收入的外国企业（非俄罗斯税收居民）。应纳税所得额是按照《税法典》规定核算的收入，减去税法规定的可扣除的支出和费用。

征税收入分为营业收入和营业外收入。同时，根据《税法典》的规定，还有52项免税收入。一般而言，企业可以扣除会计年度内已经支付或应当支付的所有必要费用支出，以便开展以营利为目的的业务。如果费用是为产生收入而产生的，并有书面证明，则可予以抵扣。费用被分类为生产销售费用、间接费用和营业外支出。某些费用的扣除应遵循《税法典》规定的上限，公司支付的股息不可抵扣。《税法典》将扣除费用定义为企业所承担的合理的有票据的支出或亏损，其中列出与生产和销售有关的费用共6个方面。在税率方面分为法定税率和特定类型的所得税率，企业所得税的法定税率为20%；特定类型的税率主要适用股息红利所得税和利息所得税，其中股息红利所得税适用零税率和13%的税率，利息所得税适用零税率、9%税率、15%税率和20%税率，如联邦主体发行的政府债券和市政债券的利息收入适用15%税率。

一、居民企业所得税

根据《税法典》，居民企业需要对其来源于俄罗斯境内和境外的全部所得，在俄罗斯缴纳企业所得税。

根据俄罗斯《民法典》设立的俄罗斯公司主要包括8种类型，具体如图3-4-12所示。

第三编 税种比较与分析

图3-4-12 俄罗斯居民企业类型示意图

简单合伙和沉默合伙等其他合伙企业因缺乏法人资格，属于透明的实体，其收入分配给合伙人后对合伙人征收个人所得税。根据《税法典》的规定，满足一定条件的企业可以在俄罗斯注册成为国际公司和国际控股公司。如果外国企业的实际管理地点是俄罗斯，那么该外国企业应当被认定为俄罗斯税收居民。

《税法典》规定，居民企业在全球范围内的收入减去所列费用后的利润即为全球范围内的应纳税所得额。通常，收入和费用的会计核算方法为权责发生制和收付实现制。

1．大型企业集团的合并纳税

大型俄罗斯企业集团可以合并其所属企业的企业所得税纳税与申报。合并纳税申报制度是可选的，仅适用于俄罗斯公司（不允许跨境合并）。要组成一个合并纳税集团，纳入合并纳税集团的成员公司必须签署《税收合并协议》，且必须满足一系列条件。其中最重要的条件如图3-4-13所示。

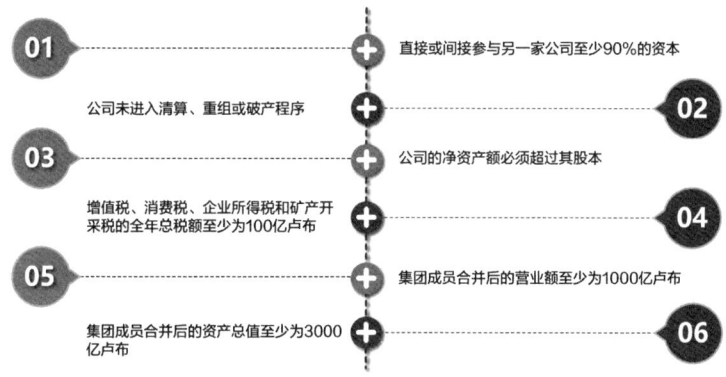

图3-4-13 俄罗斯合并纳税申报条件示意图

一般而言，自税务机关登记注册合并纳税的第一天开始，合并利润是根据集团成员的所有收入和支出确定的，集团成员合并前的亏损不能从合并纳税集团的合并收入中扣除。离开合并纳税集团后的成员无法弥补合并纳税集团产生的亏损。合并纳税集团的亏损成员应确认的亏损金额，限于纳税当期合并纳税集团合并税基的50%。

如果合并纳税集团的成员向负责合并纳税申报集团成员提供了不正确的信息，导致少申报税款，则处以申报税款20%的罚款；如果是故意行为，则处以40%的罚款。

2．税收优惠

（1）税率优惠。表3-4-3中体现的是居民企业的税收优惠项目及税率。

表3-4-3 居民企业税收优惠项目及税率概览表

适用税率	税收优惠
零税率	从事教育、医疗活动的法人实体取得的收入（股权、债权收入除外）
	符合《税法典》规定的农业和渔业生产者销售其自产的农产品或自行加工的农副产品
	废物利用所得
	参加特殊投资合同的纳税人
	俄罗斯联邦或市政机构的组成实体创建的博物馆、剧院、图书馆，其至少90%的收入为俄罗斯联邦政府制定的文化活动类型清单中的活动收入
优惠税率	经济特区
	克里米亚和塞瓦斯托波尔自由经济区
	跨越式发展区和符拉迪沃斯托克自由港
	区域投资项目

（2）对科技创新和应对市场风险的鼓励性政策。税法允许为将来的成本或支出形成储备，作为费用税前扣除。例如坏账准备金、担保准备金和未来研究与开发费用储备金等。这项扣除政策有两个层面的优势。一是市场风险防范。各个国家对于各项准备金的提取使用各有不同，一般规则是按照权责发生制预提部分准备金（如坏账准备），不在当年所得税前扣

除，所得税汇算清缴时进行会计调整和纳税调增。二是对技术开发创新进行鼓励和支持。如研发费用也可享受加计扣除政策，可按实际记录成本的1.5倍加计扣除费用，研发的无形资产、初始成本也可费用化。此外，根据《斯科尔科沃创新中心联邦法律》和《创新科技中心联邦法律》的条款规定，获得创新科技项目参与者的税收居民，自取得身份之日起10年内，进行研究、开发并将其成果商业化所获得的利润，有权按照《税法典》规定的条件和方式豁免企业所得税纳税人义务。可以看出，政策对于研究与开发、科技创新是多措并举的支持。

（3）安置残疾人就业和社会公益事业。对吸纳残疾人和退休人员的企业实施特殊的税收优惠政策，即企业中残疾人数量超过职工总数的50%或残疾人和退休人员数量超过职工总数的70%，企业所得税减半征收；但享受税收优惠的必要条件是，这类企业将所获利润的一半以上用于残疾人的基本社会需求。同时，对社会公益事业的发展产生的所得免税。

（4）小微企业。对于从事农产品生产和加工、民用消费品生产、建筑和建材生产的小企业，如果其上述业务的销售总额占其全部销售货物、劳务、服务总额的70%以上，那么，在其创建后的两年免缴企业所得税。如果企业成立后的第三年和第四年其上述业务活动的销售总额达90%以上，分别缴纳企业所得税的25%和50%。

二、非居民企业所得税

根据《税法典》规定，通过常设机构在俄罗斯境内从事经营活动的外国企业或者有来源于俄罗斯收入的外国企业需要在俄罗斯缴纳企业所得税。对于没有俄罗斯常设机构，或其收入来源于俄罗斯但与常设机构的业务无关的非居民企业，征税对象是《税法典》所列示的从俄罗斯境内获得的收入，征税方式为俄罗斯境内的支付方代扣代缴企业所得税。

1. 应税收入

非居民企业通过俄罗斯境内的常设机构开展活动的应税收入与居民企

业的收入相同，税法特定条款限定居民纳税人的除外。

非居民企业未通过俄罗斯境内的常设机构开展活动，从俄罗斯获得的股息收入、利息收入等类型的收入为来源于俄罗斯的应税收入，须缴纳企业所得税。具体类型如图3-4-14所示。

图3-4-14 俄罗斯非居民未通过常设机构的应税收入类型示意图

根据《税法典》有关规定，非居民企业取得的下列收入，不作为应税收入：

（1）非居民企业在俄罗斯销售除上述股权、不动产外的货物和权益以及承包工程、提供劳务未构成常设机构而取得的收入；

（2）支付给外国合伙人的再保险费和奖金；

（3）非居民企业从俄罗斯存托凭证发行人发行的证券和参与证明书取得收入。

2．基本税率和优惠税率

（1）非居民企业设立常设机构的税率

归属于非居民企业在俄罗斯设立的常设机构的利润，一般须按适用于居民企业的税率征税，法定税率为20%。

常设机构从居民企业取得的股息收入按15%的税率征税；依据判例法，如果在俄罗斯设立常设机构的外国企业所在地、国家（地区）与俄罗斯签署了带有任意一项非歧视条款税收协定，这一税率可申请税收协定待遇降低至适用于居民企业的13%的股息预提税率。

（2）非居民企业未设立常设机构或与常设机构无关的所得预提税率

① 股息红利、利息所得税税率。通常非居民企业取得的股息收入适用15%的税率。对于符合条件的股息收入还可享受5%的特殊税率。利息所得税税率为20%。

② 股权转让收益所得税税率。外国企业在俄罗斯未构成常设机构，转让不动产未超过企业全部资产50%的俄罗斯企业股份取得的收益，或者在公开证券市场转让的俄罗斯企业股份取得的收益，适用零税率。

依据《税法典》，出售或其他处置（包括赎回）俄罗斯组织的法定资本中的股份的交易所得，当持股连续5年以上且符合下列条件之一的，适用零税率，如表3-4-4所示。

表3-4-4 股份交易所得的零税率适用条件表

适用项目	税率
在纳税人持股期间，该俄罗斯组织的股票不是证券市场上的流通证券	零税率
在纳税人持股期间，该俄罗斯组织的股票是证券市场上的流通的高科技（创新）领域的股票	
出售或以其他方式处置（包括赎回）俄罗斯组织的法定资本构成中，其直接或间接由位于俄罗斯联邦境内的不动产所构成的资产不得超过50%	

依据《税法典》出售或其他处置（包括赎回）属于高科技（创新）领域的俄罗斯机构的股票、债券的交易所得，当持股连续1年以上且符合下列条件之一的，适用零税率，如表3-4-5所示。

表3-4-5 高新领域股票、债券交易所得的零税率适用条件表

适用项目	税率
在纳税人持股期间，该俄罗斯组织的股票是证券市场上的流通的高科技（创新）领域的股票	零税率
俄罗斯组织的股份在纳税人收购之日不是证券市场上的流通证券，在纳税人出售或其他处置（包括赎回）之日是证券市场上的流通证券，并且这些股票是高科技（创新）领域的股票	

外国企业在俄罗斯未构成常设机构,转让不动产超过企业全部资产50%的俄罗斯企业股份取得的收益,适用20%税率。

③ 国际运输收入税率。非居民企业经营国际运输使用、维护或租赁(包租)船舶、飞机或集装箱(包括运输所需的拖车及辅助设备),以及其他移动运输设备所取得的收入(与该公司通过其常设机构在俄罗斯境内的活动无关),适用10%税率。

【要点分享】

通过以上两个国家企业所得税的比对,我们发现他们的所得税政策差异较为明显。在科技创新领域,俄罗斯的支持力度很大,其中对居民企业的优惠主要包括获得创新科技项目参与者的税收居民,自取得身份之日起10年内,其进行研究、开发并将成果商业化所获得的利润,有权按照《税法典》规定的条件和方式豁免企业所得税纳税人义务。此外,居民企业的研发费用也可享受加计扣除政策,可按实际记录的成本的1.5倍加计扣除费用,研发的无形资产、初始成本也可费用化。对于非居民企业,属于科技创新企业的股权转让收益所得税享受免税等支持政策。印度对于在境内研发和注册的专利取得的特许权使用费适用低税率,并且在科技园区内注册的企业有资格获得多项税收优惠,包括前5年的利润和收益100%免税,以及接下来的5年利润和收益50%免税;如满足某些条件,未来5年还可免税50%。

在投资领域,俄罗斯出台了一系列税收优惠政策吸引外国企业对俄投资,如股息红利、利息所得税享受低税率,持有一定期限的股权转让收益所得免税。为了鼓励和更好地发挥俄罗斯的航运优势,促进国际贸易的发展,国际运输收入享受10%的低税率。印度的政策则偏向对居民企业的保护,对从事航运、空运、整套承包工程和设备租赁业务及勘探、油矿开采、厂房设备建设的非居民企业按总收入的10%适用40%的税率征收。

俄罗斯和印度有一个共同点,对经济特区、开发区的建设给予很大的支持。俄罗斯的经济特区、跨越式发展区和符拉迪沃斯托克自由港及克里米亚和塞瓦斯托波尔自由经济区等特殊区域享受优惠税率;印度对于在经济特区制造产品或提供服务的新成立企业给予多项税收优惠。

俄罗斯对小微企业的扶持力度也很大。从事农产品生产和加工、民用消费品生产、建筑和建材生产的小企业,如果其上述业务的销售总额占其全部销售货物、劳务、服务总额的70%以上,那么,在其创建后的两年免缴企业所得税。如果企业成立后的第三年和第四年其上述业务活动的销售总额达90%以上,分别缴纳企业所得税的25%和50%。

整体上看,俄罗斯和印度对居民企业均有不同程度的税收优惠,但俄罗斯对于非居民企业的包容性显著高于印度。尤其在科技创新和投资领域,俄罗斯为非居民企业提供了一系列税收优待。

第五节　英国企业所得税

英国企业所得税亦称公司税或法人税,是对法人实体的利润征收的税种。企业所得税的基准税率为19%。

一、居民企业所得税

英国的居民企业是指在英国境内成立的企业,或其管理、控制机构在英国境内的企业。居民企业就其来源于全球的利润,即所得和应税利得(如资本利得)缴纳企业所得税。然而,居民企业可以选择不将其外国常设机构的利润计入本企业的应纳税所得额。对于选择上述方式的居民企业,其常设机构发生的亏损也不能在税前扣除。

对于从英国或英国大陆架的石油开采或石油权利中赚取利润的公司,适用不同的企业所得税率。这类利润,征收篱笆圈企业所得税,其适用税率为30%,但对应税利润额小于30万英镑的企业适用税率为19%。

1. 居民企业税收优惠

英国的税收优惠主要包括折旧、投资优惠、专利盒制度。特别是专利盒制度，对知识产权、文化艺术作品的专利权、著作权等，法律和政策提供了大力的保护和支持。以专利盒制度为例，凡符合以下条件的，均可享受税收优惠。

（1）由英国知识产权局、欧洲专利局或欧洲经济区内特定国家授予的专利权；一些因国家机密和公共安全而尚未公开的专利；医药、兽医和农业等行业的其他创新知识产权，如监控、市场专营权、附加保护认证和植物品种权等。上述专利必须符合合格开发的条件，即该专利有所创新和发展，或者已开发出应用该专利的产品。

（2）对于节能资产，天然气重复加气设施、节水技术和节能技术相关的成本费用，第一年全额税前扣除。

（3）企业在指定的落后地块装修、改造或维修商业建筑所发生的费用可在第一年全额税前扣除。

（4）八种类型创意公司可以申请税收减免。具体如图3-4-15所示。

图3-4-15 英国专利盒制度税收优惠示意图

2．居民企业应纳税所得额

企业所得税的征税范围是所得和应税利得，包括直接投资、间接投资、资本利得。英国公司的非应税收入指免税收入和不征税收入，包括但不限于以下内容：从本国其他公司取得的股息，即免税投资收入；某些政府和地方权力机构的补助金；大部分出售固定资产取得的收入。

（1）税前扣除

一般情况下，企业经营活动中发生的费用才可税前扣除。但对于某些特定的费用有具体的扣除和限制措施。

① 通常，利息和特许权使用费可以税前扣除，而股息不能。但在特殊情况下，一些利息和特许权使用费可能被认定为股息，不得税前扣除。

② 利息扣除规定：英国设置了"借贷关系体制"，旨在使多数情况下，债务工具的利息、折价和溢价的税务处理方法与会计处理方法一致。该体制中还包含反滥用应对措施，如"全球债务上限规定"，这项规定对债务的税前扣除进行了严格的限制。

③ 英国税务与海关总署允许企业按照一般公认会计原则（GAAP）计提准备金并在税前扣除，但所有的费用只允许扣除一次。

（2）亏损弥补

税收上的亏损弥补是很严格的一项政策规定，直接关系到税收的增量和减量，对整体预算也有着直接的调控作用。英国所得税在亏损弥补政策上实施的一系列分类措施，允许对于实际生产经营过程中形成的亏损进行亏损弥补，主要体现在：亏损可以向前追溯一年以抵销以前年度实现的利润；亏损可以结转下期以抵销相同业务在以后年度实现的利润；通过集团减免转移亏损。若企业75%的股权由集团内部企业持有，则该企业发生的经营亏损，可以用来抵销同一期间集团另一成员企业实现的利润。同时，亏损弥补还包括以下两项：亏损可以抵销当年度实现的其他收入（不能抵销免税的投资收益），也可以冲抵当年度的资本利得；停止经营的企业可向前结转经营损失，抵销前36个月取得的利润。此外，企业的资本亏损可向后无限期结转用以冲抵未来年度产生的资本利得，但不可向前结转，也不可用于抵减营业利润。

（3）特殊事项的处理

① 境外所得税抵免。英国居民企业在境外就某项收入或利得已缴纳的直接税款，在英国境内就该项收入或利得计算缴纳所得税时，准予使用其在境外已缴纳的税款直接抵扣应纳企业所得税，但不包括非英国分支机构被豁免的直接税款。另外，抵扣额不得超过上述收入、利得按照英国企业所得税法计算的应纳税额。若英国居民企业取得境外公司的股利，且该居民企业拥有境外公司至少10%的投票权，那么境外公司派发股利的相应所得在境外已经缴纳的所得税款，也可在英国减免。若该股利符合免税条件，则其相应境外税款不可享有境外所得税减免。

② 吨税。为了吸引移籍海外的船舶回国登记，壮大本国籍船队，重振并维护海运大国和海运强国的地位，英国政府采取了一系列积极的措施。英国政府十分清楚，移籍船舶数量持续增长的重要原因之一是税制问题，而其中直接影响航运企业效益的是企业所得税。用吨税制代替航运企业所得税，不仅可以减轻航运企业的税负，而且可以使航运企业在较为稳定的营运环境中规划企业的发展。

在英国，若公司是需要缴纳企业所得税的实体，同时运营符合规定的船舶（从战略和商业角度看，这些船舶均由英国管理），则可选择缴纳吨税而不缴纳企业所得税。吨税是一种替代方法，在财务上对船舶的运营管理适用单独核算规则，即根据所运营船舶的净吨位计算企业所得税应税利润。吨税应税利润替代了船运业务及相关业务的调整应税利润或亏损、吨税应税资产的应税收益或损失。对于所得税的公司实体，实现的其他利润则依据常规公司税制缴纳企业所得税。

③ 适用于银行业的公司税制。所得税法规定对银行利润超过2500万英镑的部分开征8%的附加税。

3．合并纳税

英国法律并不认可合并纳税。但若一企业75%的股权由集团内部企业持有，则该企业发生的经营亏损可以用来抵销同一时期集团另一成员实现的利润。联营企业也有类似适用的专门规定，即准予联营企业内部，将某一企业发生的亏损部分转移到另一企业。

某一集团成员的资本损失不能与集团其他成员的资本利得合并纳税。但是，资产出售方和集团另一成员可以选择将取得的资本利得转移到发生资本损失的一方，抵销双方的资本利得和资本损失。

4．特殊事项的处理：资本利得

企业处置应税资产取得的利得应按企业所得税税率计算所得税。在计算资本利得的过程中，企业可因通货膨胀的因素额外扣除一部分金额；该金额以零售价格指数的涨幅为基准来计算。企业只能在计算应税资本利得时将上述可扣除金额作为扣除项，不得用于增加税前列支的损失。

英国有实质性股权豁免政策，对于满足一定条件取得的资本利得可以免税。具体条件如图3-4-16所示。

图3-4-16　英国资本利得免税条件示意图

如果企业出售资产的目的是未来再投资，那么出售资产取得的资本利得在符合一定条件下，可享受递延纳税。此外，还有一系列与资本利得相关的特殊规定。

二、非居民企业所得税

不在英国境内成立，且其管理、控制机构也不在英国境内但有来源于英国的所得的企业为非居民企业，其仅需就来源于英国境内的所得缴纳企业所得税。

非居民企业在英国境内设有常设机构时才需在英国缴纳企业所得税，当取得的收入来源不属于英国常设机构时，缴纳预提所得税。如果一家企业按英国国内法被认定为居民企业，但按双边税收协定中的相关条款被认定为非居民企业，那么在计算该企业的所得税额时，以非居民企业计算。非居民企业就来源于英国境内所得和利得缴纳所得税，适用19%的税率，不适用有关低税率，除非可以适用相关税收协定的无差别条款。

1. 预提所得税

非居民企业应对企业所得税中的预提项目向英国海关与税务总署进行预提缴纳，图3-4-17表现了企业所得税需预提和免预提的项目。

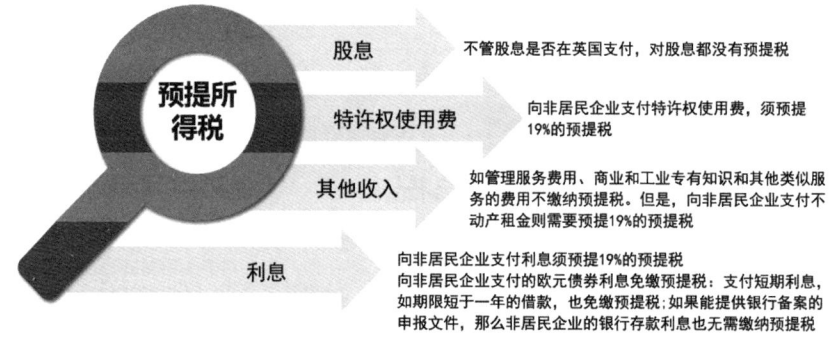

图3-4-17　英国非居民企业所得税预提及免预提项目及税率示意图

2. 特殊事项的处理：资本利得

非居民企业取得的资本利得一般不予征税，因此，境外非居民母公司出售英国子公司股权取得的利得无须在英国纳税。但是，若非居民企业在英国设有常设机构，出售该常设机构日常经营使用的位于英国境内的资产所产生的利得，应按企业所得税税率交纳所得税。

【要点分享】

石油、天然气、煤炭等能源是国际市场的主要资源，不同国家结合自身能源的分布情况制定了具有本国特色的税收政策。比如俄罗斯成立了专门的石油税务管理局来管理石油企业的纳税。对于从英国或英国大陆架的石油开采或石油权利中赚取利润的公司，英国税法规定了不同的企业所得税税率。这类利润，征收篱笆圈企业所得税，适用税率为30%，但对应税利润额小于30万英镑的企业适用税率为19%。这项政策明显具有两个特点：一是通过30%的税率对能源贸易高额利润的调控，使有限的能源发挥最大的税收效果，同时也限制开发；二是对于低利润额的企业仍然给予基础性的所得税税率的发展支持。

英国所得税在亏损弥补政策上实施的一系列分类措施，对于实际生产经营过程中形成的亏损允许进行亏损弥补，这是值得我们特别关注的。而美国企业的合并纳税以持有80%以上的股权为基础，可以组成美国合并纳税集团，提交合并纳税申报表。合并纳税集团内某一成员公司的亏损可以抵销另一成员公司的利润。除某些设立在墨西哥和加拿大的子公司外，美国母公司的境外子公司不能成为美国合并纳税集团的成员。

为了吸引移籍海外的船舶回国登记，壮大本国籍船队，重振并维护海运大国和海运强国的地位，英国政府采取了一系列积极的措施。比如允许一定条件下，航运企业用吨税制代替航运企业所得税，这样不仅可以减轻航运企业的税负，而且可以使航运企业在较为稳定的营运环境中规划企业的发展。

英国所得税制度对于银行业的获利情况也做出了特殊的规定，比如对银行利润超过2500万英镑的部分开征8%的附加税。

在资本利得的税收政策上，各国具有自身的特性和特点。对于居民企业的资本利得，英国主要针对股权投资、控股比例给予免税。控股比例越高，免税比例越高，控股比例达到80%以上的享受全额免税。如果企业出售资产的目的是未来再投资，那么出售资产取得的资本利得在符合一定条件的情况下，可享受递延纳税。印度的资本利得适用的是特别税率，取决于转让的资本资产是短期资本资产还是长期资本资产，重点关注的是国内证券交易所的交易过程，同时也适用不同的征税税率。

英国所得税制度对于非居民企业取得的资本利得一般不予征税，因此，境外非居民母公司出售英国子公司股权取得的利得无须在英国纳税。但是，若非居民企业在英国设有常设机构，出售该常设机构日常经营使用的位于英国境内的资产所产生的利得，应按企业所得税税率交纳所得税。

英国的预提所得税管理制度与其他国家源泉扣缴的制度有所不同，是由非居民企业在取得收入时向英国税务与海关总署进行支付并对所得税进行预提。英国对非居民企业的股息、欧元债券利息、期限短于一年的借款、银行存款利息及管理服务费用、商业和工业专有知识和其他类似服务的费用免征预提税，体现了鼓励投资和保护欧元区债券的政策优势；非居民企业除上述情况外所得的利息、特许权使用费和不动产租金，需预缴19%的预提税。

第六节 法国公司税

法国的公司税即通常所说的企业所得税。在法国，公司税的纳税义务分为强制性和可选择性两种。强制性承担公司税纳税义务的实体主要包括股份公司、简易股份公司、有限责任公司和有限合伙企业。在有限合伙企业中，有限合伙人取得的利润也将强制缴纳公司税。可选择性履行公司税纳税义务的实体包括普通合伙企业、有限合伙企业（其中的普通合伙人）、一人有限责任公司、民营企业和合资企业。若上述企业选择履行公司税纳税义务，则视为公司税纳税人；若选择不履行公司税纳税义务，则被视为税收透明实体。

一、居民企业公司税

居民企业是指法定注册地或实际管理机构所在地位于法国境内的企业。法国公司税制度是以国界原则为基础构建的，即企业仅就其在法国境内取得的生产经营所得及居民公司直接从境外取得的所得缴纳公司税。法国企业在境外的子公司及分支机构在法国境外取得的生产经营所得以及发生的亏损，均不计入法国境内的应纳税所得额，公司税税率为25%。公司税为中央税，地方税务机关不再对企业征收所得税性质的税金。

1. 税收优惠

法国公司税的税收优惠主要有6个方面，具体如图3-4-18所示。

法国的税收优惠从上述项目看是比较全面的，涉及的内容多且具体，优惠的方向也比较清晰。

（1）研发费用税收优惠符合条件的可享受税收抵免

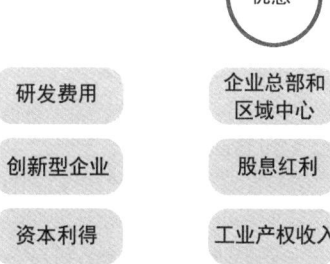

图3-4-18 法国公司税税收优惠项目示意图

法国居民企业的部分研发费支出可以抵减应纳税所得额（1亿欧元以下的研发费用按30%抵减，超过1亿欧元的部分按5%抵减）。未在当年抵减完的研发费支出最多可向后结转3年。如仍有剩余抵减额，可在3年后申请退税。

（2）创新型企业税收优惠

对于满足一定规模条件的中小型企业或者以研发活动为主且科研人员持股比例在10%以上的新型学术企业，第一个盈利年度（连续12个月）享受公司税100%减免；第二个盈利年度（连续12个月）享受公司税50%减免。对于中小型创新型企业，公司税减免上限为每3年20万欧元。

（3）资本利得税收优惠

若中小企业75%及以上的股份直接或间接为个人或其他中小企业持有，该企业转让其一家独立分支机构取得的资本利得（不动产收益除外），不超过30万欧元的免征公司税；30万—50万欧元的，30万欧元以下的部分免税。

根据现行免税制度，符合条件的参股企业取得的资本利得可以部分免税。企业在计算应纳税所得额的基础上（剔除免税资本利得），应将该项资本利得的12%进行纳税调增，并适用公司税基本税率计算缴纳税款。不符合免税制度的股权转让所取得的资本利得，应按正常所得缴税，不享受税收优惠。

企业取得的符合下列条件的资本利得，可适用15%的优惠税率缴纳公司税：

① 处置持有5年以上的符合条件的风险投资基金，或处置持有5年以上符合条件的风险投资企业的股份；

② 符合条件的，通过专利许可（授权）或专利发明所获得的收益，以及通过与专利或专利发明相关的制造工艺所获得的收益（须持有2年以上相关专利和制造工艺）。

（4）企业总部和区域中心税收优惠

企业总部通常指设有固定机构，在企业集团中负有管理控制和协调职能，以集团利益为中心的组织。区域中心也是企业总部的一种，企业总部与区域中心需要以协商后的额外成本（包括因发挥集团总部职能而额外承担的成本）作为计税基础缴纳公司税。对于外国企业或法国跨国企业将其总部设在法国境内相关区域，且这些总部在企业集团中确实负有管理控制和协调职能的，企业可以申请享受税基减免优惠。具体税基减免额度由税务部门裁定。

（5）股息红利优惠

境外公司的常设机构从境内或境外公司取得的股息红利，如该常设机构所属的境外公司为支付股息红利的境内或境外公司的母公司，则可享受公司税免税优惠。为满足免税制度的要求，母公司必须对子公司直接投入至少5%的企业资本，并且持有该资本至少2年。

（6）工业产权收入优惠

来源于工业产权的收入，比如授权、再授权的收入，出售专利、植物品种权、工业制造工艺、受版权保护的软件的收入，可申请专利但还未申请专利的收入（仅适用于中小型企业），在扣除与上述资产相关的合理支出后，可选择适用10%的优惠税率。

选择适用上述优惠税率的公司，每年在申报时需要明确适用上述优惠制度并准备相关证明文件。未按照规定准备相关文件的纳税人,有可能被处以上述收入的5%的罚款。

（7）其他税收优惠

企业对欧洲经济区中非营利性组织进行捐赠,可享受其捐赠额的60%的税收抵免优惠（限额为2万欧元或其来源于法国的营业额的0.05%,两者取较高者）。当年未抵减完的金额可在未来5年内结转。2021年1月1日起,捐赠额超过200万欧元的部分,仅可享受40%的税收抵免优惠。

如非营利性组织的捐赠满足以下条件之一,则仍可以继续享受60%的税收抵免优惠：向受助者免费提供食物；向受助者免费提供住宿；向受助者免费提供学校用品或卫生用品等特定物品。

所得税法规定,与企业经营活动相关的各种形式的所得均属于营业所得,资本利得通常按25%的税率缴纳税款。但也有例外,如上市房地产企业（不动产价值占其资产总额50%以上的上市企业）的股东转让其持有的该企业的股票而获得的资本利得,可适用19%的优惠税率缴纳税款。对于企业股东的股息红利应计入应纳税所得额,按25%税率缴纳税款。

2．税前扣除

所得税制度制定了税前扣除的相关项目,具体如下。

（1）税前扣除项目规定

企业实际发生的与取得应税收入相关的合理支出,可准予税前扣除,如员工工资、福利、保险费用等。另外,与免税收入相关的支出和奢侈消费支出不得税前扣除。具体如图3-4-19所示。

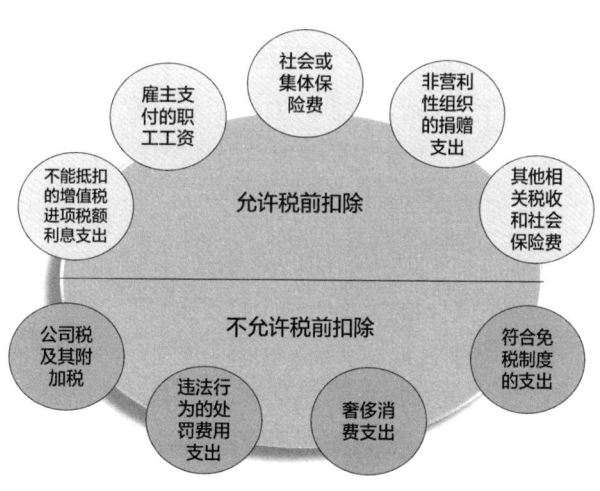

图3-4-19　法国公司税税前扣除与不允许税前扣除项目示意图

(2) 亏损弥补

亏损可以无限期向后结转，抵减上限为100万欧元加上当年利润超过100万欧元部分的50%。任何未弥补完的亏损都可以无限期向以后年度结转。资本损失的税务处理与经营亏损的税务处理相同。居民企业因境外设立的非居民企业子公司的股份贬值而发生的资本损失，至多只能冲减相当于本年及之前5个会计年度来源于该子公司的股息红利收入。

(3) 折旧/摊销

不属于存货类的有形资产（土地除外）都会发生正常磨损，应按规定计提折旧。随着时间推移价值并不减少的无形资产（如商誉和商标）不计提折旧。一些特定的无形资产，如专利、软件和特定企业的股权，允许税前摊销。开办费可作为管理费用在企业开始生产经营的当年一次性扣除，或自企业开始生产经营年度起，在不少于5年的时间内分期摊销。

(4) 准备金

准备金主要有折旧准备金、风险和费用准备金、法定准备金三类。企业自行提取不符合税收规定的准备金不准予税前扣除。

二、非居民企业公司税

法国非居民企业公司税在实际运行当中，我们应重点关注预提所得税。我们注意到，法国针对欧盟和除欧盟外的其他国家出台了不同的预提所得税规定。首先我们将对一般情况做简要介绍。

根据预提税相关规定，除税收协定规定适用更低税率的情况及符合条件的欧盟母子公司之间的股息外，法国企业分配给非居民企业股东的股息，应按26.5%的税率缴纳预提所得税。

1. 股息预提所得税的豁免

法国企业向位于欧洲经济区其他国家的非营利性组织（如养老金基金）分配股息时，减按15%的税率缴纳预提所得税。外国企业是否属于非营利性是根据法国国内法进行评估的。如果收款人的居民国是与法国缔结税收协定/税收信息交换协议的国家的居民，也可根据协定内容减免预提所得税。对于向欧洲经济区内的居民企业，或根据税收协定/税收信息交换协议，可与法国交换信息的国家的可转让证券集体投资计划企业支付的股息，可免除预提所得税。

对法国公司向位于欧洲经济区的具备资质的母公司或常设机构支付的股息，不扣缴预提所得税。具体豁免条件有5个，具体如图3-4-22所示。

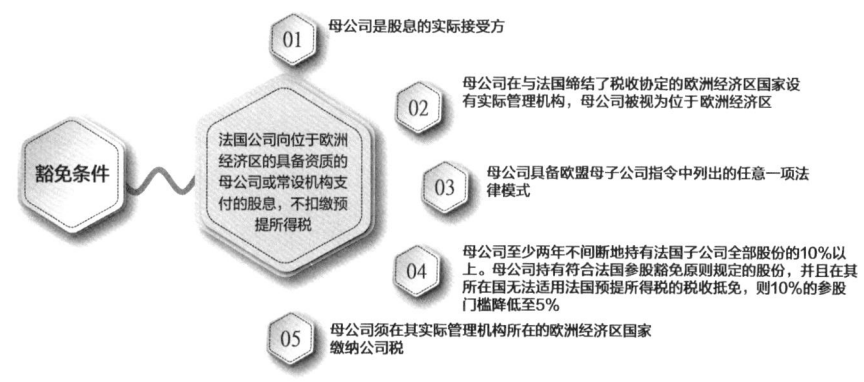

图3-4-22　法国免预提所得税豁免条件示意图

2．其他收入的所得税征收

对于支付给非居民企业的利息，不征收预提所得税。只有支付给非合作国家和地区企业的利息才需按75%税率征收预提所得税，除非纳税人能够证明上述利息的支付并非出于避税动机。

一般情况下，除非税收协定规定了更低的税率，特许权使用费应按基准税率扣缴预提所得税。如果特许权使用费的接受公司是支付公司的关联方或其常设机构，且位于另外一个欧盟成员国，对于对外支付的特许权使用费，可免征预提所得税。

对于非居民企业其他类型的收入，有以下情况需要进一步介绍说明。如非居民企业在提供服务时，需要按基准税率扣缴预提所得税；计算应税服务费时可以扣除符合规定的费用。

转让位于法国的不动产（或不动产权利）获得的资本利得，无论其为偶然所得还是经常所得，均须按基准税率扣缴预提所得税。对于非居民企业持有居民企业的股份所获得的资本利得（或在之前5年内持有过），25%以上的部分应缴纳预提所得税，适用基准税率。但是，基于欧洲经济区成员国的特点又做出了如下规定：如果母公司是另一个欧洲经济区国家的居民企业，对于母公司的上述所得免征预提所得税。

对于非居民企业的分支机构、常设机构以及其他非法人的税后利润，应缴纳25%的分支机构汇出税。对于在欧洲经济区国家具有实际管理机构的企业，无法选择豁免公司税的，应缴纳分支机构汇出税。税收协定规定更加优惠的，可按税收协定执行。

第七节 德国企业所得税

德国现行企业所得税法采用双重税收管辖权的方式，即居民税收管辖和来源地税收管辖。德国企业所得税法将纳税人分为无限纳税义务人和有限纳税义务人。无限纳税义务适用于德国居民，他们来自全球的收入都要纳税，不管收入是来源于境内还是境外；有限纳税义务适用于非居民和某些德国公共实体。有限纳税义务是指纳税人只对来源于德国的收入负有纳税义务。德国税制规定，德国所得税税率为15%，就企业所得税的应纳税额另外征收税率为5.5%的团结附加费。企业所得税法规定，无论是居民企业还是非居民企业，都不就公司股东所获得的股息征税。

一、居民企业所得税

居民企业指法律注册地或实际管理机构设在德国境内的公司和其他实体。居民企业有义务就其来源于境内、境外的全部所得，在德国缴纳企业所得税。居民企业取得来源于境外子公司的股息、红利所得，应当并入应纳税所得，一并征收企业所得税和团结附加费。如果该公司不需要缴纳团结附加费，则其取得的境外公司的利润也不需要缴纳团结附加费。另外，企业所得税预缴金额和预提所得税也需要缴纳团结附加费。

1．税收优惠

（1）加速折旧优惠

德国所得税法规定，特定行业和特定地区的企业可以享受加速折旧的优惠。比如为了鼓励绿色能源发展，对于在2020年1月1日至2030年12月31日之间新购买的电动车辆，购置当年可享受50%购置成本的额外折旧。

（2）免税投资补助

为鼓励投资，给予在包括柏林在内的5个新的联邦州投资并且符合条件的个人购置或制造前先享受资产成本40%的扣除作为免税投资补助。免税投资补助为购置成本的12.5%—25%不等，依据企业的规模、投资的类型以及常设机构的位置而定。免税投资补助的申请可从投资结束、支付预付款或产生制造成本的日历年度的4年内提出。

（3）研发费用税收抵免

德国作为科技强国，科技水平一直走在世界的前列，在鼓励创新方面，对具有境内业务收入的居民和非居民纳税人，只要从事符合规定的业务，无论其实际规模或经营活动如何，均可享受符合条件的研发费用税收抵免。符合规定的业务指的是基础研究、应用研究和实验开发活动，其中包括增加关于人类、文化和社会的知识储备及基于现有知识开发新应用的创造性和系统性的工作。如果合约研究公司位于欧盟成员国或欧洲经济区国家，并且可以与德国进行充分的信息交流，那么从事符合规定业务的第三方所产生的费用也可享受税收优惠。

（4）免税收入

免税收入类型主要包括：公司的注册资本和资本公积，公司股东的投资本金。符合条件的公司股东获得至少10%的分红。

（5）亏损结转

高达100万欧元的损失可上溯到前一年。剩下的亏损结转没有时间限制，但结转亏损的使用额受到限制，结转的亏损数额在100万欧元内可无限制结转，超过100万欧元的年度应纳税所得的60%部分可以用来弥补以前年度亏损，超过100万欧元的年度应纳税所得的40%部分仍需要纳税。

2. 合并纳税

合并纳税是指企业集团作为一个单一的所得税纳税主体，将其下属各成员的利润与亏损合并在一起，统一计算并缴纳所得税。合并纳税适用于控股实体（母公司）与其子公司或分支公司之间。其中母公司只限于具有德国居民身份或在德国设有管理中心的公司、从事商务经营的德国居民合伙组织、独立的德国企业，以及在德国注册登记的外国公司在德分支机构，可以是资合公司、人合公司或个人公司；子公司仅限于经营和管理机构均设在德国境内的股份公司、股份两合公司或有限责任公司，不得为外国公司。从公司间的控制关系来看，母公司必须对下属子公司或分支公司具有财务、经济、组织方面的控制关系。其中财务控制是指母公司直接或间接拥有子公司50%以上的股权；经济控制是指母公司必须有本身的主体业务，各子公司应服务于该项业务；组织控制是指各子公司的董事会必须服从或有义务服从母公司的决策与指示，此项规定应在公司集团内部章程中列明。符合上述条件的企业集团各方还需签订"利润与亏损汇算协议"，规定在合并纳税期间所有子公司的利润都必须转移给母公司，同时由母公司承担所有子公司同期发生的亏损，也就是说，合并纳税期间子公司的财务成果对子公司股本不产生任何作用。该项协议的有效期不得短于5年，其生效、变动与终止必须得到子公司至少75%的股东同意。

【要点分享】

关于集团合并纳税政策，俄罗斯税法规定大型俄罗斯企业集团在符合一定的条件下可实行合并纳税，其中最主要的一项是需直接或间接参与另一家公司至少90%的资本。对于合并纳税集团的亏损成员应确认的亏损金额，不能超过纳税当期合并纳税集团合并税基的50%。而英国法律并不认可合并纳税。但若一企业75%的股权由集团内部企业持有，则该企业发生的经营亏损，可以用来抵销同一期间集团另一成员实现的利润，联营企业也有类似适用的专门规定。两国对于合并纳税的规定存在明显的差异，主要体现在股权的控制比例上。

由于大型企业层级多、业务板块多带来的管理难度和会计核算难度都比较大，所以对于合并纳税，绝大多数国家的管理制度是较为严格的，其目的是避免利用合并纳税的政策，盈亏相抵，转移利润，从而少缴税款。俄罗斯对于不如实申报合并纳税资料的行为制定了相应的罚则，如合并纳税集团的成员向负责合并纳税申报集团成员提供了不正确的信息，导致少付了税款，则处以少付税款20%的罚款；如果是故意行为，则处以40%的罚款。

二、非居民企业所得税

非居民企业是指既没有在德国登记注册，实际管理机构也不在德国，但是有来源于德国境内所得的公司。德国的非居民企业负有有限纳税义务，只就其来源于德国境内的所得缴纳企业所得税，基本税率为15%。

1. 关于预提所得税

（1）股息

对股息征收25%的预提所得税。由于5.5%团结附加费的影响，实际税率提高到26.375%。预提所得税同时适用于贷款利息、免赔额的权利、利润分享债券和参与贷款及在商业贸易中隐名合伙人的收入。

（2）利息

支付给非居民的利息一般不需缴纳预提税。但是，对可转换债券的利息、利润分享债券、参与贷款以及参与交易但不过问交易的合伙人收入征收预提税。此外，对未存入外国银行账户的无记名债券息票利息（匿名场外交易）按25%的预提税（由于5.5%的附加费，实际综合税率为26.375%）征收。

当接收方与支付方是关联企业，或者是另一欧盟成员国的居民企业，或在另一欧盟成员国有固定经营场所的企业，利息和特许权使用费免征预提税。

(3) 特许权使用费

特许权使用费免税不适用于根据国内法被视为利润分配的利息、贷款利息以及独立交易下的利息和特许权使用费。

2. 非居民税收优惠

非居民获得的股份的资本利得是免税的。但是,银行、金融服务机构和金融企业为了交易目的出售股份获得的资本利得不免税。

按照在德国实施的欧盟母子公司指令的规定,如果满足下列条件是不征收预提所得税的,具体如图3-4-23所示。

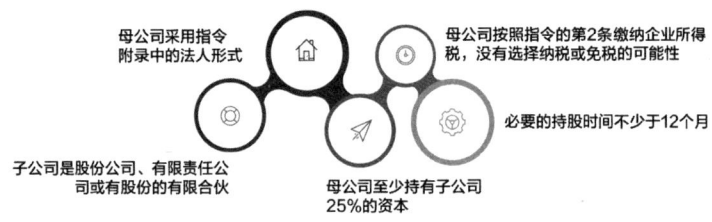

图3-4-23 德国预提所得税豁免条件示意图

第八节 美国公司所得税

美国公司所得税是对美国居民企业的全球所得和非居民企业来源于美国境内的所得征收的一种所得税,分联邦、州和地方三级征收。美国联邦公司所得税现为21%的统一比例税率。

一、居民企业

美国联邦税法规定,美国税收居民企业需就其全球收入在美国缴纳公司所得税。

全球收入包括由该企业设立于美国境外的分公司所取得的收入,而无论该分公司是否向其美国总公司分配利润。为避免双重征税,对于美国居民企业来源于境外的所得,已缴纳的税款可以进行税收抵免。

1．应纳税所得额

美国税收居民企业取得的来源于全球的几乎所有形式的收入在减去允许税前扣除的折旧额、摊销额、费用、损失和其他特定项目后的余额,为应纳税所得额。

（1）美国公司之间的股息收入

美国税收居民企业从其他美国税收居民企业取得的股息收入的70%可以不计入企业应纳税所得额。如果收到股息的企业持有分配股息企业的股权大于等于20%且小于80%,则取得的股息不计入应纳税所得额的比例可以提高至80%。关联集团内（共同持股比例为80%及以上）的股息分配,在不涉及其他第三方的情况下可以不缴纳公司所得税。

税改前,美国采用全球征税制,同时采用境外税收抵免制度以消除双重征税。税改后,美国对股息收入改为属地征税,即自2018年起美国税收居民企业从持股比例为10%及以上且持有时间超过一年的外国企业取得的股息收入,可享受按最高100%的比例进行税前扣除。

（2）资本利得的抵减

出售或交换持有时间超过12个月的资本性资产所产生的所得或损失为长期资本利得或损失。出售或交换持有时间在12个月以内（含12个月）的资本性资产产生的所得或损失为短期资本利得或损失。

目前,企业长期资本利得适用于普通收入相同的税率。资本损失只能用于抵减资本利得。企业的长期资本利得抵销短期资本损失后的余额为其净资本利得（长期资本损失不能用于抵减短期资本利得）。企业在一个纳税年度内的资本损失超过资本利得的部分,符合一定条件的可以向以前年度结转3年,向以后年度结转5年,用于抵减资本利得。

（3）税前扣除

企业在本纳税年度正常进行的贸易或经营活动中,支出或计提的必要费用允许在税前扣除。税前扣除的具体项目主要有13项（图3-4-24）,不得扣除的项目有4项,分别为罚金和罚款、行贿金、回扣和其他支出、业务招待费。

2．合并纳税

美国母公司及其直接或间接持有80%以上股权的美国子公司可以组成美国合并纳税集团，提交合并的联邦公司所得税纳税申报表。合并纳税集团内某一成员公司的亏损可以抵销另一成员公司的利润。除某些设立在墨西哥和加拿大的子公司外，美国母公司的境外子公司不能成为美国合并纳税集团的成员。

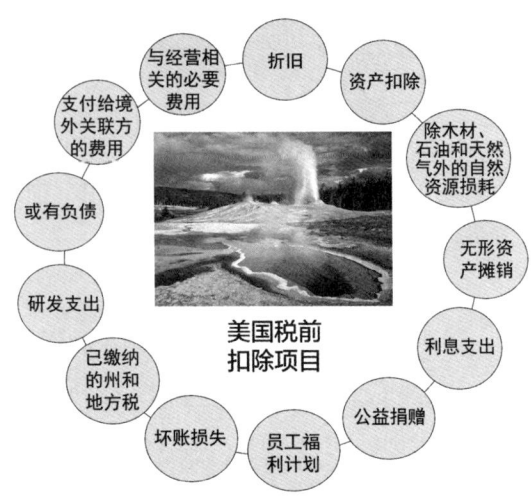

图3-4-24　13项美国税前扣除项目示意图

3．公司所得税优惠政策

（1）一般商业抵免

美国联邦税法为完成特定经济目标的企业提供各种特殊税收优惠，这些优惠被统称为一般商业抵免。纳税人在本纳税年度允许使用的一般商业抵免额最高不得超过其应纳所得税额，未抵免完的部分可以往以前年度结转1年，或者往以后年度结转20年。

（2）研发支出税收抵免

纳税人的合格研发支出中超过基数部分的20%可以作为研发支出税收抵免，在特定期间内用于抵免其应纳美国联邦公司所得税。当年的基数由纳税人前4个纳税年度的平均收入额乘以固定比率得出，固定比率最高为16%。基本数额不能低于纳税人本年度发生的合格研发支出的50%。此外，纳税人还可以适用替代简便抵免法计算抵免额度。根据该抵免法规定，纳税人在2008年以后纳税期间内产生的合格研发支出，超过前3个纳税年度的平均合格研发支出的50%部分的14%，可以作为研发支出税收抵免，用于抵免纳税人的应纳美国联邦公司所得税。纳税人享受的抵免优惠金额必须从当年可以税前扣除的研发费用中扣除。

二、非居民企业

根据外国法律而成立,并通过外国政府注册的企业,不论其是否在美国开展经营活动或拥有财产,即使股权的全部或部分为美国企业或个人所持有,都属于美国联邦税法规定的非税收居民企业。非居民企业需按30%的税率缴纳公司所得税,通常采用由美国付款方进行代扣代缴的预提税形式。与美国签有双边税收协定的国家的非居民企业,若满足相关条件,可享受低于30%的优惠预提所得税率。

三、累积盈余税

美国联邦税法允许企业为发展业务或其他合理的商业目的而保持一定的累积盈余,超过税法认定的合理商业目的累积盈余,在一定条件下将按照应税累积盈余被征收20%的累积盈余税。一般而言,如企业能够提供具体、详细以及可行的为商业目的而使用累积盈余的计划,就可以在一定程度上支持其保留累积盈余的合理商业目的。

美国各州(不征州公司所得税的州除外)规定了从1%至12%不等的州公司所得税税率。州公司所得税的计税依据通常为企业的联邦应纳税所得额经过该州法律规定的纳税调整之后乘以一定的分摊比例之后得出。企业缴纳的地方公司所得税可以在计算联邦公司所得税时用于税前扣除。

【要点分享】

通过对比美国居民企业和非居民企业的所得税法相关条款可以看出,美国所得税政策除常用规则外,限制性条款比较少,优惠政策从多个角度有所体现。比如居民企业对其他居民企业和外国企业的投资的鼓励性政策,其中重点强调了股息的税前扣除:居民企业对其他居民企业的股息收入的70%可以不计入企业应纳税所得额;持有分配股息企业≥20%且<80%的股权,取得的股息收入的80%可以税前扣除;关联集团内(指持有分配股

息企业80%及以上的股权），取得的股息收入可以不缴纳公司所得税；持有分配股息的外国企业10%及以上的股权且持有时间超过一年，可按最高100%的比例进行税前扣除。此外，美国联邦税法对企业征收累积盈余税，即超过税法认定的合理商业目的累积盈余，在一定条件下将对应税累积盈余征收20%的累积盈余税。此项政策旨在鼓励企业进行分红或再投资，释放市场活力。

美国的税收制度对市场的包容性比较强，与其他国家的所得税制相比，显示出政策的宏观优势，对市场的发展和科技的推动起到了较大的作用。

第九节 巴西企业所得税

巴西企业所得税的规定主要在联邦宪法及国家税典中，也包括其他约束企业所得税的相关法规及补充法规、国际税收协定及公约、普通法和其他规章，还有一些规范说明及行政规定等。

国家税典对应税收入的规定如下：由于收入界定较宽泛，企业所得税适用于所有资本、服务或二者结合取得的收入，也包括纳税人资产或权益处置的利得。因此，企业所得税适用于工商业交易过程中取得的所有收入，以及各种来源的金融收入。在所得税相关规定中，还重点明确了对净利润社会赞助费、社会保障金费和社会一体化税的相关优惠政策。

净利润社会赞助费对企业纳税人征收，最终用于联邦社会保障体系，通常被视为一种实际的所得税。对采用核定利润制度的纳税人，一般商业企业的净利润社会赞助费计税基础是每月总收入的12%（税率与企业所得税相同），服务行业公司则为总收入的32%。资本收益和其他收入也需全额并入计税基础。社会保障金费向所有法人企业征收，最终用于社会保障体系。社会保障金费按纳税人的收入总额征收，不分来源和金额；一些项目可以从征税基数中扣除。出口商品和劳务收入无须缴纳社会保障金费；在累计制度下,社会保障金费按纳税人收入总额的3%,即一般费率征收,不做任何减免抵扣;对于金融机构,规定一些项目可以从税基中扣除,因此社会保障金费实际费率一般低于4%;在非累计制度下,社会保障金费按纳税人收入总额的7.6%征收。

企业纳税人根据总收入缴纳社会一体化税。与社会保障金费相似,社会一体化税也有两种不同的制度:一是累计制度,二是非累计制度。在累计制度下,企业纳税人按总收入的0.65%缴纳社会一体化税;在非累计制度下,社会一体化税按纳税人收入总额的1.65%征收。

企业所得税征缴主要有四种核定方式:实际利润法、核定利润法、简易计税法和强制核定利润法。

一、居民企业

居民企业应就全球所得纳税。根据法令和临时措施规定,任何巴西居民企业不仅需要在企业所得税基数中包括来源于境外的所得,而且要根据所占股份的比例将其在海外的参股公司年度利润计算在内,无论被参股公司是否进行了实际的利润分配。

居民企业纳税人需要就收入和资本缴纳企业所得税及净利润社会赞助费,两者共同作为企业所得税。净利润社会赞助费本质上是一种社会保障费用,但其计税基础和征收的规则与企业所得税一致,所有征收企业所得税的收入也须征收净利润社会赞助费。

除了上述两种与企业所得相关的税收,巴西另征收两种基于总收入的社会保障费,即社会一体化税和社会保障金费。

巴西企业所得税适用的基础税率为15%,同时还要按照所得税基征收净利润社会赞助费,非金融机构税率为9%,金融机构适用税率为15%。在税率方面,还有一条特殊规定,即针对年度应税利润超过24万雷亚尔的部分征收企业所得税附加税,税率为10%。

1. 股息所得计税处理

巴西通过股息免除机制避免双重征税,即居民企业从税后利润分配股息给居民或非居民股东,该股息不需交税。因此,在计算所得税计税基础时,从居民纳税人处取得的股息不包括在内,但从非居民纳税人处取得的股息必须包括在内。

2. 企业所得税纳税人的特殊规定

(1)由多个具有独立法人资格的实体组成的财团,虽以其名义直接参与交易,但企业所得税的纳税义务是由在联邦税务局注册的各个实体根据自身参与比例直接承担。

(2)如果满足特定条件,非营利实体可免除企业所得税,然而,这些实体仍需承担其附加责任义务,否则,将可能受到处罚。

(3)巴西法律不承认混合实体——具有独立法人资格但不被视作纳税实体的组织,比如透明合伙。

(4)个体工商户被视作企业纳税人并且必须承担企业所得税纳税义务的情况如图3-4-25所示。

以个人公司名义开展业务,在贸易部注册为工商企业

因习惯性地开展民用或商务活动,该个人构成一个商务机构,即使未在贸易部注册

从事公寓或土地规划咨询的经济活动

图3-4-25 巴西个体工商户被视作企业纳税人的情况示意图

3. 企业所得税减免

联邦宪法规定,只要出于非营利目的并且满足法律规定的要求,政党、基金会、工会和教育及福利组织的收入可减免所得税。巴西的次级行政单位(州、联邦区和市)和寺庙也可以根据宪法规定免除相关税费。宪

法规定的免税项目还包括书籍、报纸、期刊以及用于印刷的纸张。另外，与慈善、娱乐、文化和科学相关的非营利组织也可享受企业所得税减免（包括资本利得）。同时，巴西政府对在特定经济活动领域表现优异的企业或设立在特殊区域的企业也给予税收减免。

4．企业所得税扣除项目

（1）限额扣除

纳税人只有按实际利润法计算企业所得税时，才被允许进行相关项目的扣除。图3-4-26所列项目采取税前限额扣除的办法。

如果纳税人未在法定纳税期间扣除固定资产的折旧费，就不被允许在其他纳税期间一并扣除，或在法定比例外超额扣除。

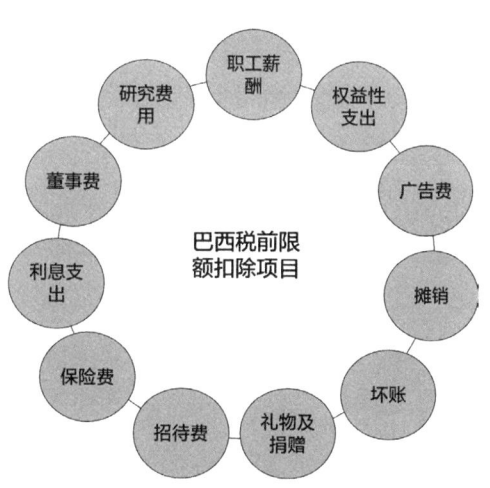

图3-4-26　巴西企业所得税限额扣除项目示意图

（2）服务和管理费扣除

与居民纳税人生产经营活动相关的服务管理费、商业和工业技术以及其他类似服务费可税前扣除。居民纳税人向非居民支付的与技术、科技或行政辅助相关的费用在特定条件下也可作为营业费用扣除。

（3）研发费用扣除

具有科研性质，为发展和改进工业产品而支出的研发费用可以扣除。但是，企业为研发购入的土地支出不可扣除，其购入的机器设备仅可进行常规的折旧。

（4）其他扣除

企业所得税还包括一些其他的可扣除项目，如社会保险费、迟缴税款产生的利息或滞纳金、净资产利息（限额扣除）、无差别支付给全体员工的餐费及与企业业务密切相关的差旅费。除非法规明文规定，其准备金不可以扣除。

5．资本利得

处置公司资产或权益产生的资本利得应按实际利润法或核定利润法计算应税所得，资本利得的金额为该项资产的售价与其账面价值之差。任何形式的资产处置给其他实体均应确认资本利得。出售投资组合取得的利得也应并入应税所得。

（1）资本性资产

根据法律规定，任何资产的处置应进行资本利得评估。虚拟货币视同金融资产，如果截至年底纳税人持有等值于1000雷亚尔的虚拟货币，应在纳税申报表"其他货物"栏内进行申报；交易超过等值于35,000雷亚尔的虚拟货币，应根据相应的资本利得按15%的税率缴纳企业所得税。

（2）资本利得递延纳税

企业在核算年度后的应收款，可以在每个收款期内将相应部分的所得计入当期应税所得。

强制出售给州政府所取得的资本利得，如果企业将该利得转入特殊利润，并且在其后2年内用于购买另一固定资产，则该资本利得可以递延纳税。

6．税收优惠

为促进特殊区域的发展和鼓励某些特定经济活动，巴西出台了大量的税收优惠政策，主要包括鼓励出口、特定经济部门激励和区域激励等方面的政策。

（1）区域投资基金税收优惠

政府设立了东北投资基金和亚马孙投资基金，这些基金从企业所得税税收中获取资金，由特定代理人管理，基金用于购买在相关区域中经营的企业所发行的证券。企业在支出一定款项后，有权利从相关基金中获得相应证券的利息，这些利息后续将转化为代表基金投资组合的证券。从上述两个基金获得的利润不会作为股息支付给外国投资者。

（2）储蓄和投资筹划税收优惠

该筹划旨在提倡自愿组成利润共享的储蓄基金，为了员工的福利，以组合投资的方式进行。所募集的资金，必须用在储蓄和投资筹划的投资基金或由具备资质的机构进行监管，并需遵守以下规定：

① 企业投入的上述收入不视同工资或不具有社保性质；

② 如果企业投入的资金满足一般性的规定，并且至少有50%的员工受益，该资金可作为营业费用税前扣除。

（3）自由经济贸易区和保税仓库税收优惠

在玛瑙斯自由经贸区内经营的企业生产或销售的产品，政府给予税收优惠，该优惠待遇延续至2023年。玛瑙斯自贸区旨在建立一个位于亚马孙流域的工业、商业和农业进出口贸易的中心，其主要场所为玛瑙斯港、内格罗河、亚马孙河和乌鲁布河。在玛瑙斯自贸区内成立的企业，为特定用途进口货物可以享受进口税收减免及工业产品税的减免，特定用途包括用来制造其他产品、再出口、内部使用或工业运营以及提供服务。除用于上述目的的货物，以及从玛瑙斯自贸区进口用于区外贸易的货物外，需按照正常的税收规定纳税。出口货物免收关税，即在玛瑙斯自贸区收到的、改良的或加工的货物用于在先锋区、边界区域和其他西亚马孙区域使用或消费的，免收关税。西亚马孙地区包括亚马孙州、阿克里州、朗多尼亚州和罗赖马州。

上述优惠不适用于武器和弹药、香水、烟草、酒精饮料和国内产品的出口以及由此发生的从玛瑙斯自由经贸区的进口。该自贸区在亚马孙区域，因此所有适用于亚马孙区域的税收优惠同样适用于该自贸区。

圣安娜自贸区、博阿维斯塔自贸区等共同组成了亚马孙自贸区域带。覆盖所有自贸区的税收优惠试用期截至2050年12月31日，玛瑙斯自贸区的特别税收优惠待遇可至2073年。

（4）其他税收优惠政策

① 研发、软件开发和信息技术服务，出口公司取得资产和出口公司取得投入物，中间产品和包装物的税收优惠。

② 对北部、东北部和中西部地区石油产业基础设施、航空工业、基础设施建设、国防工业及影展活动的特殊优惠。

③ 对出口公司的退税制度。生产型出口企业有权按照出口总收入一

定比例的数额申请退税，退税率调整为0.1%。退税可被用于支付联邦税款或社会保障金费，还可以在满足税务机关设定条件的情况下以现金形式返还。

④ 免税制度。出口企业在进口或采购商品时，可享有针对进口或国内采购环节的进口税、工业产品税、社会一体化税和社会保障金费税收暂缓征收的待遇，前提是前述商品必须用于生产拟出口的产品。该制度有效期为一年，某些生产周期较长的产品，其适用期限可再延长一年。在产品实际出口时，这种暂缓征税将转化为免税。

7．预提所得税

预提所得税可抵免企业所得税的应纳税所得额，以下几项需缴纳预提所得税。

（1）利息

净资产利息的支付应征收预提所得税，针对巴西股东及位于非低税收管辖区外资股东获得的相关利息，征收税率为15%。在低税收管辖区对股东完成的净资产利息支付适用于25%的预提所得税税率。

（2）特许权使用费

巴西的法律规定，特许权使用费不征收预提所得税，同时也不征收增值税。

（3）其他收益

根据规定，服务费视为应税收入，并征收企业所得税。中介服务、广告及宣传服务、信贷相关服务及专业服务（如法律、审计、咨询、建筑）等的服务费还应缴纳1.5%的预提所得税；清洁费及安保服务费适用于1%的预提所得税税率。

除上述规定外，固定收益投资收入和固定收益投资基金配额赎回的收入也要缴纳预提所得税，并根据投资周期的长短以累退税率缴纳。股票基金在配额赎回时适用税率为15%的预提所得税；房地产投资基金收入的预提所得税适用税率为20%。

二、非居民企业

非居民实体的常设机构（分支机构）须作为居民实体就巴西来源的所得缴税，并与居民企业适用同一规则，但常设机构仅可扣除自身所发生的费用。

未在巴西设立常设机构的情况下，非居民企业来源于巴西的收入，根据不同性质适用不同税率缴纳预提所得税。

非居民企业取得的股息、利息和特许权使用费及资本利得与居民企业适用同一规则。

在巴西没有常设机构的非居民实体需缴纳预提所得税，而且根据不同的收入类型，适用不同的税率。

1. 支付给非居民实体的贷款利息和投资所取得的利息及特许权使用费一般适用总金额15%的预提所得税税率。根据巴西法律规定，向在低税收管辖区注册的实体支付的款项按25%的税率缴纳预提所得税。

2. 如果投资不符合国家货币委员会的规定或外国投资者位于低税收管辖区，非居民企业在巴西金融和资本市场投资所取得的利息，在下列情况下与居民企业适用相同规定（依据交易期限适用22.4%—15%的累退税率）：出口商向非居民企业支付的代理佣金和特定利息、股息和其他利润分配免征预提所得税；非居民实体没有义务就向巴西居民企业支付的款项扣缴税款。

支付给非居民实体的利息还有一些其他的免税和零税率优惠。

3. 服务费。未在巴西设立常设机构的非居民企业取得的服务费，按25%的税率缴纳预提所得税。若取得的服务费涉及技术服务和管理服务，则减按15%的税率缴纳预提所得税。在这种情况下，巴西付款人需要按照10%的税率缴纳经济领域介入费。

4. 为教育、医疗、科技、文化事业，以学费、代表大会或研讨会费用、能力测试费用及国外医疗费用（包括家属的医疗费用）等形式支付的款项可以享受免税优惠。

5. 对居民个人因旅游、商务服务或培训旅行，以及公务旅行而在境外产生的个人费用，适用6%的优惠税率。适用该优惠税率的每月付款金额不得超过20,000雷亚尔。通过旅游运营商和代理商支付的费用不受此付款金额限制，但每位客户的境外汇款不得超过10,000雷亚尔。

6. 资本利得。除法律另有规定外，非居民企业资本利得税通常由巴西付款人代扣代缴。居民个人及非居民企业处置资产取得的资本利得适用15%—22.4%的累进税率（图3-4-27）。

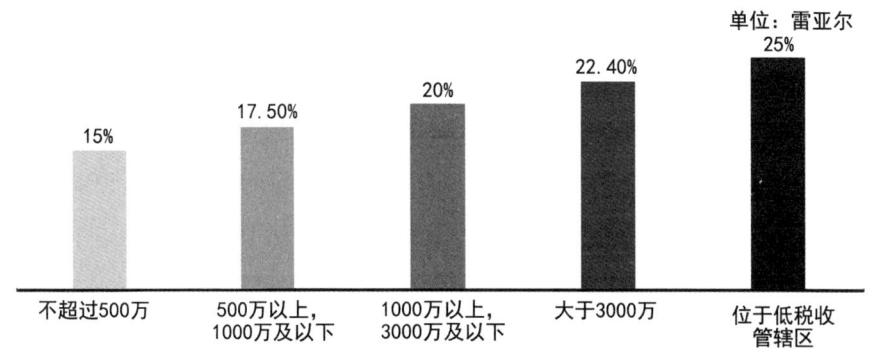

图3-4-27 巴西资本利得税税率示意图

【要点分享】

通过上述的学习，我们发现巴西的企业所得税制度特点比较鲜明，也突破了许多国家所得税制度相对固有的模式。巴西企业所得税作为一个主税种，在征收管理的过程当中，附带有净利润社会赞助费、社会保障金费和社会一体化税，具有税费组合的特点。它的具体征缴方式主要有四种：实际利润法、核定利润法、简易计税法和强制核定利润法。在税收征收、税前扣除、税收减免上，既发挥了所得税的主要作用，又发挥了附加税费在税收优惠当中的高度调节作用。

从所得税的制度体系看，巴西税收政策的运行轨迹是比较稳定的，近年修订的内容也不是很多，但是，对于新事物政策跟进有其独特的做法。对于近年出现的虚拟货币，税收法律规定将其视同金融资产进行管理，并制定了配套措施，在会计核算当中有相应的会计科目，也作为所得税管理当中的一项内容，并做单独的列示进行纳税。此项措施从目前看还是比较超前的，只有极少数国家在个人所得税政策当中对虚拟货币有所规定，更未在企业所得税当中进行规定。

巴西政府用基金管理的方式鼓励企业的投资和再投资。巴西采取以国家的名义成立基金公司的方式，比如政府设立了东北投资基金和亚马孙投资基金。这些基金从企业所得税税收中获取资金，由特定代理人管理，基金用于投资在相关区域中经营的企业所发行的证券。企业在支出一定款项后，有权利从相关基金中获得相应证券的利息，这些利息后续将转化为代表基金投资组合的证券。另外，为了鼓励企业为员工谋取更多福利，倡导企业自愿组成利润共享的储蓄基金，以组合投资的方式进行，该资金可作为营业费用税前扣除。

巴西政府支持非居民企业对居民企业进行投资，具体表现在这类非居民企业享受居民企业类似的待遇，如非居民企业取得的股息、利息和特许权使用费及资本利得与居民企业适用同一规则，其中特许权使用费不征收预提所得税，同时也不征收增值税。为鼓励非居民企业对居民企业提供技术服务和管理服务，巴西规定该类服务享受预提所得税的低税率，同时由支付方承担技术服务费或管理服务费的10%的经济领域介入费。这也是巴西特有的税收政策。

第十节 澳大利亚企业所得税

澳大利亚的企业所得税适用于公司、有限合伙企业、企业单位信托和公共交易信托基金。

一、居民企业所得税

澳大利亚居民企业，是指在澳大利亚注册成立的企业，或虽然不是在澳大利亚成立但在澳大利亚从事经营活动且主要管理机构位于澳大利亚的企业,或其具有控制表决权的股东是澳大利亚居民(居民企业或居民个人)的企业。居民企业就其全球来源的应税所得申报企业所得税,企业所得税税率统一为30%,年营业收入累计不超过5000万澳元的小型企业减按25%缴纳企业所得税。

1. 税收优惠

(1)研发优惠政策

澳大利亚实施新的研发税收优惠政策,对于符合资质的从事研究和开发活动的实体提供的税收减免如表3-4-8所示。

表3-4-8 研发税收优惠政策概览表

年收入区分	研发支出限额(比例)	税收抵免比例(%)
收入总额低于2000万澳元(可享受可退还的税收抵免)	当年发生的1.5亿澳元(含)以下的研发支出	48.5
	超出1.5亿澳元的部分	30
收入总额超过2000万澳元(可享受不可退还的税收抵免)	当年发生的1.5亿澳元(含)以下的研发支出(研发占比低于2%的部分)	38.5
	当年发生的1.5亿澳元(含)以下的研发支出(研发占比高于2%的部分)	46.5
	超出1.5亿澳元的部分	30

通常来说,只有在澳大利亚进行的研发活动所对应的研发费用才能享受该研发费用税收优惠。但在少数情况下,如该研发活动无法在澳大利亚开展,海外进行的研发产生的费用也能享受该税收优惠。

(2)初创型公司的投资者税收优惠政策

投资于一个符合资格的初创公司,可获得以下税收优惠。

① 不可退税、可结转的税额扣除。其金额等于投资者符合条件投资额的20%,投资者及其附属公司在每个收入年度的合并扣除额上限为20万澳元。

② 特定资本利得的企业所得税处理。对于连续持有至少12个月且少于10年的符合条件的股份,其产生的收益可不计入资本利得;对于持有少于10年的符合条件的股份,其产生的损失不得计入资本损失。

2．应纳税所得额

（1）收入范围

澳大利亚居民企业一般需就其全球范围内资本利得缴纳企业所得税。但是，对澳大利亚居民企业通过出售其持有的从事一定时间实质性经营活动的非居民公司10%以上的股权所取得的资本利得，不征资本利得的企业所得税。

（2）税前扣除

澳大利亚居民企业的如图3-4-28所示项目可进行税前扣除。

（3）亏损弥补

亏损分为经营亏损和资本亏损。经营亏损和资本亏损均可无限期结转，但企业发生的资本亏损只可用于抵减资本利得。

3．合并纳税

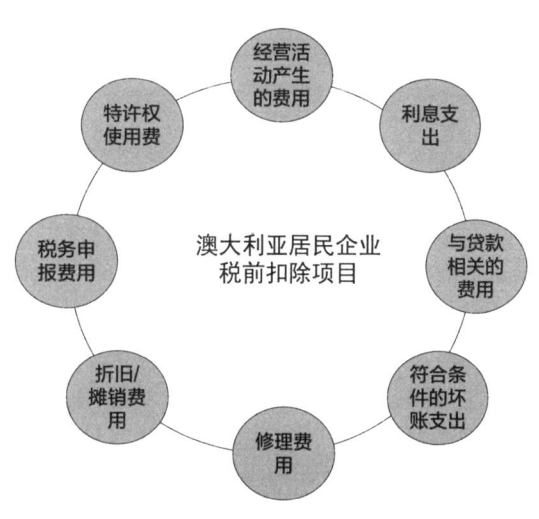

图3-4-28　澳大利亚居民企业所得税税前扣除项目示意图

受同一集团全资控股的澳大利亚企业可选择成立单一纳税实体，在澳大利亚进行合并纳税申报。合并纳税允许互相抵销合并集团企业之间的利润和亏损。并入合并纳税集团的成员企业只能是100%全资控股的澳大利亚居民企业，且选择是不可撤销的。

澳大利亚居民企业100%直接或间接由同一外国公司拥有，且在澳大利亚设有共同的澳大利亚控股公司，在符合特定的条件下，其非居民母公司也可以把它们作为一个纳税主体进行合并纳税。

二、非居民企业

判定所得来源地是否为澳大利亚有两个常见标准：一是企业取得的收

入是否为企业在澳大利亚的经营所得；二是企业取得的收入是否源于澳大利亚居民的支付或源于位于澳大利亚境内的资产的所得。

在适用双边税收协定的情况下，非居民企业构成澳大利亚的常设机构时，对其获得的营业利润征税。不存在双边税收协定时，按照澳大利亚普通法中关于收入来源地的规则来判定非居民企业取得的收入是否来源于澳大利亚，并由此判定是否应征税。

1. 适用税率

澳大利亚非居民企业出售澳大利亚应税财产取得资本利得需按照30%的税率纳税。

非居民企业向其境外股东支付来源于澳大利亚的股息，来源于澳大利亚应税财产的净资本利得时，需要在澳大利亚代扣代缴所得税。如有双边税收协定，适用协定规定。

2. 预提所得税

居民企业向非居民企业支付未完税股息、特许权使用费及资本利得时一般按30%的税率扣缴预提所得税，利息则按10%的税率扣缴预提所得税，有双边税收协定的，遵从协定税率。

非居民企业取得的管理费、技术服务费和租金一般不征收预提所得税。境外保险公司取得的保险费（除人寿保险费外），非居民企业取得的旅客运输、邮件寄递、货物运输等收入，征收3%—5%不等的预提所得税。非居民企业从澳大利亚管理投资信托取得与不动产相关的收益适用15%的预提所得税税率。

非居民企业应及时向澳大利亚居民企业（付款方）报告其居民国地址，以便其能按正确的税率扣缴预提企业所得税，否则，澳大利亚居民企业方将按47%的高税率扣缴预提企业所得税。

【要点分享】

通过上述列举的相关政策可以看出，澳大利亚的所得税政策对于研发型初创企业和研发型成熟企业给予了很大的支持，具体表现在对于取得收入的标准以及研发支出的限额上,尤其是所得税率加优惠税率之和的税收抵免。我们可理解为,这就是澳大利亚税收制度扶持科技企业的特色和亮点。

为了鼓励企业的集成发展,澳大利亚在合并纳税的政策方面也体现出了自己的特色:一是合并纳税允许互相抵销合并集团企业之间的利润和亏损;二是并入合并纳税集团的成员企业只能是100%全资控股的澳大利亚居民企业,且选择是不可撤销的。由此可以看出,集团合并纳税是被普遍认可的一项企业所得税政策,如俄罗斯、美国、德国、韩国均有相关具体政策。

◆ 第五章 增值税篇

第一节 韩国增值税

韩国的《增值税法》共有八章三十六条。增值税是对商品生产、流通、劳务服务、进口货物多个环节中新增价值或利润征收的税种。销项减进项形成应纳税额,当应纳税额为负时,增值税法规定可以退还负数金额。增值税每6个月申报和缴纳一次,上半年、下半年各一次。提供货物与劳务的个人,无论是否取得利润,均负有增值税纳税义务。增值税的纳税人包括个人、公司、中央政府和地方政府、地方政府的协会、任何社团以及其他任何非法人机构的组织。

一、零税率

零税率只适用于居民经营者和企业。通过船舶、飞机从事的国际运输服务,基于互惠原则的非居民或外国公司的经营也适用零税率。符合条件的货物和劳务适用增值税零税率,进项增值税可以退还,具体如图3-5-1所示。

以下货物和劳务适用增值税零税率,进项增值税可以退还:
- 国际运输服务
- 货物出口
- 发生在韩国境外的劳务
- 为取得外汇收入的其他提供货物劳务行为

图3-5-1 韩国增值税零税率适用项目示意图

二、免税政策

1. 免税范围

韩国为了提高国民福利和扶植弱势产业,对销售部分生活必需品或提供医疗、教育服务的免征增值税。提供货物或劳务属于免税范围,发生的进项税额不能退还。具体的免税范围如图3-5-2所示。

图3-5-2 韩国增值税免税范围示意图

2. 放弃免税权利

如果提供的货物或劳务符合免税条件的,免征增值税,经营者也可以根据总统令选择不免增值税。放弃普通减免的经营者自弃权的第一个纳税年度第一天起3年内无权享受减免。

三、增值税税率

普通课税者全行业现行税率为10%。

简易课税者各行业税率如图3-5-3所示。

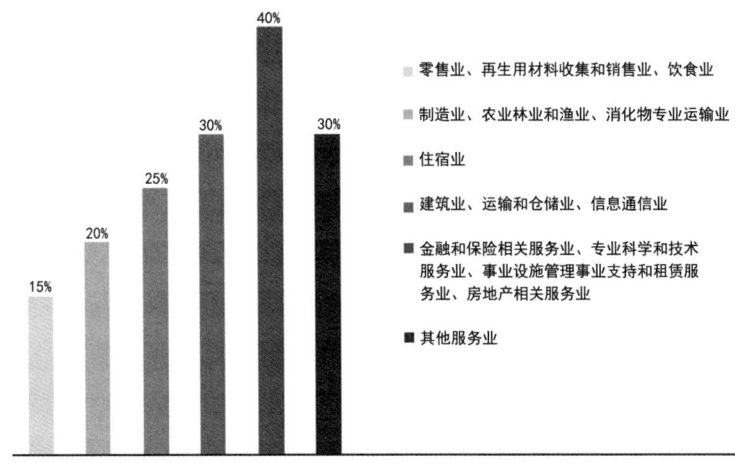

图3-5-3 韩国增值税简易课税者各行业税率概览图

四、视同进项税额扣除

如果制造或加工的货物或劳务使用的是免交增值税的原材料、农产品、畜牧业产品和渔业产品,其进项税可以从销项税中抵扣。进项税的计算是将购买农产品和其他产品的价格乘以比率,具体比率如表3-5-1所示。

表3-5-1 进项税额扣除表

分类	比率
餐饮业	自主经营者:8/108
	公司:6/106
	应税娱乐场所:4/104
其他业务	2/102

【要点分享】

韩国执行的是增值税法,政策的稳定性比较突出,在征收管理方面也有一些潜在的优势。首先增值税的申报就与大部分国家有所不同,按半年申报,一年两次进行。这样的申报方式,既减少了日常繁杂的税收事项,又提高了税企双方的办事效率，同时，还节约了企业的资金占用和税收成本。因税收导致的资金占用，是税制当中需要关注的重要问题，韩国的增值税法对此做出了明确的规定，当进项税额大于销项税额时，超出的金额可以退还。增值税的免税政策不是特别宽泛，选择权很灵活。免税事项经营者可以根据总统令选择不免增值税，但自弃权的第一个纳税年度第一天起3年内无权享受减免。对于生产和制造使用的免税产品，增值税法也制定了视同进项税额抵扣政策；对于购进的免税货物，用其价格乘以特定比率形成视同进项抵扣额。此项政策既体现了支持使用免税产品，又增加了抵扣率。

第二节　日本消费税

日本消费税原则上是以所有国内经营活动和进口的国外货物、劳务为征税对象的税收，与以特定的物品、服务为征税对象的个别消费税不同，属于征税范围广泛的一般消费税，是一种间接税、价外税。日本消费税法规定，允许纳税人从与课税销售额有关的消费税中扣除相关进项消费税额，形成消费税不累积征税的纳税结构。从这一点上看，其实质与增值税类同。凡从事商品销售、劳务提供以及进口贸易的经营者（包括个人经营者和法人），均为消费税的纳税人。但是，土地的转让与出租（土地出租时间在1个月内的需要征收消费税）、捐赠、分红等不属于消费税的征税对象。

2019年10月1日前，消费税税率为8%（包含地方消费税1.7%）；在2019年10月1日后，实行消费税的轻减税率制度，即标准税率为10%（包含地方消费税2.2%），轻减税率为8%（包含地方消费税1.76%）。

一、消费税优惠制度

1. 应税期间相关的基准期中应征税销售额在1000万日元以下者，可选择免征消费税，相应的适用消费税免税制度期间，进项消费税也不得抵扣。一旦确定，2年内不得变更征收方式。

2. 应税期间相关的基准期中应征税销售额在5000万日元以下者，可选择简易征收。一旦确定，2年内不得变更征收方式。

二、进出口货物消费税征税规定

进口货物的消费税计税依据为关税的计税依据，即交易价格加上个别消费税税额和关税税额的合计金额。进口消费税税率为10%（包含地方消费税2.2%）。

出口免税不仅对出口贸易等经营者的销售额不征税，而且对其出口销售额中所包含的进项税实行退税。

【要点分享】

日本消费税制度从实质上看，与增值税类同，是广泛征收的一种间接税、价外税。具体实行标准税率和轻减税率，由中央集中征收消费税，所征收的税款当中包含了一定比例的地方消费税。这是日本消费税的管理特点。目前，消费税是日本的第三大税种，占总体税收的24.72%。

第三节 印度增值税性质税种

一、货物与劳务税

货物与劳务税分为四个子税，即中央货物与劳务税、邦货物与劳务税、综合货物与劳务税和中央直辖区货物与劳务税。从其实质看，属于增值税性质，具有可抵扣的性质。

中央直辖区货物与劳务税相当于邦货物与劳务税，属于地方政府一级税收。邦货物与劳务税须经过各邦的立法机构批准，印度的29个邦以及德里和普杜里中央直辖区已批准并执行了邦货物与劳务税。此外，没有立法机构的其余5个中央直辖区执行了中央直辖区货物与劳务税法。印度货物与劳务税改革后将实行双轨制（GST），中央和邦政府作为征税人同时征收各自的货物与劳务税。目前，货物与劳务税的基本税率有4档，即5%、12%、18%和28%，每档税率为中央货物与劳务税和邦货物与劳务税的合计税率，即两者各征50%。此外，还设有0.25%和3%两档适用于钻石、未经加工的宝石以及金、银等少量货物的税率。因此，如果不包括对出口实行的零税率，印度货物与劳务税实际上有6档税率。

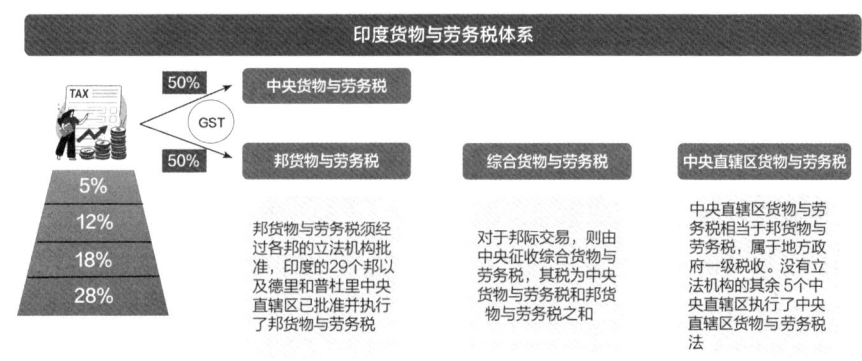

图3-5-4　印度货物与劳务税体系示意图

所谓GST，是指对邦内提供的货物和劳务，由中央政府和邦政府分别征收中央货物与劳务税和邦货物与劳务税，中央直辖区征收中央直辖区货物与劳务税。对于邦际交易，则由中央征收综合货物与劳务税，为中央货物与劳务税和邦货物与劳务税之和。开征GST后，原由中央和邦政府征收的其他相关流转税原则上取消。印度在全国实行了GST统一税率后，废除了17个间接税税种，使间接税税制简化，税收抵扣范围扩大，解决了全国市场分割和税种碎片化问题，增强了企业产品的成本优势，在一定程度上促进了印度经济增长，提高了中央政府在国民经济运行中的调控能力。

1. 抵扣原则

在进项抵扣方面，新税实行分级征收，分类抵扣。缴纳中央货物与劳务税时可抵扣上一环节的中央货物与劳务税，同样，邦货物与劳务税抵扣规定也是如此，具体的抵扣原则如下：

（1）中央货物与劳务税和邦货物与劳务税不允许交叉抵扣。

（2）综合货物与劳务税可以和中央货物与劳务税及邦货物与劳务税交叉抵扣。

（3）同一种税优先抵扣。具体顺序是：中央货物与劳务税首先用中央货物与劳务税抵扣，然后用综合货物与劳务税抵扣，不能用邦货物与劳务税抵扣；邦货物与劳务税首先用邦货物与劳务税抵扣，然后用综合货物与劳务税抵扣，不能用中央货物与劳务税抵扣；综合货物与劳务税首先用综合货物与劳务税抵扣，然后用中央货物与劳务税抵扣，最后用邦货物与劳务税抵扣。

2. 货物与劳务税特殊征税规定

税制改革后，白酒和原油、高速柴油、汽油、航空燃油、天然气这5种石油产品以及电力、能源产品仍按原制度征税，即征收邦增值税（或邦销售税）和酒消费税。

绝大部分商品的税率都在18%以下，特定奢侈品和有害商品在适用28%的税率的同时，还需征收附加税。

对复合交易而言，则按照主要的商品或服务的税率征收。复合交易是指应税人员向购买方提供两种或两种以上的应税货物、服务或其任何组合，在日常业务过程中相互联系并自然捆绑供应，则其中一种为主要商品或服务。

对混合交易而言，则按照税率最高的商品或服务征收。混合交易是指两个或多个单独的货物或服务供应，不是自然绑定，可以分开操作。

3. 税收优惠及简易征收

（1）税收优惠

由政府批准和认可的（初创）在孵企业在批准之日起3年内，一个纳税年度内的总营业额不超过500万卢比的服务免征GST。

（2）简易征收

对年营业额不超过500万卢比的企业采取简易征收制度。具体征收率如图3-5-5所示。

4．补偿附加税

为保障邦政府收入，减少GST改革阻力，印度在GST改革方案的设计过程

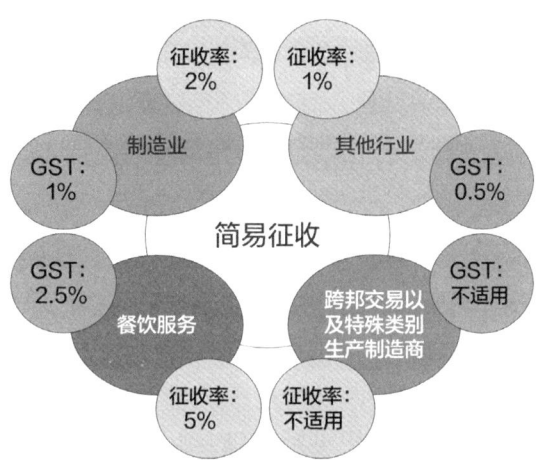

图3-5-5　印度年营业额不超过500万卢比企业简易征收概览图

中，通过《第101次宪法修正法》和《货物与劳务税（对各邦补偿）法》，建立了GST改革利益补偿机制，即因GST改革造成的邦政府收入损失5年内由中央政府补偿。为此设立"GST补偿基金"，并由中央政府临时开征"补偿附加税"作为基金的资金来源。

对适用28%高税率的一些特殊应税项目，主要包括烟草产品、奢侈品和对社会有害的"不健康"产品，除征收GST以外，还征收补偿附加税，烟草产品实行"比例税率+定额税率"的复合税率。

二、销售税和增值税

增值税是由各邦进行管理的对邦内产品销售实行的税种，是就商品销售的各个销售环节征收的税种。目前，印度各邦均已施行增值税制度，基本取代了以往的销售税制度。增值税的基本税率规定如图3-5-6所示。

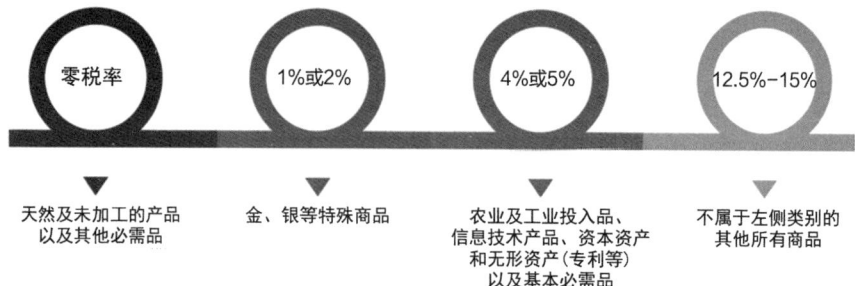

图3-5-6 印度增值税基本税率示意图

各邦之间的产品销售继续按原规定缴纳中央销售税,中央销售税由印度政府征收,并由各邦政府管理。中央销售税的税率为2%,取决于买方是否按规定提交申报单。如未提交规定的申报单,按销售货物所在邦适用的增值税率征收增值税(从4%—5%至12.5%—15%不等)。申报单在特定情况下方可开具,具体如图3-5-7所示。

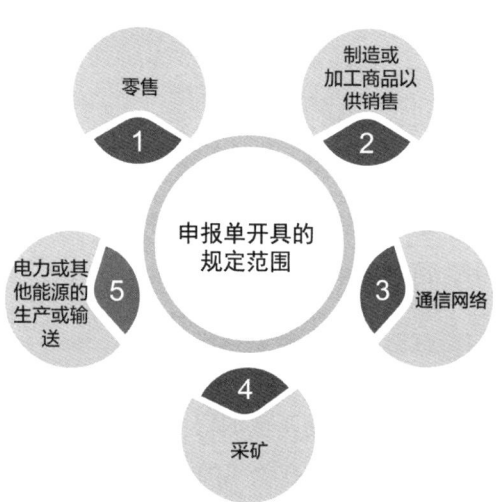

图3-5-7 印度申报单开具的规定范围示意图

1．税收优惠

从印度境外进口商品的销售如符合规定条件,则无须缴纳增值税或中央销售税。此外,涉及印度出口商品的销售(包括批发环节)也无须缴纳增值税或中央销售税。

2．其他

在当地采购的商品(包括资本资产,但各邦增值税法规定的"例外清单"所列的商品除外)缴纳的增值税可做进项税抵扣。进项税额可与销项税额(包括中央销售税销项税额)相抵。然而,购买商品缴纳的中央销售税不可做进项税抵扣,因此这部分中央销售税将作为买方的成本。

自2017年7月1日实行GST后,销售税和增值税基本被废除。

【要点分享】

印度对原有的税制进行了系统性的改革,主要是体现在增值税和销售税改为货物与劳务税方面。印度的行政区划和立法体制,决定了改革必须实行GST征收模式,目前这种改革正在过渡期。这样说原因有二:一是对于改革给邦带来的财政损失,政府有一个陆续的补偿过渡措施,设立了GST补偿基金,并由中央政府临时开征补偿附加税作为基金的资金来源。该利益补偿机制极具印度特色,对于消除各邦政府对收入损失的担忧及顾虑产生了积极有效的影响,是扫清改革障碍的有效手段。二是对于特殊行业、特殊商品以及部分不具备税改条件的邦和直辖区,还在执行原税收制度。税改的主要目的是统一税制,同时为提升企业纳税效率,为经商便利化以及税收征管信息化和数字化建设奠定良好的基础。印度GST的实施是一次历史性改革。虽然目前GST税率档次比较多,并实行中央与地方"双轨制",税制显得较为复杂,征管设计也不够完美,但从长远看,其对印度营商环境优化、税收收入筹集、税收遵从度提高和经济发展有着重要意义。

双轨制改革兼顾了进出口业务税收优惠政策的同步运行以及政策的跟进,对出口实行零税率,与日本的鼓励出口政策相同,可以促进国内产品走出国门,面向国际市场。同时印度还制定了鼓励初创和在孵化企业的免税政策,对符合条件的免征GST。

第四节 俄罗斯增值税

俄罗斯《税法典》规定征收的增值税属于消费型增值税,适用目的地原则,把国民经济的所有行业都纳入征收范围,在俄罗斯境内销售或提供货物、劳务和服务的收入都要缴纳增值税。目前,增值税税率为0%、10%

和20%三档。

增值税的征税对象包括：

① 在俄罗斯领土上销售的货物（劳务、服务），包括销售已质押的货物、根据补偿协议或续订协议转让货物（劳务、服务）以及转让产权。货物（劳务、服务）的销售是指货物（劳务成果、提供服务）所有权的转移。

② 俄罗斯企业内部用于自己生产需要而转移的货物（劳务成果、提供服务）。

③ 自用建筑安装工程。

④ 进口到俄罗斯或其管辖范围内的其他领土的货物。

⑤ 外国企业通过互联网向俄罗斯居民提供的电子服务，包括通过互联网提供计算机软件使用权、游戏和数据库的使用权，以及提供互联网广告服务、发布信息服务，提供数据库服务，提供电子书和网上音乐、视频等。

增值税税基为应税销售额，根据销售货物（劳务、服务）的价值确定，该价值以不含增值税的价格计算。

一、税率

俄罗斯现行增值税税率为20%，但也有其他几种情况。

1. 零税率

俄罗斯零税率的征收范围主要包括，通过海关出口的货物和与其相关的劳务、服务，国际运输服务，宇宙空间相关的劳务，贵金属开采，外交代表机构人员及其家属的专用货物（劳务、服务），保税区货物。

2. 10%低税率

增值税税率为10%的货物种类由俄罗斯政府根据全俄产品分类表和对外经济活动货物清单加以规定，包括四类：基础食品类货物、儿童货物类、期刊（广告杂志和色情杂志除外）和个人使用的医药产品。此外，销售用于工业加工和工业消费食品用途的农产品和米粉产品，销售用于技术目的、饲料生产和药品制剂生产的粮食、鱼粉和海产品等适用10%的税率。

3．20%税率

除以上低税率货物外，其他货物（劳务、服务）包括应征收消费税的食品，增值税税率都为20%。

在实践中还常常使用结算税率。结算税率是从基本税率派生出来的，根据基本税率倒推出的以含增值税的收入为税基的税率，如20%税率的结算税率为16.67%。销售货物（劳务、服务）的价格包含增值税时，常常使用结算税率计算增值税。

4．增值税进项税额抵扣政策

进项税额为采购发票记载的税额。当期销项税额小于当期进项税额，不足抵扣时，其不足部分可以结转下期继续抵扣；如果一个季度可抵扣的进项税额超过了当期的销项税额，纳税人可以书面申请进项税额退回，有权使用加速退还增值税的程序。

二、税收优惠

俄罗斯的税法规定了全国统一的增值税税收优惠，地方政府无权改动。

1．豁免增值税纳税人义务

豁免增值税纳税人需要满足一些特定条件，具体如图3-5-8所示。

图3-5-8　俄罗斯豁免增值税纳税人义务和条件概览图

2．免征增值税项目

（1）在生产阶段的药品，医疗用品的生产。

（2）一个企业的一些部门为生产需要而销售给该企业其他部门的产品、半成品、工程和劳务的销售额。

（3）以非生产性为目的，销售、交换、无偿转让所购置的含增值税的固定资产和货物，但以超过购买价的价格销售上述货物的情况除外。

（4）销售军需品和为俄罗斯国防部提供劳务所取得的资金，但必须用于改善军人、退役人员和这些人员家属的社会经济条件和住房条件。

（5）煤炭开采企业向煤炭销售机构出售煤炭和选煤产品的销售额。

（6）企业生产者直接出口的货物、劳务和工程，以及出口货物的运输、装卸、换装服务。

（7）外国外交代表机构及这些代表机构的外交人员和行政技术人员及其家属个人使用的货物和劳务。

（8）城市客运服务（出租车服务除外）以及近郊客运服务。

（9）住宅房租，包括公寓房租。

（10）以私有化方式收购的国有企业财产，以及以国有财产为基础建立的租赁企业的租金。

（11）保险、贷款和货币存款业务以及结算账户、往来账户和其他账户业务。

（12）与外币、货币、银行券和有价证券流通相关的业务，但印制和保管上述货币和证券的业务除外。

（13）邮票（不含集邮邮票）、明信片、信封、彩票的销售。

（14）律师公会成员提供的服务。

（15）地下资源付费。

（16）与工业产权对象相关的专利许可证业务（不含中介业务）以及著作权的取得。

（17）某些公共饮食企业自产的产品，如大学生食堂、其他学校的食堂、医院、儿童学前机构以及预算拨款的社会文化领域其他机构和单位的自产产品。

（18）与教具生产过程和教育过程相关的教育领域的服务、教育培养儿童的服务、向儿童和青少年提供体育设施的服务。

（19）教育机构的企业制造和销售的货物（劳务、服务），但须将其收入直接用于发展和完善教育。

（20）依靠国家预算，以及俄罗斯基础研究基金、俄罗斯技术发展基金、各部和相关部门的预算外基金而完成的科学研究和试验设计工作，由教育机构根据经济合同而完成的科学研究和试验设计工作。

（21）文化艺术单位和宗教联合会的服务，电影、戏剧演出、体育、文化教育和娱乐措施。

（22）赌场、游艺机营业额和赛马场中彩收入。

（23）殡仪馆和墓地的葬礼仪式服务，包括制作纪念碑、墓志铭，由宗教组织主持葬仪。

（24）罚没的和无主的财产的销售额。

（25）为矿石深加工和精炼而出售精选矿和含有贵金属的其他工业品的销售额。

（26）为居民提供的有偿医疗服务、药品、医疗用品、医疗器械、疗养证、旅行证等。

（27）精神病治疗机构所属的治疗劳动小型工厂，以及残疾人社会组织所生产和销售的货物（劳务、服务）。

（28）残疾职工超过企业职工总数50%以上的企业、机构和组织销售的自产货物（劳务、服务）。

（29）在实物劳动报酬和工资实物配给项下销售集体农庄、国有农场和其他农业企业自产产品。

（30）民间手工艺制品。

（31）按俄罗斯政府规定的方式运入俄境内的人道主义援助物资，向外国公民和派驻俄罗斯的法人出租办公和居住场所。

（32）输入俄罗斯境内的下列货物：食品（应课消费税的食品除外）及

其生产原料，列入俄罗斯政府规定清单的儿童货物，用于科学研究目的的仪器设备、技术设备、药品、医疗设备，以及用于生产这些设备的原料与配件。

（33）向企业出售用于加工的宝石原料和贵金属原料的销售额。

（34）农业企业出售给曾在本企业工作过的老人和残疾退休人员的货物、工程和服务。

（35）结核病防治所和精神病治疗机构所属的，以及社会保障机构所属的教学生产小型企业所销售的自产货物（劳务、服务）。

（36）从事某些种类活动的许可证发放费。

（37）外商投资企业自登记注册之日起一年内运入俄罗斯境内用于该企业法定投资的货物。

（38）运入俄罗斯境内用以保证生产、诊断用的医疗免疫生物制剂，预防和治疗传染病与流行病的技术设备及其配件和材料。

（39）按政府间协议以及与外国组织和公司签订的共同科研协议，输入俄罗斯境内作为外国用于无偿技术援助的货物和技术设备。

（40）为教育机构进口的书籍、定期刊物和教学参考书。

（41）2018年1月1日至2019年6月30日，在俄罗斯机场和港口提供的列入俄罗斯政府批准名单的飞机和技术服务；从2019年7月1日起，在俄罗斯机场提供的列入俄罗斯政府批准名单的飞机和技术服务。

3．不征增值税项目

俄罗斯不征增值税项目主要有5类，具体如图3-5-9所示。

图3-5-9　俄罗斯不征增值税项目概览图

三、海关代征

俄罗斯对自非独联体国家进口的产品征收进口环节增值税。进口环节增值税的税基为产品海关申报价格、进口关税和消费税三项之和,税率为20%(部分食品和儿童用品的税率为10%)。在俄罗斯境内加工和销售进口货物过程中的新增价值也需缴纳增值税。

下列进口货物在跨越俄罗斯海关时不征税:

① 根据《对俄罗斯无偿援助立法、税法和由于实施对俄罗斯的无偿援助而进行的国家预算外基金优惠付款立法文件的修改补充》联邦法,按俄罗斯政府规定的程序进口的对俄罗斯的无偿援助货物(征收消费税的货物除外);

② 俄罗斯政府批准的名单上所列外国产药品进口时海关不征收增值税。进口不征税项目具体如表3-5-2所示。

表3-5-2 进口不征税项目概览表

在跨越俄罗斯海关时不征税	具体项目
按俄罗斯联邦政府规定的程序进口的对俄罗斯联邦的无偿援助货物(征收消费税的货物除外)	重要的和生命必需的药品,重要的和生命必需的医疗制品,重要的和生命必需的医疗器械,人工弥补和矫形制品及其制作原材料和半成品,残疾人使用的技术设备,包括自动行驶运输工具,眼镜片和镜框(太阳镜除外)以及以上货物的生产原料和成套组件
进口的外国产药品	
防治传染病的生物免疫药品的生产原料	
赠送给俄罗斯联邦文化遗产和国家遗产收藏单位的艺术珍品	
国家图书馆、市政图书馆和博物馆收到的国际交换出版物,以及国家专业机关非商业交换的电影制品	
俄罗斯的组织在外国领土上根据国际条约生产的产品	
作为单位的法定资本投入而进口的工艺设备、成套配件和备件	
未经加工的天然钻石	
外国外交代表处以及与其同等的代表处使用的物品	
俄罗斯联邦和外国的法定货币以及有价证券	
俄罗斯联邦渔业企业捕捞和生产的海产品	

【要点分享】

俄罗斯的增值税法实行了三档税率，体现了其对各类业务的精准把控和调节，简化了税务机关的征收管理程序，同时也节约了企业的申报成本。三档税率分别对应不同的行业场景：一是对于出口业务及国际运输，为促进企业走出国门，面向国际市场，实行零税率低标准；二是对于民生类别的产品，为了稳定市场价格，保障民生福利，实行10%的增值税税率；三是对于其他的社会商业行为取得的收入，实行20%的标准税率。另外，为了激发企业活力，政府还制定了相配套的进项抵扣及退税政策。

第五节　英国增值税

英国增值税的纳税人包括：在英国提供应税商品和劳务，且通过生产营业过程获得收入的个人、合伙企业、团体或公司、从事进口业务者。课税范围涉及工业、农业、商业以及服务业等。增值税税率有零税率、低税率、标准税率三种。具体如图3-5-10所示。

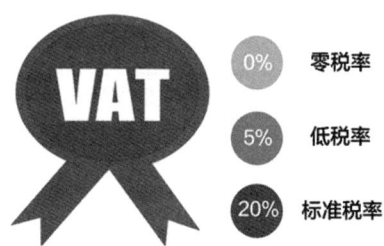

图3-5-10　英国增值税税率示意图

一、税收优惠

1. 免税项目

可以免征增值税的货物和服务主要包括：体育及相关活动，博彩和彩票，游戏，文化活动入场费，私人出售给公共机构或抵欠税款的古董、艺术品或类似资产，慈善活动及相关服务，护理和医疗，船屋停泊，保健服务，金融服务等。除此以外，还有下列项目也属于免征增值税项目：

（1）死者的埋葬或火化，或海葬。

（2）根据保险合同制定的葬礼计划。

（3）符合资格的学校、学院或大学等机构提供的教育、职业培训和其他相关服务。

（4）永久住宅根据短期租赁协议与住宅一起出租的车库或停车位。

（5）在经授予或经许可而占用的土地上所附带的停车服务。

（6）经授予或经许可占用的财产、土地和建筑物。

（7）皇家邮政根据普遍服务义务提供的公共邮政服务。

（8）发行、转让或处理担保，包括股票和债券。

（9）常用账户、存款账户或储蓄账户的运作。

（10）合规的特别投资基金的管理。

（11）投资黄金币。

2．零税率项目

适用零税率的应税货物和服务主要包括：与慈善相关的服务、商品及建筑物，与残疾人相关的服务、设备及建筑物，家庭供水和污水处理服务，属于住宅用途和慈善目的的建筑物的首次永久业权或长期租赁权出售，飞机、船舶的维修和保养，民用或军用的飞机、直升机或飞艇的销售和包机，婴幼儿服装或鞋类，图书杂志及出版物，符合认证及标准的头盔、防护靴等。除此以后，还有下列项目适用零税率：

（1）注册药剂师开出的处方；

（2）治疗失禁的产品；

（3）低视力辅助工具；

（4）由英国和欧盟以外的地方到英国的货运；

（5）销售、租赁或临时租借到英国和欧盟以外的地方的货运集装箱；

（6）向欧盟成员国出售和租赁的货运集装箱；

（7）在英国及其领海进行的国际货运；

（8）载客不少于10人的车辆、船只或飞机的客运；

（9）大篷车（超过7米长或超过2.55米宽）（税率为0%或5%，具体规定参见英国税务与海关总署"HMRC"官方网站）；

（10）船屋的出售或出租；

（11）建造15吨及以上总吨位的船舶；

（12）印刷小册子、传单；

（13）发行或复制的音乐。

3．低税率项目

适用5%低税率的应税货物和服务主要包括：用于住宅或慈善机构的非商业用途的电力、气体、取暖油及固体燃料，在住宅和建筑物中安装的节能材料，婴儿床和儿童安全座椅、增压垫等。除此以外，适用低税率的还有以下项目：

（1）老年人行动辅助工具；

（2）戒烟产品，包括尼古丁贴片和口香糖；

（3）产妇垫；

（4）防护用品；

（5）由某些资助者向60岁以上的人或某些福利领取人捐赠的供热设备和煤气供应连接物；

（6）通过增加大楼内的住宅数量来更换现有房舍；

（7）翻新空置至少2年的住宅。

二、销售额的确认

增值税应税商品或服务的销售额可分情况按四种途径加以确认，具体如图3-5-11所示。

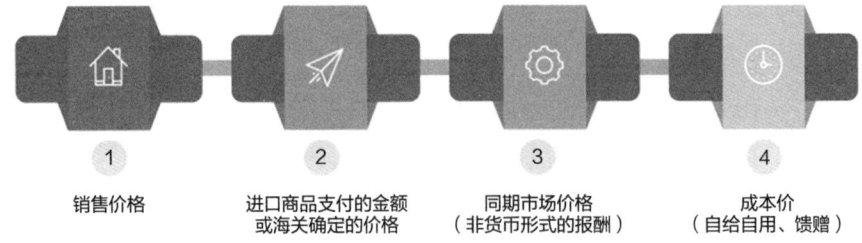

图3-5-11 英国增值税销售额确认途径示意图

三、进项税额抵扣规定

当购进商品或服务用于营业用途时进项税额准予抵扣,但在一些特殊情况下不准抵扣。具体如图3-5-12所示。

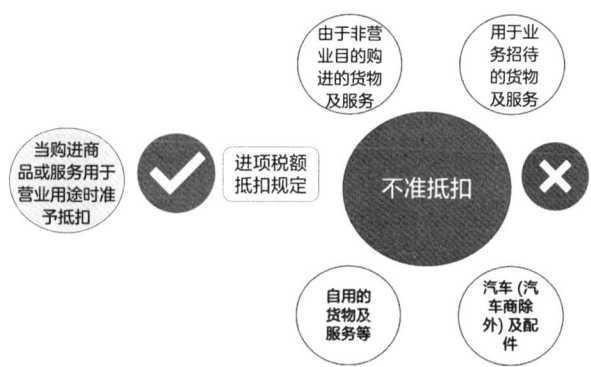

图3-5-12 英国增值税进项税额抵扣规定示意图

第六节 法国增值税

法国规定,任何独立开展经济活动的人或企业都属于增值税纳税人。纳税人必须独立经营(如开展自营业务,或可以自由决定组织和经营的方式)。标准税率为20%,此税率适用于所有销售货物和提供服务的行为,也适用于欧盟内的资产转移以及不适用优惠税率的进口货物(科西嘉岛与法国本土适用相同税率,但欧盟间的资产转让及进口的部分商品和服务可享受优惠税率)。

增值税征收范围如表3-5-3所示。

表3-5-3 增值税征收范围概览表

应税项目	视同销售项目	视同服务项目
生产商品	公共机构/政府机关征用应税商品	代理销售应税服务
贸易	分期付款销售应税商品	提供建筑工程服务

续表

应税项目	视同销售项目	视同服务项目
提供服务	代理销售应税商品	取消应税商品的使用
开采挖掘	链式交易应税商品	
农业	免费向第三方提供应税商品	
自由职业（律师、公证员、医生等）	将应税商品用于非应税活动	
任何以利用动产（有形或无形）获取收入为目的的长期业务	在欧盟范围间转移应税商品	
	自产自用或个人消费应税商品	

一、税收优惠

1. 零税率

下列交易适用零税率：

（1）销售处于海关或税务机关特别监管（包括临时入境监管、免关税协议监管、临时存储监管、位于免税区或保税仓库、位于海关监管仓库、外部过境协议监管）下的商品。

（2）在上述监管地区销售商品。

（3）使用从非欧盟国家（地区）进口的，在到达法国边境时需存放于欧盟保税（包括关税和增值税）协议区、欧盟内部、外部运输监管区的商品提供的服务。

（4）使用从非欧盟国家（地区）进口，且存放于增值税保税监管区的商品提供的服务。

2. 免税区

法国有两个免税区：勒凡尔登和圭亚那。非欧盟成员国的货物在免税区的存放时间不受限制。

3．增值税保税仓库

国内流通商品、欧盟内流通商品、处于增值税保税仓库监管范围内的商品以及相关服务在增值税保税仓库内暂免征税，在离开仓库时缴纳增值税。

4．销售出口

销售给非欧盟成员国居民，并由其携带出境的物品（除资本物品外）适用零税率。

5．优惠税率

法国规定一些优惠项目可适用优惠税率，具体如表3-5-4所示。

表3-5-4 优惠项目适用优惠税率概览表

优惠项目	优惠税率（%）	特别优惠项目	特别优惠税率（%）
大部分商品和服务	10	国家医保范围内的药品	2.1
电影票	10	符合规定的出版物	
社会住房建设以及翻新	5.5	传统表演（前140场）	
艺术品、古董和收藏品	10（商业用途且作为抵扣项）	电视台和电台的播放许可费	
	5.5（进口或欧盟内转让）	向无须缴纳增值税的个人供应屠宰用动物	
		媒体通过网络向全球提供的服务	

二、应纳税额

增值税应纳税额确认方式：从客户或者第三方收到的价款都属于应税收入，其中包括直接支付给供应方的价款、所有和销售相关的税金（增值税除外）。此外，同时收取的各种价外费用也包括在应税收入中。进口环节的应税收入原则上是海关法规定的海关报关价值。

三、进项税和退税

1．进项税抵扣

纳税人在对应期的销项税和进项税的差额为其当期的增值税应纳税额。一般情况下，抵扣进项税的凭据为发票，发票之外还可根据以下文件进行抵扣：一是可以证明纳税人为进口方或承销方的报关单；二是从非纳税人处购买的应税产品或使用自产的物品取得的申报单。

2．留抵进项税

如果纳税人在同一纳税期内的销项税不足以抵扣进项税，剩余进项税可在以后纳税期内继续抵扣，直至抵扣完全。此外，纳税人也可在公历年度结束时向税务机关申请退还留抵进项税（年度申报一次申请退还的最小金额为150欧元）。

对于季度和月度申报的纳税人，在符合下述条件的前提下，可以在公历年度的前三个季度结束时申请退还留抵进项税：一是申请退还金额大于760欧元；二是纳税人使用3519号表格申报增值税，申报表显示有留抵税额。

3．进项税的合理拆分

纳税人可以抵扣与应税货物或服务相关的进项税。如果一笔进项税同时包括应税项目和非应税项目，就应根据实际发生的比例对进项税进行拆分，并抵扣应税部分产生的进项税。如果涉及的货物或服务90%以上都属于个人消费，则该笔进项税不能抵扣。

4．增值税退税

自2021年7月1日起，非欧盟企业纳税人应通过法国税务代理在线申请增值税退税。

四、集团合并申报纳税

从2023财年开始，在财政、经济和组织上相互紧密联系的纳税人被视为单一增值税纳税人。负有增值税纳税义务的母公司可以选择代缴其子公司的应纳增值税（包括增值税和附加社会保障金）。在集团合并申报制度下，母公司也可以申请退还属于子公司的留抵进项税。

在选择集团申报之后，集团内的成员仍然需要提交单独的增值税纳税申报表。但只有母公司有缴纳增值税的义务，也只有母公司有权申请退还留抵进项税。

【要点分享】

通过对上述国家留抵退税政策的了解，我们可以对其进行适用分析。增值税留抵税额对资金占用有影响，留抵退税的政策实施后缓解了企业的资金运用压力以及占用成本的困难，是税制当中需要关注的重要问题。留抵退税是增值税法中一项比较重要的调控和鼓励措施，是一项有时间性差异的政策。一些国家实行了留抵退税，但是适用的标准和程度各有不同。韩国执行半年一次，一年两次的申报方式，当申报期的销项减去进项形成的应纳税额为负数时，可申请退还相应的负数金额。俄罗斯的政策则规定以季度申报，可抵扣的进项税额超过当期的销项税额时，纳税人可以书面申请进项税额退回，有权使用加速退还增值税的程序。不同于韩国和俄罗斯，法国的留抵退税政策相对灵活，申报方式分为年度、季度、月度三种。选择年度申报的纳税人，可在公历年度结束时向税务机关申请退还留抵进项税，最小退还金额为150欧元；季度申报的纳税人，可以在公历年度的前三个季度结束时申请退还留抵进项税，申请金额需大于760欧元，且申报表显示有留抵税额；当申报表显示有留抵税额且大于760欧元时，纳税人可按月申请留抵退税。

第七节　德国增值税

德国的增值税法对于增值税的纳税义务人做具体详细的划分。增值税实行的是三档税率，即零税率（0%）、低税率（7%）和标准税率（19%）。增值税分为两种形式征收：一种是核定征收；另一种是查账征收。

一、纳税义务人及扣缴义务人

增值税法定纳税义务人为任何独立从事商业或专业活动的个体。商业或专业活动是指创造收入的持续性活动,即使该活动并未旨在创造利润或该组织的活动仅面向其成员。"商业"一词表明该组织拥有满足其经济需求的资本和劳动力。商业活动不仅包括工业或商业性活动,还包括为了产生持续收入而对动产和不动产进行的开发以及纳税人自身提供的专业服务。

增值税法规定纳税义务人一般包含以下几类组织:非营利组织,慈善团体、信托者、清算者、接收者和检查者,财团(如图3-5-13)。特定事项下,以下几类群体或组织也被视为纳税义务人:董事、个人、雇员、公共机构、集团、控股公司。另外,偶然交易不在增值税的征收范围之内。但是,在欧盟内部出售和购置新的运输工具,以及某些情况下在欧盟内部购置可切分的货物时不适用此规定。

图3-5-13 德国增值税纳税人组织类型示意图

位于非欧盟地区的企业有依法缴纳增值税的义务,由地方税务局征收增值税,不在欧盟内的卖方由德国指定地方税务局集中管理。

二、视同应税的销售和服务及进口货物

德国增值税法对于以下情况，视同应税的销售货物或提供服务：按公权机关指令进行的转让、租赁、代销、连锁交易、建筑劳务、虚拟交易、应税行为转为非应税行为、到期仍在用商品、欧盟成员国之间的商品转移、自产自用以及商业资产私人使用、代理服务。

进口货物需要征收增值税。进入德国的进口货物包括：来源于非欧盟国家的货物；来自欧盟关税区但在增值税上视为来自第三方国家的货物；需接受海关检查的商品和临时进口货物；德国海关无须检查的货物或者以德国角度来看从境外的自由港运来的货物。

三、税收优惠

德国增值税税收优惠有零税率和低税率两项。具体如表3-5-5所示：

表3-5-5 德国增值税税收优惠税率适用项目

零税率（0%）	低税率（7%）
欧盟内商品销售	活禽等
商品出口	出版书籍
入境加工复出口的有形动产	牙科类、假体、艺术收藏品
符合增值税仓储政策的商品和服务	短期住宿（最多6个月）
运行在境外和境内港口间的船只提供的餐饮及服务	剧院、音乐会、博物馆、马戏团和动物园的门票
海运及空运服务	版权的授权
某些跨境运输服务	某些特定食品和饮料的供应
向中央银行供应黄金	旅客运输服务
联邦铁路公司销售的货物	
与出口及跨境运输服务相关的中介服务	
销售给在德国的北约部队及其他成员国的商品	
向欧盟以外国家和地区提供银行、金融及保险服务	

四、进项税额的抵扣政策

德国进项增值税抵扣需满足四个条件：商品或服务必须提供给纳税人；商品或服务必须用于经营目的；商品和服务必须由纳税人销售或提供；增值税应在正式发票上单独注明。如果采购欧盟内部或进口的产品用于经营的比例不足10%，则不能抵扣。

用于免税或非应税活动的产品和服务，如免税行为、私人用途，不可以抵扣进项税。

德国增值税法还对可抵扣进项税的调整制定了相关政策，具体如下。

1．坏账

根据增值税法，纳税人有权就坏账向税务机关追回已缴纳的增值税。退回增值税适用的税率参照当时缴纳给税务机关时的税率。

2．盗窃

如果货物被偷窃，则不需要做任何调整。

3．包装物

德国的增值税计税基础中包含了可退还包装物。当包装物实际被退回时，则需调整原始的销项税。如果买家已经做了进项抵扣，则需要将其转出。

另外，德国增值税法律中区分了非一次性商品（根据所得税法可折旧的投资货物）和销售过程中的一次性商品（如商业股票）。资本货物是可进行不止一次商业交易的不动产或动产。如果纳税人有意将其用于生产，则该资产就属于用于应税活动的资产，可以申报进项税。用于应税活动的资本货物应不少于10%。

五、留抵退税政策

德国增值税法还对留抵退税进行了规定。在申报期限内，如纳税人的进项税超过销项税，则可进行退税。多交的增值税不产生留抵额。

增值税特殊退税程序规定，如果纳税方不是在德国境内成立且在德国境内没有住所、公司经营地、注册分支机构或管理机构的应纳税人，就可以抵扣运营成本中包含的德国增值税。

满足以下情况即可按照增值税特殊退税程序退税：一是在退税期间没有在德国销售任何需纳税的商品或提供需纳税的服务；二是仅提供服务或仅进行反向机制规定的销售；三是提供个别的零税率运输服务和辅助性服务。

六、罚则条款

如果没有遵守增值税法的规定，将被加收罚款。具体罚则如图3-5-14所示。

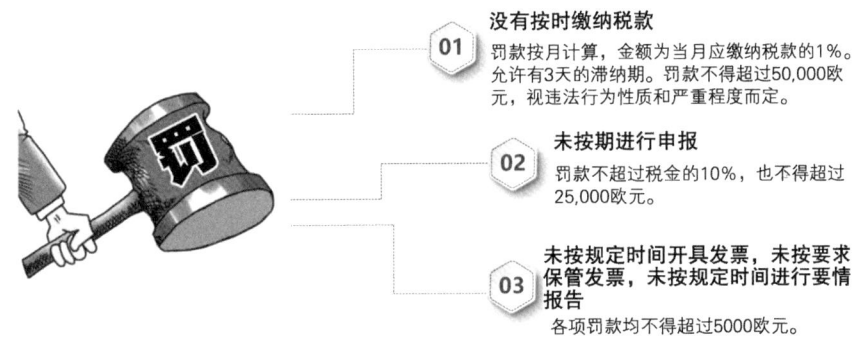

图3-5-14　德国增值税法罚则示意图

【要点分享】

德国的增值税法条款和规定相对比较具体和细致，对纳税人和特殊群体进行了详细界定和区分，对具体应税和非应税事项也进行了明确表述。德国实行的是3档税率，其主要税收优惠体现在零税率档和低税率档。在进项抵扣方面，与其他国家相比，表现出更精细化的特质，展现出其税务机关优秀的管理能力及独特的处理方式，如纳税人有权就坏账向税务机关追回已缴纳的增值税。德国在资金方面对企业的鼓励和扶持，也有完善的留抵退税政策。管理的精细化提升了政府机构对宏观和微观经济的掌控和调控能力，同时也带来了法律监管的制度化。

罚则是普遍性的规则，我们这里只就德国增值税的情况做举例说明。如果没有按时缴纳税款，在德国将被加收罚款，罚款按月计算，金额为当月应缴纳税款的1%。允许有3天的滞纳期。罚款不得超过50,000欧元，视违法行为性质和严重程度而定。未按期进行申报、未按规定时间开具发票、未按要求保管发票、未按规定时间进行要情报告，也将被加收罚款。

第八节 美国销售与使用税

目前，全美国共有45个州和哥伦比亚特区设置了销售税，销售税已成为州政府的主要财政收入来源。各州对销售与使用税规定的税率从4%到9%不等。一般而言，销售税是对零售有形动产和提供某些服务所征收的一种税。使用税是对销售税的一种补充，通常针对纳税人在所在州以外购买应税项目并带入所在州使用、贮存或消费的行为进行征收。

通常一项应税交易或者被征收销售税，或者被征收使用税。一些州允许本州税收居民就相关应税项目在其他州已缴纳的销售税用于抵免其应在本州缴纳的使用税。

应税货物或服务的购买方需要支付销售税，除非其可以向卖方提供购买行为免税的证明。大部分州不针对无形资产征收销售税。

第九节 巴西增值税

巴西的增值税概念包括工业产品税和商品流通服务税。工业产品税是联邦税，商品流通服务税属于州政府税。

增值税纳税人是进口或生产产品的任何人,或是联邦法律适用同等待遇的任何人。对于被查封、丢弃和拍卖的产品,其供应商和经销商也是工业产品税的纳税人。不管实体的法律地位如何,只要从事产品进口或工业加工,就有工业产品税的纳税义务。如纳税人享受免税待遇,则在获得税务机关的书面同意后,可以免缴工业产品税。

非企业纳税人(即服务供应商)或个人(私人使用)进口的产品不需缴纳工业产品税。

表5-6 巴西增值税申报时间表

巴西增值税	
联邦税	州政府税
工业产品税	商品流通服务税
按月申报	(1)货物离开纳税人机构的当天申报; (2)如果直到开具正式发票前一天才发货,那么为开具发票后第四天申报; (3)进口交易为清关当天申报。

工业产品税的税率一般为0%—50%,具体税率根据南共体通用海关编码以及工业产品税税率表而定。税率一般与产品的必需性成反比,而且时常会进行调整。这种必需性是基于巴西经济的现状,政府可能决定降低工业产品税税率(或甚至对进口交易提高税率)来刺激特定行业的发展。一般零税率仅适用于生活必需品。工业产品税是少数在巴西法律制度中明确规定的税种,不再需要通过制订新法律来调整税率。在法律规定的范围内,税务机关可以通过法令自由制定工业产品税税率,并立即生效。

一、增值税进项税抵扣

工业产品税对工业产品的每个生产环节征收,经过多个生产环节加工的产品(如从原材料到产成品)允许抵扣、调整每个单独环节已经支付的工业产品税。

某些在巴西生产的特定机械设备构成固定资产的一部分，而且仅用于生产流程，也可以用于抵扣。这些符合条件的项目被财政部列出清单。最高法院规定，国内购买者采购巴西制造的机器作为其公司固定资产使用享受进项抵扣，这是对民族工业的一种补贴，因此对国外产品并不适用。生产商可以考虑缴纳工业产品税进项税——从非工业产品税纳税人的批发商处购买原材料、半成品和包装物等所支付的税金。上述产品的适用税率乘以该产品价格的50%，即为工业产品税进项税金额。

二、增值税税收优惠

根据巴西税收法规，图3-5-15所示项目可以享受增值税免税优惠。

图3-5-15　巴西增值税免税项目示意图

宪法规定的免税政策适用于书籍、报纸、期刊和用于印刷的纸张，此项免税政策也适用于进出口关税和工业产品税。

对运往玛瑙斯自由贸易区（FTZ）的产品，自进入自由贸易区时免征联邦工业产品税。进入保税区供内部消费、使用或工业化的产品，或经海关仓库运往亚马孙西部地区的产品（不包括武器弹药、香水、烟草、客车和酒精饮料），不缴纳工业产品税。

如果保税区产品在出口前发生应税事件，则在下列累加条件下，对用于维修服务的备件免征工业产品税：一是雇佣服务的第三方位于保税区内；二是货物是服务于雇主的固定资产；三是这些服务由保税区以外的机构提供。

第十节　澳大利亚商品及服务税

在澳大利亚已办理或应办理商品及服务税注册登记的，在境内销售应税商品或提供应税服务，或者进口应税商品和服务的，为商品及服务税的纳税人。商品及服务税的税率为10%。纳税人销售应税商品或提供应税服务，应纳税额为当期销项税额抵扣当期进项税额后的余额。如果当期进项税额大于销项税额，纳税人可以申请退税。

企业年营业额超过75,000澳元（非营利机构为150,000澳元）的，需办理商品及服务税的注册登记。所有出租车运营者不论年营业额多少，都必须注册。

一、税收优惠

澳大利亚的商品及服务税的税收优惠体现在免税和零税率项目中。

1. 免税项目

增值税免税项目主要有6类，具体如图3-5-16所示。

图3-5-16 澳大利亚商品及服务税免税项目示意图*

* 上图中免税收入所发生的进项税额不得抵扣。

2. 零税率

零税率项目主要有11类,具体如图3-5-17所示。

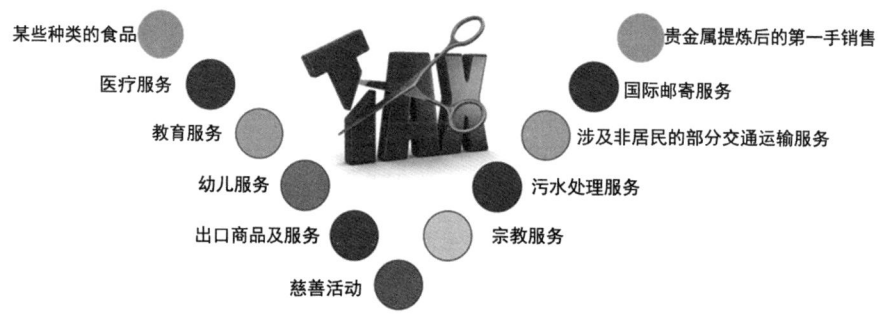

图3-5-17 澳大利亚商品及服务税零税率项目示意图

二、发票一般规定

当发生含税价超过75澳元的销售时,销售方必须在28天内开具商品及服务税发票给购买方,以便对方凭票进行进项抵扣。每张发票的抵扣年限为4年。如购入商品或服务全部或部分用于私人,则对应部分的进项税额不得抵扣。

三、合并纳税

两个或两个以上受同一集团持股比例达90%以上的公司、信托、合伙企业或相关联的个人可选择组成集团纳税实体，在澳大利亚进行合并纳税申报，但纳税集团的成员不能全部为个人。合并纳税不考虑纳税集团内部各个成员之间的购销交易，各个成员共同分担纳税集团的应纳税负。所有纳税集团成员均需办理商品及服务税的注册登记，采用一致的会计年度和会计口径，不能再隶属于其他纳税集团，且不属于需要缴纳商品及服务税的分支机构。纳税集团的成立需向联邦税务局申报，并委派一名代表成员负责纳税具体事务。代表成员不能为非居民，但其他成员则无此限制。

【要点分享】

从征收环节和抵扣规定可以看出，澳大利亚的商品及服务税实质为增值税。在政策具体施行和管控上，主要依据发票来进行控制，也配套了相适应的罚则。这点与德国的增值税政策相似，未按规定时间开具发票、未按要求保管发票、未按规定时间进行要情报告的都将被加收罚款。澳大利亚在纳税申报方式上和法国的政策类同，有相对的灵活性，同意企业选择合并纳税申报。不同之处在于，澳大利亚要求集团内每个成员均需注册登记，并委派一名代表成员负责纳税具体事务，各个成员共同分担纳税集团的应纳税负；而法国在选择集团申报之后，集团内的成员仍然需要提交单独的增值税纳税申报表，且增值税的缴纳义务和留抵退税权利只能由母公司行使。

◆ 第六章　消费税篇

消费税是对特定消费品和消费行为征收的税种,属于流转税范畴。消费税是在对货物普遍征收增值税的基础上,选择少数消费品再征收的一个税种。消费税一般实行价内税,只在应税消费品的生产、委托加工和进口环节缴纳,在以后的批发、零售等环节,因为价款中已包含消费税,因此不用再缴纳消费税,税款最终由消费者承担。世界上有120多个国家征收此税,在对货物征收增值税后,再根据特定的财政或调节目的选择部分产品进行征税,可起到限制奢侈消费、调节产品结构、保障财政收入的作用。

第一节　韩国个别消费税

个别消费税是对特定物品或对进入特定场所及在特定场所娱乐的行为征收的消费税。

一、个别消费税征税范围及税率

个别消费税的应税货物有七类,应税场所有三组,具体如表3-6-1、表3-6-2所示。

表3-6-1 个别消费税应税货物税率表

分类	应税货物	税率
第一类	老虎机、弹球游戏机和其他类似的游戏机	20%
	猎枪或步枪	
第二类	鹿角和蜂王浆	7%
	香水和古龙水	
第三类	珠宝（不包括工业用钻石、未经加工的原石）、珍珠、玳瑁、珊瑚、琥珀、象牙及其产品	20%（对销售价格超过200万韩元的部分按20%征收）
	贵金属产品	
第四类	豪华相机及配件	对销售价格超过200万韩元的部分按20%征收（每件500万韩元或每套800万韩元的豪华家具）
	豪华手表	
	豪华皮草及其产品（不包括兔皮和未加工毛皮）	
	豪华地毯	
	豪华家具	
第五类	发动机排量超过2000毫升的汽车和露营用汽车	10%（从韩美自由贸易协定生效之日起，2012年全年按8%税率征收，2013年按7%，2014年按6%，2015年起按5%）
	发动机排量为2000毫升及以下的汽车（不含发动机排量1000毫升及以下）和发动机排量超过125毫升的两轮摩托车	5%
第六类	煤油	90韩元/升
	重油	17韩元/升
	丙烷	20韩元/公斤
	丁烷气体	275韩元/公斤
	天然气（包括液化形态）	60韩元/公斤（汽油和柴油，2012年底前不征个别消费税而征收交通·能源·环境税。丙烷自2012年1月1日至4月30日按14韩元/公斤征税。）

表3-6-2 个别消费税应税场所税率表

分组	应税场所	税率
第一组	赛马场	500韩元/人
	设有老虎机的场所	1万韩元/人
	高尔夫球场	1.2万韩元/人
	赌场	5万韩元/人（韩国人），2000韩元/人（外国人）
	自行车竞赛场、摩托艇比赛场	200韩元/人
第二组	娱乐酒馆或沙龙等	10%
第三组	从应税场所（赌场）的经营业务中取得的年度销售总额	0%（500亿韩元以下）
		2%（500亿韩元—1000亿韩元的，超过500亿韩元的部分征收）
		4%（超过1000亿韩元的，超过1000亿韩元的部分征收）

二、不征税和免税货物

个别消费税不征税货物主要是直接为自己或家庭成员使用的个人（不包括公司）生产的货物。个别消费税免税货物包括出口货物或军用物资、与外交官相关的货物、仅供应外国人的销售网点。此外，还有有条件的免税项目和无条件的免税项目，具体如图3-6-1、图3-6-2所示。

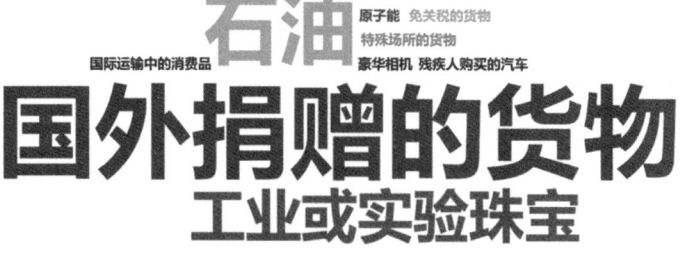

图3-6-1 韩国有条件免税项目词云图

图3-6-2 韩国无条件免税项目词云图

三、税收抵免和退税

1．税收抵免

已征或应征个别消费税的商品或原材料可归于以下类别之一的，可在应缴税款中抵扣已征或应征税款：

（1）从制造商或保税区发出后直接用于其他应税货物制造或加工的应税货物；

（2）从其他销售商或制造商处购买，或从保税区发出或出售的第三类应税货物（如珠宝、珍珠等）；

（3）对应税货物再加工后，自制造商处或保税区发货。

2．退税

已征或应征个别消费税的商品或原材料可归于图3-6-3所示类别之一的，已缴税款可以退还或减免。

图3-6-3 韩国个别消费税退税项目示意图

3．其他规则

（1）对于不符合个别消费税免税条件而已征税款的货物，该货物的原材料已征或应征的税款不得扣除或退还；

（2）对应征个别消费税的货物应征的税款滞纳罚金不得抵免或退还。

四、其他消费税

1. 烟草消费税

烟草消费税是地方税（市或县税种），其纳税人为依照《烟草商业法》规定，在市内或县内销售烟草的法人和个人以及烟草进口商。其具体税率如图3-6-4所示。

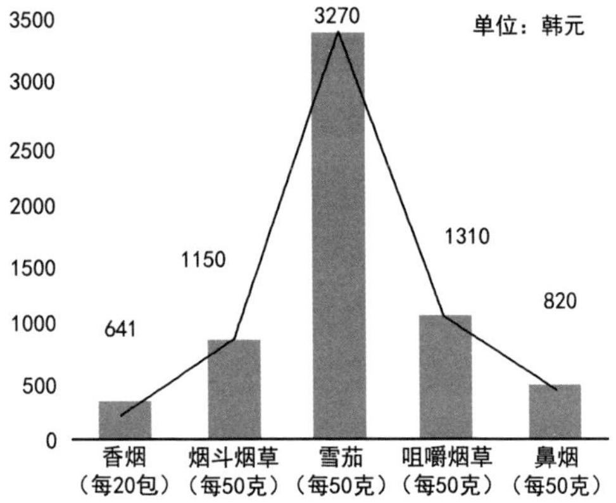

2. 地方消费税

图3-6-4 韩国烟草消费税税率概览图

地方消费税纳税人为增值税纳税人，税基为增值税应纳税额，税率为5%。

第二节 印度消费税

消费税是对在印度境内生产制造产品所征收的一种税，由产品生产者缴纳。大多数产品适用统一税率12%，并按消费税的3%加收附加教育税，因此，实际税率为12.36%。消费税通常从价征收，以交易价格或最高零售价格（针对某些特定商品）的一定比例为税基。对于在印度制造的出口商品，如满足特定条件，无须缴纳消费税即可出口。用于制造待出口商品的采购，如符合一定条件，也无须缴纳消费税即可采购。

第三节 俄罗斯消费税

消费税纳税人是生产、销售应税消费品的机构、组织和个人，也包括向俄罗斯进口货物的组织、私营企业和其他个人。进口消费品的纳税人是俄罗斯海关法规定的企业和个人。由在俄罗斯境内注册的订货方提供原材料并在境外加工的消费品，其消费税的纳税人是支付加工费并销售这些消费品的俄罗斯企业。消费税的计税实行从价税率或从量税率。

一、征税对象

俄罗斯消费税征税对象有以下几类，具体如图3-6-5所示。

1. 酒精类产品：包括各种原料制成的酒精半成品、酒，以及变性酒精、原料酒、烈性酒、葡萄酒、果酒、香槟酒、干邑白兰地酒、伏特加酒、利口酒和啤酒；

2. 烟草类产品：包括烟草及其产品、加热吸用的烟草、电子烟、电子烟液等；

3. 汽车、摩托车（发动机功率超过112.5千瓦）；

4. 原油和天然气；

5. 燃料油类产品：动力汽油、柴油、航空煤油、中质馏分油、机油、直馏汽油等产品；

6. 苯、对位二甲苯、邻二甲苯。

图3-6-5 俄罗斯消费税征收对象示意图

如果在俄罗斯生产、进口到俄罗斯或在俄罗斯销售的特定消费品没有征过消费税，都要征收消费税。另外，出口消费品也要征收消费税，除非有具体规定予以免除的。

二、税率

消费税的税率一般有两种形式：一种是比例税率；另一种是定额税率，即单位税额。消费税定额税率处于不断变化之中，一般将根据商品消费价格的实际变化于每年年初进行调整，也有在年中进行调整的情形。俄罗斯消费税具体税率如表3-6-2至表3-6-5所示。

表3-6-3 俄罗斯酒精类制品消费税税率表

酒精类制品	税率（每升的税额）
金属气雾剂包装的含酒精的香水及化妆品	0卢布
含酒精的家用化学品，以金属气雾剂包装	0卢布
含酒精产品（金属气雾剂包装的含酒精香水及化妆品及金属气雾剂包装的含酒精家居用品除外）	452卢布
酒精含量在9%以上的各种酒类制品（不包括啤酒、葡萄酒、果酒、起泡酒）及酒精制品	566卢布
酒精含量在9%（含）以下的各种酒类制品	452卢布
不受原产地保护的葡萄酒（天然的）、酒精含量6%以下的天然饮料	20卢布
受原产地保护的葡萄酒、酒精含量6%以下的天然饮料	6卢布
苹果酒、波烈、米德	23卢布
起泡酒/香槟酒（不包括受原产地保护的起泡酒/香槟酒）	38卢布
受原产地保护的起泡酒/香槟酒	15卢布
酒精标准含量在0.5%以下的啤酒	0卢布
酒精标准含量在0.5%—8.6%的啤酒	23卢布
酒精标准含量在8.6%以上的啤酒	43卢布

表3-6-4 轿车、摩托车类消费税税率表

轿车、摩托车类	税率：每0.75千瓦（1马力）的税额
发动机功率为67.5千瓦（90马力）（含）以下的轿车	0卢布
发动机功率为67.5千瓦（90马力）—112.5千瓦（150马力）（含）的轿车	51卢布

续表

轿车、摩托车类	税率：每0.75千瓦（1马力）的税额
发动机功率为112.5千瓦（150马力）—147千瓦（200马力）（含）的轿车	491卢布
发动机功率为147千瓦（200马力）—220千瓦（300马力）（含）的轿车	804卢布
发动机功率为220千瓦（300马力）—294千瓦（400马力）（含）的轿车	1370卢布
发动机功率为294千瓦（400马力）—367千瓦（500马力）（含）的轿车	1418卢布
发动机功率为367千瓦（500马力）以上的轿车	1464卢布
发动机功率为112.5千瓦（150马力）以上的摩托车	491卢布

表3-6-5 烟草及其制品类、燃油类消费税税率表

烟草及其制品类	税率	燃油类	税率
烟斗、烟嘴、鼻烟壶、水烟袋（不包括烟草作为原料生产的烟草制品）	每公斤3299卢布	车用汽油（不符合5级）	每吨13,624卢布
加热吸用的烟草（用作烟草制品原料的烟草除外）	每公斤6282卢布	车用汽油（5级）	每吨13,262卢布
雪茄烟	每支224卢布	柴油	每吨9188卢布
小雪茄生烟卷	每1000支3177卢布	柴油及汽化器发动机机油	每吨5841卢布
不带过滤嘴香烟、白杆烟	每1000支2000卢布+14.5%×估算成本（按零售价的最高价格计算，但每1000支不少于2778卢布）	航空煤油	每吨2800卢布
电子烟	每支52卢布	中质馏分油	每吨9916卢布
电子烟液	每毫升14卢布		

三、税收优惠

企业应将用于出口的应征消费税产品的生产和销售单独核算，这是消

费税优惠征税的必要前提条件。已征消费税产品完税后出口,已纳税款可以抵扣或在3个月内退还。消费税抵扣或退还的必要前提条件如图3-6-6所示。

01 出口到俄罗斯境外的应税(天然气除外)商品(出口到独联体国家的应税商品除外),以及用以物易物方式出口的应税商品

02 带有手动操纵系统的轻型汽车、酒精半成品、白兰地酒精和酿酒原料

03 在俄罗斯境内用于生产其他应税产品的应税原材料

图3-6-6 俄罗斯消费税抵扣或退还条件概览图

第四节 英国消费税

英国消费税指英国对大部分进口至英国或在英国境内生产的烃油产品、酒精饮料以及烟草产品和机动车辆征收的一种税。征税范围包括烟草制品、酒精饮料和机动车辆等。一般实行从量定额计征,由英国海关和消费税局负责征收。

第五节 法国消费税

法国消费税的征税对象为饮料、黄金、铂金、银饰、糖及葡萄糖制品、烟草等。该税通常包含在物品的售价中,可在计算公司税时扣减。

法国消费税以矫正负外部效应、调节消费行为为立法宗旨,主要针对烟酒等劣值消费品、污染品与不可再生能源产品等负外部效应较高的产品课征。法国消费税的显著特点是其税收收入被用于支持社会保险、能源转型等特定事业,满足特定目的。这不仅强化了消费税的矫正与调节职能,还能够在纳税人与国家之间建立良好的"税收契约"。

消费税收入用于特定事业、满足特定目的,可在国家和纳税人之间建立更强的联结,提高纳税人对国家的信任感。特别消费税与政府的特定行为、特定预算管理相对应,可确保政府的措施达到预期效果,有助于增进税收基础与政府行为之间的相关性。特别消费税收入被用于特定事业还更契合纳税人对征税目的的合理预期,使税收更易为纳税人所接受,增强纳税人的纳税意识。根据信息传递理论,这在政府与纳税人之间建立了良性信息传递,形成高效的税收征纳、使用、监督关系。当特别消费税被用于提供特定公共服务或公共品时,纳税人的"受益感"更强,主动遵从的意愿相应升高。

第六节 德国其他消费税

德国的其他消费税指各级政府对特定消费品和消费行为征收的一种税,主要有三大特点,具体如图3-6-7所示。

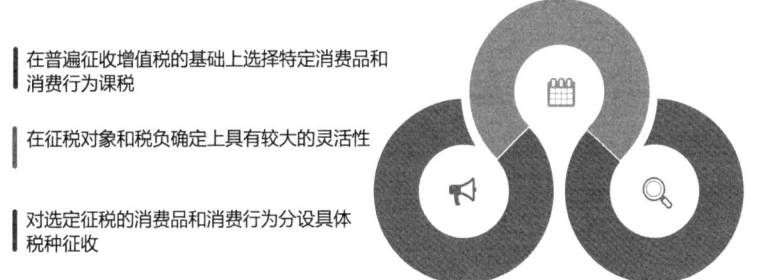

图3-6-7 德国其他消费税特点概览图

德国的其他消费税还有烟草税、啤酒税、咖啡税、葡萄酒税和蒸馏酒税等。消费税一次性征收,由卖家支付,一般是首次向大众售卖货物的生产商、制造商或者进口商。税基可能是重量、体积或者销售价格,税率根据不同货物不同地区而变化。这些消费税大部分由联邦政府征收管理，小部分由州政府征收管理，个别由区政府征收管理，税收收入按管理权限分别归属于各级政府使用。

属于消费税范畴的进口货物税费由联邦海关征收。进口商品在海关清关时，除了缴纳关税、进口增值税，还要缴纳消费税，但是出口商品不征收消费税。消费税是转嫁给消费者的费用。

第七节 美国消费税

美国消费税是美国联邦政府和州政府对部分商品征收的一种税。美国消费税分联邦消费税和州销售税。联邦消费税的应税商品主要是小卧车、载重汽车及零配件、汽油、轮胎、煤炭、火器、其他体育用品等。以生产应税商品的厂商为纳税人。有的应税商品实行从价定率计征，有的商品实行从量定额计征，有的商品同时实行从价定率计征和从量定额计征。具体如图3-6-8所示。

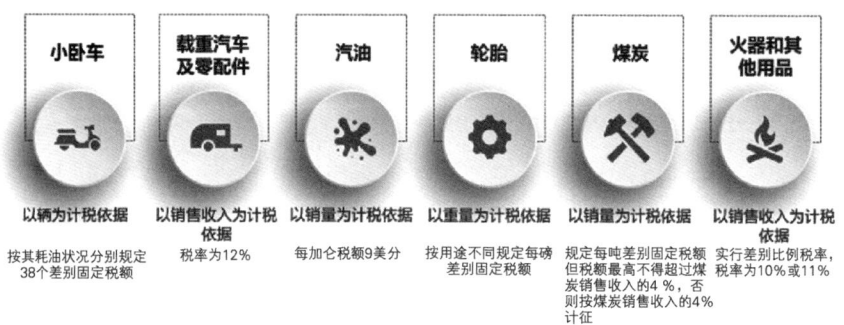

图3-6-8 美国联邦消费税计税依据示意图

州销售税的征税品目和税率各州不同，一般以商品购买者为纳税人，以应税商品的销售收入为计税依据，从价定率计征。

美国联邦和州政府对某些货物（如运输用汽油、柴油等）和行为（如乘坐飞机、生产特定货物和室内日光浴服务等）征收消费税。不同应税货物或行为适用不同的消费税计算方法。例如，室内日光浴服务的应纳消费税为服务费的10%；销售自美国开采的煤应纳消费税为每吨1.1美元或销售收入的4.4%，以二者中的低值计算。

第八节 澳大利亚消费税

澳大利亚政府对在澳大利亚境内生产制造的酒类产品（葡萄酒除外，下同）、燃料和石油产品、烟草等特殊商品征收消费税。不同的商品适用不同的消费税税率。其中，酒类产品消费税税率按每升酒精含量计量，其消费税应税税额按其酒精含量乘以产品的实际体积来计算；烟草、燃料和石油产品根据产品类别适用不同税率，计量单位也不相同。

上述税率根据澳大利亚消费物价指数，每年都会进行一次或多次调整，以下是消费税的部分税率：

① 酒精浓度不超过3%且独立包装容量不超过48升的啤酒的税率为44.45澳元/升；

② 烟草（每根重量不超过0.8克）的税率为1.10360澳元/根；2021年2月起，凝析油、原油、柴油的税率为0.427澳元/升；液化气（不含免税的液化气）的税率为0.138澳元/升。

③ 对燃料征收的消费税或关税可享受相应的税收抵扣。相应的，企业经营用的燃料和用于供电供暖的家用燃料也可享受相应的税收抵扣。

◆ 第七章 遗产与赠与税篇

第一节 美国遗产税

美国遗产税是指美国联邦政府和部分州政府对死亡者的遗产征收的税。美国遗产税的定位是调节贫富差距,是联邦政府税制中体现社会公平的重要符号,课征遗产税毕竟能有效减少继承人接受的财产,缩小继承人与其他人的起点不公平。按征收的级别不同,分为联邦遗产税和州遗产税。

一、联邦遗产税

美国联邦遗产税采用总遗产税制,以死亡者死亡时的遗产总额为征税对象,以遗嘱执行人为纳税人。具体如图3-7-1所示。

图3-7-1 美国联邦遗产税概览图

美国遗产税的课税对象是美国公民或居民死亡时实际拥有的总遗产,包括不动产、有价证券、现金和银行存款、信托财产、年金和人寿保险给付、家族企业和农场等各种形式的所有财产,其中非现金财产要按照死者死亡时的市场价值确定其金额。在课征遗产税和赠与税的同时,对其中向隔代人赠与的财产征收隔代赠与税。隔代赠与可以是直接赠与(包括遗赠和生前赠与),也可以包含在信托或类似的契约中。该税种实质上是为了确保不同代际之间转移财产的税负公平,也是出于反避税的考虑。

应税遗产额是遗产总额先扣除死者的负债、葬礼及有关费用、遗产损失后，求得"经调整后的总遗产额"，继而再扣除婚姻、慈善、遗赠等税法允许扣除项目金额的余额。联邦遗产税实行21级超额累进税率，最低一级税率为8%，最高一级税率为50%。税额的计算分两个步骤进行：第一步，按应税遗产额和适用税率计算出应纳遗产税额；第二步，在应纳遗产税额中，扣除税法允许的统一抵免额和税款抵免额后，方为纳税人实际应纳的遗产税额。

二、州遗产税

美国只有10个州征收遗产税，州遗产税的计算与征收方法同联邦遗产税基本类似，但税率低于联邦遗产税，优惠宽免额也较少。联邦遗产税和州遗产税同时课征时，为了避免重复征税，在计算联邦遗产税实际应纳税额时，允许将州遗产税抵免扣除。

第二节 德国遗产和赠与税

德国遗产和赠与税对因死亡或赠与而转让的财产征税，承担纳税义务的主要是下列人员：遗产的继承人；捐赠中的赠与人和受赠人承担连带纳税义务；对特殊原因的捐赠或遗赠，执行捐赠或遗赠的人承担纳税义务。继承人和受赠人必须在获悉每项赠与或继承后3个月内申报纳税，在某些情况下，捐赠人还必须声明赠与。

遗产和赠与税对以下项目征收：一是以继承或赠与方式取得的财产；二是为某一特定目的而负担费用的捐款；三是每30年一次，以家庭基金会的财产为基础。

在大多数情况下，遗产和赠与税对遗产和赠与同样对待，并适用相同的税率表。遗产税的纳税时间为死者死亡时间,赠与税的纳税时间是在赠与发生时。如果是家庭基金会,则纳税时间为资金转移到基金会之后的每30年。

遗产与赠与税的税基对居民与非居民有不同的规定。

① 居民。如果被继承人或继承人在被继承人死亡时居住在德国,则对世界范围内继承的遗产征收遗产税。如果赠与人或受赠人在赠与时居住在德国,则应纳赠与税。德国国民成为非居民未满5年的,仍视同居民。

② 非居民。如果被继承人/捐赠人或继承人/受赠人,在被继承人死亡时或赠与行为发生时,均非德国居民,则遗产和赠与税仅对满足条件的德国境内财产征收,具体如图3-7-2所示。

图3-7-2 德国非居民征收遗产和赠与税财产项目示意图

遗产的价值减去死者的债务以及葬礼和行政费用、个人和其他豁免作为计税的基础。

一、三类纳税义务人及税率

遗产和赠与税的纳税义务人有三类,如图3-7-3所示。

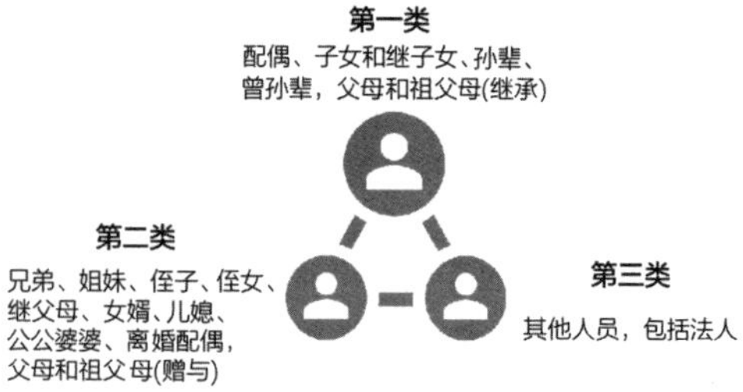

图3-7-3 德国遗产和赠与税的三类纳税义务人示意图

这三类纳税义务人的税率是不同的，具体如图3-7-4所示。

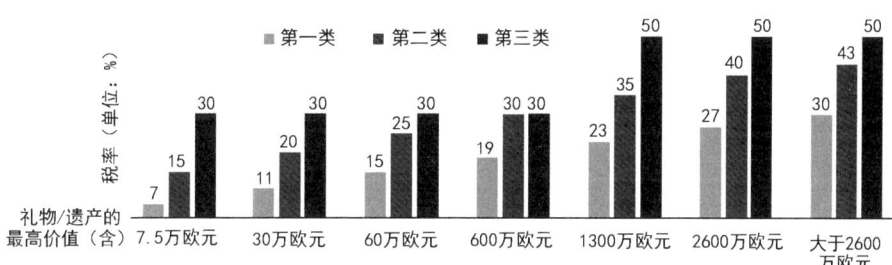

图3-7-4 德国遗产和赠与税税率示意图

二、减免

遗赠情况下，死者或者捐赠人的配偶或者民事合伙人可以享受500,000欧元的基本减免，而对于临终前获得的情况，可以额外享受256,000欧元的特殊减免。但是，后者的减免额度因死者去世获得的抚恤金或其他类似的赔偿而减少相应的额度。

每个孩子的基本减免金额为400,000欧元，而对于临终前获得的情况，可以额外享受特殊减免，其额度具体如图3-7-5所示。

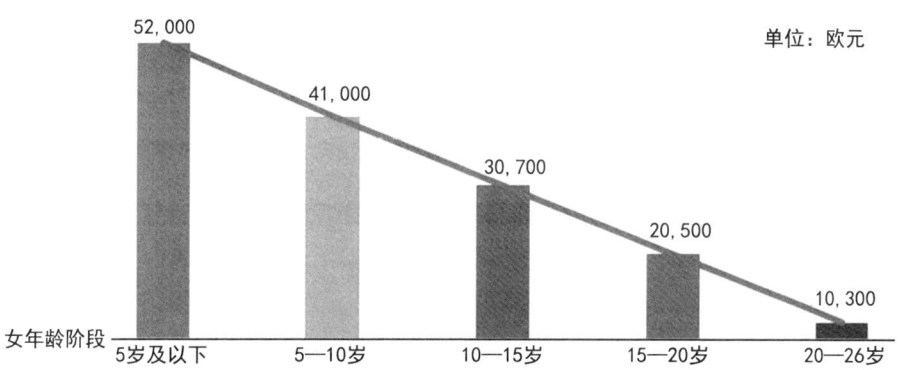

图3-7-5 德国子女遗赠税特殊免税额概览图

如果死者拥有房屋或公寓,并且在其死亡之前作为自己和家人的居所,那么该财产可以由在世的配偶或民事合伙人免税继承。然而,继承人必须在此后10年将此项财产继续作为自己的居所使用。如果财产在此期间被出售或出租,除非继承人能提供充分的理由,否则该项继承将被追溯征税。子女可以在相同条件下免税继承自住房屋,但子女免税仅限于对居住面积最大不超过200平方米的房屋或公寓的继承。

商业财产有某些减免,如果继承的商业财产的价值超过2600万欧元,继承人可以申请部分免除遗产税或降低商业资产的减免。

税法明确规定,某些资产受遗赠方有权申请延迟缴纳税款,最长不超过10年。

目前看来,商号、农林企业和资合公司只要能保证一些特定条件,提供足够的工作岗位,它们的遗产税将会大大降低甚至被免除。比如企业雇员20人即可免除纳税义务,而根据联邦经济税务法院的裁定,有超过90%的企业符合这一条件。因此,对于约300万个家庭公司而言,这项判决意义重大。德国目前已有2/5的企业计划于2019年进行管理者换代交接。

第三节 韩国继承税和赠与税

韩国对继承财产者(包括个人或公司)征收继承税,对受赠财产者(包括个人或公司)征收赠与税。韩国居民就其继承或者受赠的境内外所有财产纳税,非居民仅就继承或者受赠韩国境内的财产纳税。非营利公司继承或者受赠财产免征继承税和赠与税。

继承税和赠与税按照相同税率实行超额累进征收,税率如图3-7-6所示。

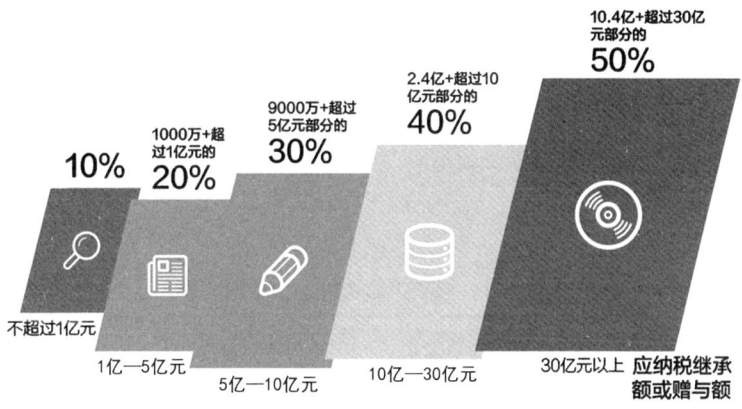

图3-7-6 韩国继承税和赠与税税率图

第四节 日本继承税和赠与税

一、继承税

继承税,是因人的死亡产生财产转移时对该财产征收的税。继承税的征税对象除了现金、储蓄和存款、股票等金融资产外,还包括动产和不动产等各种形式的资产。

继承税的纳税义务人,是通过继承或遗赠取得财产的个人。通过遗赠取得财产的法人,征收法人税而不是继承税。

遗产税不仅以纳税人通过继承获得的全部有经济价值的财产为征税对象,还包括从结果看纳税人所获得的与继承获得财产同样的经济价值的收入(称为"视同继承遗产")。

继承税是对继承遗产的个人所继承的超过起征点的遗产所征收的税,因此继承税的税率是针对每个继承人所继承的超过起征点的遗产而设定的,根据征税遗产规模适用10%—55%的超额累进税率。

1. 税额扣除

税额扣除是对根据各个法定继承人所继承的征税遗产和税率计算出的纳税额,依据法定继承人个人的情况再进行一定扣除的制度。扣除项目有基础税额扣除、配偶扣除、未成年人扣除和残疾人扣除等。具体扣除金额如表3-7-1所示。

表3-7-1 税额扣除项目、金额概览表

扣除类型	具体扣除金额
基础扣除	3000万日元＋600万日元×法定继承人数
配偶扣除	配偶法定继承部分金额与16,000万日元中数额较大者
未成年人扣除	未成年人距离满20岁的剩余年数×10万日元
残疾人扣除	残疾人距离85岁的剩余年数×10万日元(特别残疾人:20万日元)

2. 申报

继承税的申报期限,为知道被继承者死亡之日的次日开始10个月内,继承人等可以共同提出申报书。

继承财产的全部或部分尚未分割时,视为按照继承份额的比例取得该财产来计算征税价格。但是,这之后如该财产按照不同的比例分割时,可以提出更正请求。

另外,申报后出现由于认领等导致继承人发生变动等一定的事由时,可以进行修正申报或更正请求。

3. 延期缴纳

在继承时,很多是以实物形式取得财产,并且继承税的纳税义务人必须一次缴纳高额税收。为了减轻由此产生的继承税缴纳的困难,有延期缴纳和实物缴纳制度。

二、赠与税

赠与税,是因赠与发生财产转移时对该财产所征收的税收,赠与税一般为补充继承税的税种。日本的赠与税,对于1年之内因赠与取得的财产,即便是从不同赠与人处取得的,也将该价额合并计算征税。

根据日本税法规定,赠与税针对赠送人生前给予财产的行为征税。赠与税是对遗产税功能的补充,其作用是防止被继承人生前将财产赠与即将成为继承人的个人而逃避纳税。赠与税相应条款包含在继承税法中,因此继承税法的条款涵盖这两个不同的税种。

赠与税的纳税义务人,是因赠与取得财产的个人。法人因赠与取得财产的,征收法人税。赠与税的征税客体,是因赠与取得的财产,这里的财产包含可以成为财产权的对象的一切物、权利。

但是,有些财产为赠与税的非征税财产,具体如图3-7-7所示。

图3-7-7　日本赠与税的非征税财产概览图

另外根据日本的继承税法规定,有些情况应视为赠与财产,具体如图3-7-8所示。

图3-7-8　日本作为赠与财产项目示意图

赠与税的征税标准,是纳税义务人在一个年度内因赠与而取得的财产价额的合计额,这称为赠与税的征税价格。

1. 课税方法与扣除

赠与税的课税方法有两种,即历年课税和继承时精算课税。需要注意的是,只有赠与者年龄达到60岁或受赠者为20岁以上且为赠与者的直系亲属推定继承人或孙子的情况下,才可以选择继承时采用精算课税方法。

历年课税方式下,赠与税的基础扣除额每年为110万日元。此外,从婚姻期持续20年以上的配偶处,接受居住用财产或取得该财产的金钱赠与时,认可一定的扣除额度,称为赠与税的配偶扣除。赠与税的历年课税税率适用10%—55%的超额累进税率。不同于因继承发生的财产转移,生前赠与可以跨年多次分割进行,所以可能反复适用基础扣除和分段税率较低的部分。继承时精算课税方式下,可进行特别扣除,其限额为2500万日元,适用税率统一为20%,这种方式下需要在接受赠与时与继承财产合并计算。赠与税的申报期限为接受赠与次年的2月1日—3月15日。

2. 事业继承税制

日本在近两年的税制改革中,创设了事业继承税制。法人版事业继承税制中,后任经营者通过赠与或继承取得上任经营者的非上市公司股票时,满足一定条件下可延缓纳税,后任经营者死亡时延缓缴纳的赠与税和继承税可免除缴纳。个人版事业继承税制中,后任经营者通过赠与或继承取得上任经营者的住宅用地、建筑物、折旧资产等,满足一定条件下可延缓纳税,后任经营者死亡时延缓缴纳的赠与税和继承税可免除缴纳。

第五节 英国遗产税

英国遗产税适用于个人去世时留下的遗产(包括房产、货币和其他财产)。目前,遗产大于325,000英镑时征收该税,此数额为遗产税的起征点。各年起征点可能存在不同。

如应纳税所得额大于起征点,遗产税的适用税率为40%。如果将超过

10%的遗产捐给慈善机构，适用税率减为36%。

如逝者在去世前7年赠予财物，可免予缴纳遗产税，否则依照距离去世的年份数量，按年限长短适用不同遗产税税率。

第六节　法国赠与税和遗产税

一、赠与税

赠与税与遗产税的征收管理方式基本相同，区别仅在于，赠与税的赠与人在世，需有证据表明受赠双方存在契约关系。手工礼品一般不是赠与税的征税对象，除非受赠方主动申报，或者税务机关通过特定的税务调查程序之后判定其为应税行为。

若赠与方在赠与之后的15年内去世，则被赠与资产（包括手工礼品在内）需要被追溯为遗产，计征遗产税。

二、遗产税

对于因法国居民的去世而赠与的遗产，不论遗产继承人是否为法国居民，均需在死者去世半年之内（如死者在国外去世，则延长为一年）评估并申报继承的遗产价值，计算缴纳遗产税。

如果赠与人非法国居民，适用情况如下：

① 如果继承人在继承遗产时是法国居民，并且在最近的10年内有6年以上的时间为法国居民，则其在世界范围内取得的遗产，都应缴纳遗产税；

② 如果继承人在继承遗产时不是法国居民，或者在最近的10年内有6年以上的时间非法国居民，则仅需对位于法国的资产（包括动产、不动产、由法国居民企业发行的证券或由法国资产构成的信托基金）缴纳遗产税。

如果遗产是非居民企业的股份，并且该非居民企业位于法国的不动产占其总资产的50%以上，则需按照该企业位于法国的不动产占总资产的比例，计算缴纳遗产税。

第七节 巴西遗产和赠与税

巴西的遗产和赠与税是州政府对因继承或赠与而取得财产的个人征收的一种税。巴西税法规定，巴西各州及联邦区有权征收遗产和赠与税。纳税财产包括物品和权益两个方面，具体包括房屋、土地、股权、存款以及汽车、家具等消费品。继承房产价值在1.7万美元以下，个人私有物品价值在5000美元以下的，存款不超过3500美元的，可以免税。

巴西的遗产和赠与税纳税地点为不动产所在地，动产、金融证券及债权为捐赠人所在地或凭证出具地。联邦议会规定其最高税率为8%。继承人将依法继承的遗产捐赠给政府和非营利组织的，予以免税。

遗产税的纳税期限为继承之日起30天，赠与税的完税期限为赠与后15天。如果继承人继承遗产后不能立即结清税款，可以同政府签订协议分期付清。

【要点分享】

征收遗产税和赠与税的初衷，是为了通过对遗产和赠与财产的调节，防止贫富过分悬殊。通过征税，一方面运用税收的调节功能，鼓励纳税人积极为社会多作贡献；另一方面可以防止遗产在死者生前发生转移逃税，这是对财产税和个人所得税的一种有效补充。

遗产税和赠与税有些国家以一个概念来定义，如美国、德国、韩国、英国和巴西；有些国家以两个概念分别定义，如日本和法国。不管分开与否，遗产税制与赠与税制是相互依存配套的制度，实质为反避税条款。

其次对于征收对象各国也存在差异。美国、日本、英国、法国和巴西主要针对继承个人进行征收，而韩国对个人和公司均作为继承和受赠者进行征收。美国的遗产与赠与税在国际上具有代表性，法律规定比较清晰，具体的财产内容列举也比较详细，包括不动产、有价证券、现金和银行存款、信托财产、年金和人寿保险给付、家族企业和农场等各种形式的所有财产。

各国对遗产和赠与税的计税基础和税率也存在较大差异，这是由各国的历史文化、社会制度、社会环境所决定的。有的采取累进税率，如美国、韩国、日本为超额累进税率，其中又以美国的21级税率为代表，税率范围为8%—55%；而英国则为比例税率，适用税率为40%，但特殊捐赠给慈善机构，税率可降为36%。

在征收相关税的制度当中，每个国家都制定了税前抵扣和税收优惠的条款，体现了征纳制度的公平。同时相关的政策依然对非居民对象有所涉及，使这项制度更加完善，也符合国际规则，有很强的借鉴意义。

◆ 第八章　印花税篇

1．澳大利亚

印花税是各州政府征收的重要税种。各个州政府自行制定印花税条例，规定其征收范围、适用税率、豁免项目等。一般而言，印花税主要适用于财产转让交易，如不动产、矿权、某些类型的私人财产、商誉、知识产权、公司股份、信托份额、保险单、车辆等，以转让价格作为计税基础，税率一般在5%—6%。

一部分州对非居民购买者征收印花税附加税，征税对象涉及直接或间接取得的住宅用地。非居民购买者定义、住宅用地定义与附加税率由各州自行制定。

2．印度

印花税是指根据1899年印度印花税法以及其他印花税法对订立文书征收的税种，征收印花税的权力在联邦和国家之间划分。印花税根据公司章程、公司章程大纲、财产转让书据、汇票、提货单以及财产分割凭证等的数量征收。缴纳相应的印花税是必要的，因为印花税的缴纳可以使文书合法化，未足额缴纳印花税的文书不可以作为有效证据。所有应缴印花税并由印度境内人员签署的文书均须在签署前或签署时贴花。如果文书未按时贴花，则可能由税局授权人员进行追征，并且在某些情况下，还可能导致罚款或监禁。印花税可使用纸质印花税票、黏性印花税票或通过加盖印花税章的方式缴纳，且必须由文书的签署方缴纳，即在文书上签名的一方缴纳。各邦适用的印花税税率各有不同。

3．韩国

印花税的征税对象是在韩国起草，证明创建、转移、变更财产所有权而书立、领受税法规定的凭证的单位和个人。印花税的计算分两大类：分级定额税，按凭证所载金额确定；定额税，按件计算缴纳。

4．日本

印花税是着眼于经济交易过程中制作的合同、收据、存折等文书背后所存在的税负能力而征收的税。纳税人为征税文书的制作者，其在征税文书制作时承担纳税义务。印花税以与经济交易有关而制作的文书为征税对象，经济交易本身不是征税对象。

印花税的税率，原则上以每份或每册200日元的定额税为基本税率，并按文书中记载的经济交易金额而浮动。使用一年以上的存折则按年度征税。

5．英国

股票销售合约通常按0.5%缴纳印花税预征款。印花税预征款的缴纳义务可以因依据合同进行股票转让（或其他金融产品转让）缴纳相应印花税而消除。对于股票发行通常不征收印花税，但对发行无记名股票则按1.5%的较高税率征收印花税。向股票清算机构或股票存托组织发行或转让股票可能需按1.5%的税率缴纳印花税预征款。

在英格兰、威尔士以及北爱尔兰地区购买住宅类房产或非住宅用地及房屋，以及混合用地及房屋，适用累进制土地印花税。

6．法国

法国一般只有在申请或签发驾照、护照、打猎许可、居住许可等特定种类的正式执照或许可证时征收印花税，征收的税金按照法律文书类型有所不同。印花税金额经常处于更新之中。

7．美国

美国联邦税法没有关于印花税的规定，但许多州和地方政府对不动产转让交易和不动产抵押担保贷款行为征收印花税。

8．巴西

在巴西公证机关登记和开具文件需要缴纳一定的印花税，如登记和开具不动产契据、结婚证等。不同公证处和不同文件类型收取的税金不同。

【要点分享】

印花税在不同的国家适用的范围虽有不同，但是其本身的存在有着重要的意义。从印花税法律层级来看，印度有明确的成文法，美国联邦没有印花税相关规定，但是允许州和地方政府对不动产转让交易和不动产抵押担保贷款行为进行征税。从贴花对象看，澳大利亚、日本、韩国、英国等国家，通过对各种应税凭证贴花和检查，加强对凭证的管理，及时了解和掌握纳税人的经济活动和税源变化情况，这有助于对其他税种的征管，促使各种经济活动合法化、规范化，促进经济往来各方信守合同，提高合同兑现率。而对行政许可类的文书进行印花税的征收，则以法国为主要代表。印花税由纳税人自行贴花完税，并实行轻税重罚，有助于提高纳税人自觉纳税的法制观念。如印度的政策规定，文书未按时贴花，则可能由税务局授权人员进行追征，并且在某些情况下，还可能导致罚款或监禁。此外，印花税还具有开辟税源、增加财政收入的作用。虽然其税负很轻，但征收面广，具有法定效力，有利于国家积累资金。印花税是多数国家采用的税种，开征印花税有利于在对外交往中维护国家的经济权益，也有利于国内分税制财政体系的建立。

◆ 第九章　社会保险篇

社会保险计划由政府举办，强制某一群体将其收入的一部分作为社会保险税（费）形成社会保险基金，在满足一定条件的情况下，被保险人可从基金获得固定的收入或损失的补偿。它是一种再分配制度，目标是保证物质及劳动力的再生产和社会的稳定。与其他税种不同，社会保障税作为一种受益税，受到雇员未来社会保障给付价值的影响。纳税人，特别是工人，对社会保险给付的依赖性最强，期望值较高，因此，社会保障给付成为劳动供给方做出就业决定的考虑因素。如果雇员重视社会保障给付，那么他们将愿意以社会保障给付为交换条件，接受相对低的工资收入。因此，劳动需求的曲线由于社会保障税而发生了改变，劳动力供给也随之发生了变化，供给量相对增加。

第一节　美国联邦社会保险

美国是世界上最早实行系统的社会保障法律制度的国家。美国于1935年8月14日颁布《社会保障法》，这也是"社会保障"一词首先被使用在法律文献中。美国社会保障制度是20世纪以来为应对经济危机和自由市场经济的发展而逐步建立起来的，经过70余年的发展，美国政府由最初的不介入到大规模发挥作用，再发展到现在逐步减少政府在社会保障中的作用。美国联邦政府的职能正在逐渐从直接责任人向社会保障的决策者和监督者方向转变，并且在权利的分配和使用上更倾向于地方政府，其实质是对各方面的资源进行整合。一个政府决策、市场介入、民间参与、个人支持的多层次社会保障体系正在美国兴起。

联邦社会保险税是社会保险基金的主要来源。美国联邦社会保险税是对雇员、雇主以及自营者征收的薪资税，由两部分组成：用于社会保障基金的社会保障税（养老保险、残疾人保险、幸存者保险、失业保险等项目）和用于救助与医疗的医疗保险税。在《联邦保险捐税法》中，工资税被称为"保险捐税"。作为社会保险基金的主要财源，美国联邦社会保险税关系到美国数百万人的生活，从而也是美国国内最为引人注目的税种之一。

根据联邦保险捐助条例的规定，雇员需要就其在美国提供劳务取得的工资薪金收入缴纳社会保险和医疗保险。上述社会保险和医疗保险的缴纳是针对在美国提供劳务取得的收入征收的，与雇员以及雇主的税收居民身份无关。因此，在美国提供劳务的非居民外国人也需缴纳上述社会保险和医疗保险。某些类别的个人可以免于缴纳社会保险，包括外国政府雇员，持J类签证在美国交换的访问者，持F、M或Q类签证的外国学生以及受美国与其他国家签订的社会保障总协议保护的个人。此类协议允许符合条件的个人在其本国社保体系下继续缴纳社会保险，期限通常为5年。以2022年纳税年度为例，纳税人就取得的工资收入中147,000美元以内的部分，雇主和雇员分别缴纳12.4%的社会保障税和2.9%的联邦医疗保险税，自雇收入须纳入工资收入限额计算。

美国的薪资税体系当中还重点体现了联邦失业保险税和工伤保险税。此项税种由雇主缴纳，标准是雇员在美国提供劳务所取得的工资薪金中7,000美元以内的部分缴纳6%的联邦失业保险税。与社会保险和医疗保险相同，联邦失业保险税的缴纳是针对在美国提供劳务所取得的收入征收的，与雇员以及雇主的税收居民身份无关。此外，各州还对企业征收工伤保险税，适用税率依各州税法规定和员工工种的不同而各异。

第二节　澳大利亚养老金制度

澳大利亚养老金制度是典型的三支柱模式。第一支柱是基本养老金，资金来源于一般税收；第二支柱是强制性的"超年金保证"制度，由雇主缴费；第三支柱是雇员自愿参加的补充"超年金"以及其他方式的退休储蓄。三支柱养老金体系相互配合，为雇员的退休生活提供了一个相当安全的保护网。澳大利亚的养老金制度体现了"先市场、后政府"的特点，是效率与公平的有效结合。

同时，澳大利亚是目前世界上人口健康状况良好的国家之一，具有较高的社会福利和较完善的全民健康保障制度。澳大利亚的现行医疗保障体系可以有效地保障所有公民获得广泛优质的服务。该体系为全民医疗保险制度模式，也称为"国家医疗保险"，是指政府主要以税收的方式筹集医疗保险资金，并通过预算分配的形式，将资金有计划地拨给有关部门或直接拨给医疗机构，由医疗机构向国民提供免费或低收费的医疗服务。下面我们就其社会福利体系，选取比较有代表性的两项内容做简单介绍。

1. 医疗保险费

医疗保险费，指所有的个人纳税人（非居民个人除外）缴纳相当于其个人所得税应纳税所得额的2%作为税金。此外，个人所得税应纳税所得额超过90,000澳元（或应纳税所得额超过180,000澳元的家庭）和没有购买适当私人医疗保险的纳税人，根据他们的年龄和收入水平按照其应纳税所得额的1%—1.5%缴纳医疗保险费附加。

2. 养老金制度

养老金制度，是指雇主须强制性地为雇员支付私人养老基金，俗称退休金。退休金将在雇员的整个工作生涯中用于投资，雇员选择退休时得到的数额是退休金总和（包括强制退休金及自愿额外缴纳的退休金）加上投资收益减去税费和其他费用。自由职业者没有为自己支付私人养老基金的强制要求，可以自愿支付私人养老基金。退休金按季度缴存至相应的养老基金或退休金账户，缴存金额不得低于雇员当季度正常工资收入的10%。季度工资基数上限为58,920澳元，到2025年，缴存比例的最高值会升至12%。

第三节 法国社会保障制度

法国的社会保障制度有着显著的特征，即全民性、民主性、互助性和一致性。法国的社会保障制度可以称得上是"从摇篮到坟墓"的社会保障制度，完备复杂，覆盖面广，对缩小贫富差距、缓解社会矛盾、促进社会和谐与稳定起着不可或缺的作用。

法国的社会保险主要分为一般制度、特殊制度、非农非领薪者制度和农业互助制度。一般制度是为工商业界雇员提供的社会保险，包括医疗保险、养老金和家庭津贴三个部分，有2/3的劳动人口都适用于这一制度。特殊制度针对的是一部分公共部门的雇员，如国铁公司、巴黎公交公司、法兰西银行、商务部、军队等，以及公务员、电力公司等公共部门的雇员和战争遗孀、孤儿等，有20%的人适用于这一制度。非农非领薪者制度适用于诸如店主、艺术家等自由职业者群体，覆盖10%的人口。农业互助制度覆盖的对象是农民和农业部门的雇员，受农业部的监督。上述各种社会保险是强制性缴纳的，被统称为社会保障制度。

一般制度是其中范围最广、最具代表意义的部分，其社会保障金分为雇主支付部分和雇员支付部分，其中雇主支付的社会保障金因企业规模、类型以及地理位置不同而各异。特定情况下，社会保障金可超过工资总额的50%。

社会保障金的税基根据工资总额确定，图3-9-1显示了近年雇主支付

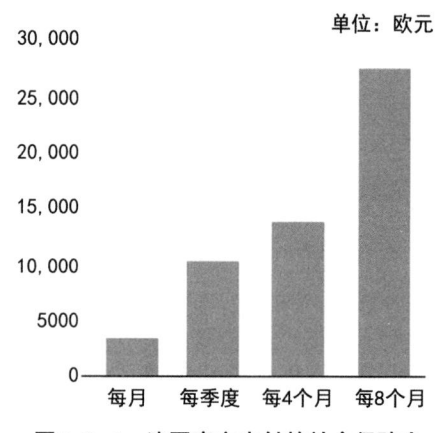

图3-9-1 法国雇主支付的社会保障金上限示意图

的社会保障金的上限。

雇员支付的社会保障金实行源泉扣缴制,从薪资中扣除。雇员缴纳的社会保障金大约占其薪资的20%。

第四节 德国社会保障制度

德国以福利国家著称于世。国家有责任保证人民在遇到各种社会风险(如年老、生病、失业、工伤)时不至于在经济上陷于困境,为此国家制定了一系列法律政策并提供必要的社会服务和保障。一百多年来,德国已经建立起一套相当完善的社会保障制度,并为世界上不少国家所效仿。

德国的社会保障核心为社会保险。社会保险是法律规定的义务性保险,包括医疗保险、养老保险、失业保险和事故保险4个项目。

社会保险分为雇员缴纳和雇主缴纳两部分,具体如图3-9-2所示。

养老保险
每月工资不超过6900欧元,
养老保险金率适用9.3%

医疗保险
每月工资不超过4687.50欧元,医疗保险金率适用7.3%;医疗保险公司可能需要额外支付健康保险金,且雇员承担50%

雇主缴纳

失业保险
每月工资不超过6900欧元,
失业保险金率适用1.2%

伤残及老年保险
每月工资不超过4687.50欧元,伤残及老年保险率适用1.525%。对于没有子女的员工,这一比例额外增加0.25%

雇员缴纳

图3-9-2 德国社会保险示意图

第五节　英国社会保障制度

英国是最早尝试建立社会保障制度的福利国家之一。英国按照统一、综合、充足、分类等原则，迅速构建起"从摇篮到坟墓"的社会保障体系。随着经济危机冲击、人口与家庭结构变化以及失业等诸多问题影响，英国不断减少公共养老金，同时强化私人养老金制度的改革，逐步降低政府的养老金支出水平，提高领取养老金的年龄，并突出强调公平，以实现养老金精算平衡。经过多轮改革，目前英国已形成制度完善，机构健全，保障多层次、多支柱的养老保险体系，在给付充足性、制度可持续性等方面排在世界前列，有效控制了老龄化给国民保险基金及财政带来的负担，降低了缴费率过高对就业产生的负面影响，避免了债务危机的冲击，保持了经济和劳动力市场的活力，堪称全球养老保障制度的成功典范之一。

英国以国民保险费形式征缴基本养老金。缴费对象分为四类：第一类为雇员，第二类为自雇人士，第三类为弥补缴费年限不足的自愿补缴费人员，第四类为自雇人士所得超过一定标准后的超额缴费。其中雇员缴费占总额的97%，是缴费主体。

社会保险税也称国民保险税，是对雇主、雇员以及自由职业者征收的一种税，主要用于加强某些社会保障权利，如养老金、病假工资等。

社会保险税适用于16岁以上，周薪在183英镑以上的雇员或年收入在6475英镑以上的自由职业者。如周薪在120—183英镑，则会被视同已缴社会保险税，以保留社会保险税记录。

第六节　巴西社会保障制度

巴西拥有全球最庞大的社会保障体系之一。自20世纪80年代以来，随着人口老龄化趋势的加快，很多国家都对社会保障制度进行了改革，在这方面巴西就是拉美地区的先锋，不仅建立了全民医疗和教育免费的制度，而且划定了高额的救济金、养老金和退休金，并推出诸如"我的家，我的生活"等一系列惠及低收入家庭的住房、生活补助计划。

巴西的社会保障体系由雇主、雇员和联邦政府提供资金。雇主应按工资总额支付社会保障金，以及根据总收入缴纳社会保障金。巴西联邦税务局负责社会保障金的征管，而全国社会保障协会只负责社会保障金的支付。

1. 雇主和雇员支付的社会保障金

雇主一般按照每月工资总额的20%缴纳社会保障金，金额无上限。金融机构应额外支付每月工资的2.4%。

巴西公布了近年适用于雇员的社会保障金缴费标准表，具体如图3-9-3所示。

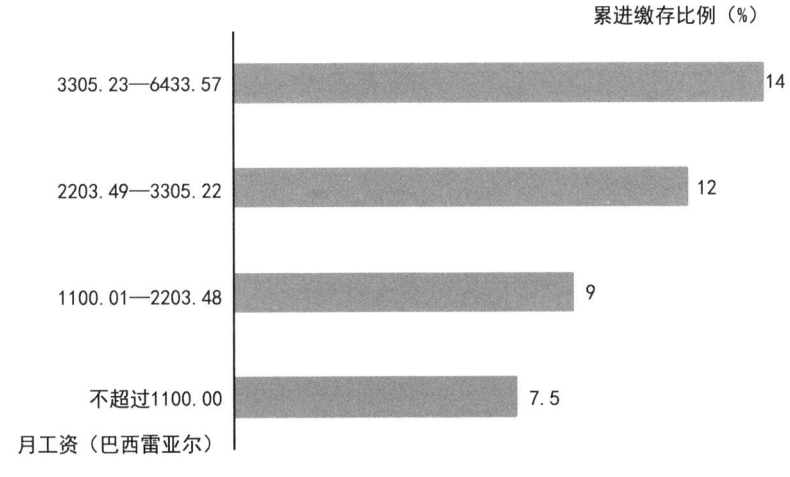

图3-9-3 巴西雇员的社会保障金缴费标准图

自2021年1月1日起，社会保障金的最高月缴费基数从6101.06雷亚尔上调至6433.57雷亚尔。

2. 按总收入支付的社会保障金

按总收入支付的社会保障金仅适用于实体的主要经济业务。计征社会保障金的总收入包括：提供服务产生的收入，销售商品产生的收入，为第三方代理销售产品的佣金和费用。以下收入不包括在内：出口收入、取消的销售、无条件折扣和价格中包含的工业产品税和增值税。

3．工伤保障费

雇主应缴纳工伤保障费，当雇员死亡、残疾或因公发生意外事故时，需提供补偿，雇主应每月按照薪资支付保险费。根据公司业务活动的事故风险水平保险费率分为三档：1%（低风险）、2%（中风险）或3%（高风险）。

4．职工教育费

为投资教育，商业、工业和农业企业必须选择支付职工教育费，具体如图3-9-4所示。

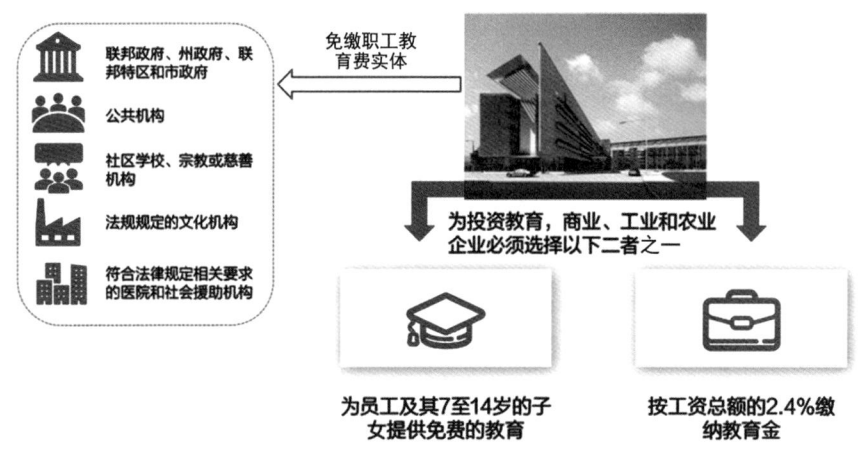

图3-9-4　巴西企业职工教育费缴纳示意图

【要点分享】

综上所述，各国社会保障税收或保险在国民经济体系中均占有重要地位。绝大多数国家的法律制度体系都对社会保障做出了制度安排，以税收和保险为具体表现形式的社会保障体系具有强制性的特点。在社会保障体系方面，这些国家的基本宗旨一致，但保障范围、缴费标准和缴费方式都有所不同。这些国家的保障体系当中的国民待遇表现突出，主要集中在养老、医疗、失业、工伤等方面，主要征收的对象是提供劳务或服务产生的收入，主要缴征的群体是雇主和雇员。在设定雇主缴费方面，有些国家有上限规定，有些国家鼓励雇主承担更多的社会责任，采取无上限的缴费方式。一些国家对教育尤为重视，以巴西最为突出，将员工及其子女的教育也纳入了社会保障体系。可以预见，这项政策将给国民素质的提升和未来国家的发展带来保障和助力。

第四编
各国特色税种概览

上述章节我们已经对企业所得税、个人所得税、增值税、印花税等主要税种进行了介绍。不同的国家有不同的国情、不同的社会制度环境、不同的社会制度需求，接下来，我们将挑选一些具有国家特色的税种做简要介绍。

◆ 第一章　日本特色税种

日本的燃油与道路相关税种、注册许可税及矿泉浴税都是很有特色的税种。

第一节　燃油与道路相关税种

日本是全球汽车保有量最多的国家之一，也是一个能源主要依靠海外进口的国家。为了抑制汽车消费、减少石油消耗，日本一方面实行由政府严格控制的高油价政策，另一方面实行燃油税和车辆税政策。

日本以燃油为征税对象的税种有四项（图4-1-1），均为目的税，是专门为公路建设和养护的特定支出而课征的税种。为了确保不同层级道路的建设和管理，日本燃油税在中央政府和地方政府按一定比例进行分配。

图4-1-1　日本燃油税种示意图

第四编 各国特色税种概览

除燃油税外，日本还以汽车为对象征收车辆税（图4-1-2），其中汽车重量税和汽车购置税为目的税，也是道路建设的财源。

图4-1-2 日本车辆税示意图

第二节 注册许可税

日本是一个法制健全的国家，为了对市场经济进行规范和约束，着眼于注册等行为背后的负税能力，设计征收了注册许可税。其税种主要对财产权的设置、转让，个人或法人有关资格的取得，有关事项的登记、注册、许可、认定、指定等，进行认定征收，旨在赋予各项权益以法律认可和保障。对不同类型的注册许可，注册许可税有不同的规定，具体如表4-1-1所示。

表4-1-1 注册许可税计税规定表

注册许可税计税规定
1. 不动产的所有权保存注册和转让注册，以不动产的金额为计税依据，以固定资产征税台账的价格进行计算，根据取得方式不同适用税率0.4%或2%
2. 抵押权等的设置注册，以债权金额为计税依据，税率为0.4%，个人用于获取或改建住房相关的抵押可适用轻减税率0.1%

195

续表

注册许可税计税规定
3. 公司的设立与增资注册，以资本金金额为计税依据，公司设立适用税率为7‰，未满15万日元的以15万日元计；公司增资适用税率为7‰，未满3万日元的以3万日元计
4. 无形财产权（著作权等），以财产权的件数为计税依据，根据用途不同每件1000日元到3万日元不等
5. 资格的注册、许可等，以注册或许可的件数为计税依据，根据用途不同每件6000日元到6万日元不等

第三节　矿泉浴税

日本的矿泉浴税属于特定财源税，其收入专项用于市町村的环境卫生设施、矿泉保护设施、旅游设施和消防设施的建造与维护。

矿泉浴税的纳税人为矿泉浴池的沐浴者。该税为从量税，计税依据为人次，标准税率为每人每天150日元。沐浴者不住宿、连续住宿超过三天或修学旅行等情况的费用依各市规定各不相同。矿泉浴税由矿泉浴池的经营者代为征收，即在收取沐浴费时一并征收，然后定期向市町村税务部门申报缴纳。

◆ 第二章 韩国特色税种

韩国的特色税种包括酒税和教育税、证券交易税、注册税和许可税及财产税。

第一节 酒税和教育税

韩国在1949年出台酒税法、1982年出台教育税法。韩国的酒税根据酒的销售价征税,而教育税是附加税,根据每种酒缴纳酒税的一定比例征收。

韩国政府对酒类课税的最大目的是通过提高酒类产品价格迫使人们减少饮酒量。此举同时也是为了保障税收公平。过度饮酒导致健康受到伤害的人需要国家医疗保险为其承担更高的医疗费用,其中部分费用需要使用不饮酒者缴纳的医保分摊,有失公平。政府还计划将征收的酒类税用来推行戒酒政策,或者作为过度饮酒患者的治疗费用。

酒制造商、将酒带出保税区的法人和个人应对运出制造地或保税区的酒纳税。计划生产或者销售酒的人必须取得生产或者销售酒的许可证。具体如图4-2-1所示。

图4-2-1 韩国酒税税基和税率示意图

第二节 证券交易税

证券交易税有增加财政收入、维护社会公平、调节资金流向、控制交易成本的作用,其中以调节资金流向和控制交易成本为主要作用。证券交易税通过对不同种类证券征收不同税率的证券交易税来引导资金流向,达到优化资源配置的目的;同时直接影响投资者的交易成本。当交易税提高时,将促使投资者延长证券持有期,从而起到抑制投机、鼓励投资的作用。

证券交易税纳税人包括证券发行公司、证券公司以及证券转让者。证券交易税的税基是转让时证券的总价值,税率一般为0.5%。为促进资本市场的发展,可以对在韩国证券交易所或在纳斯达克市场上市的股票实行临时税率。具体如图4-2-2所示。

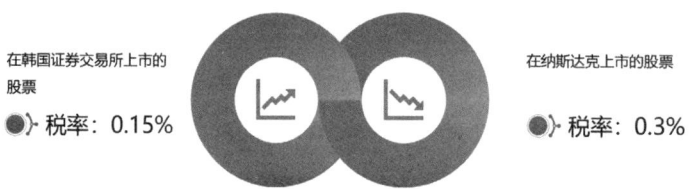

图4-2-2 韩国证券交易税临时税率示意图

第三节 注册税和许可税

1. 注册税

注册税对在官方登记簿登记有关财产权或政府规定的其他权利的取得、产生、转让、变更或终止的法人和个人征税,着眼于注册等行为背后的负税能力而设计征收。对不动产、船舶、飞机以及机动车辆,以登记注册之日的价格为计税依据。注册税从量计税或从价计税,具体如图4-2-3所示。

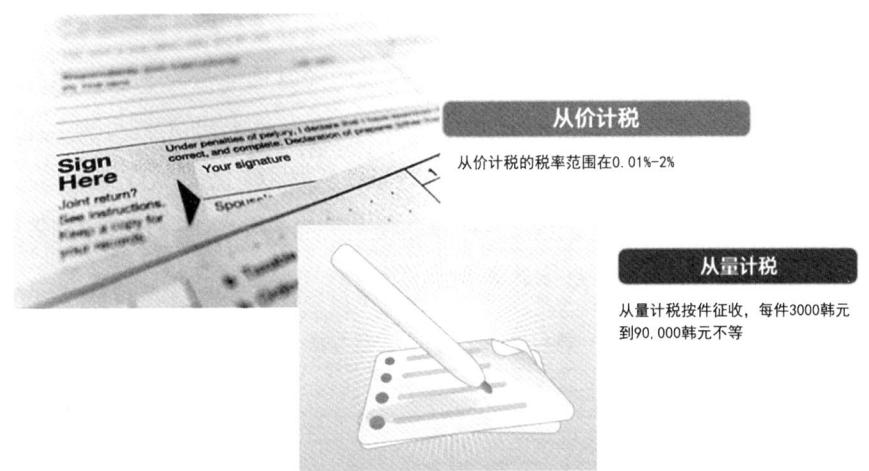

图4-2-3 韩国注册税计税方法示意图

2. 许可税

许可税对根据总统令124条规定取得的许可证征税,税基是取得许可证的数量,具体如图4-2-4所示。

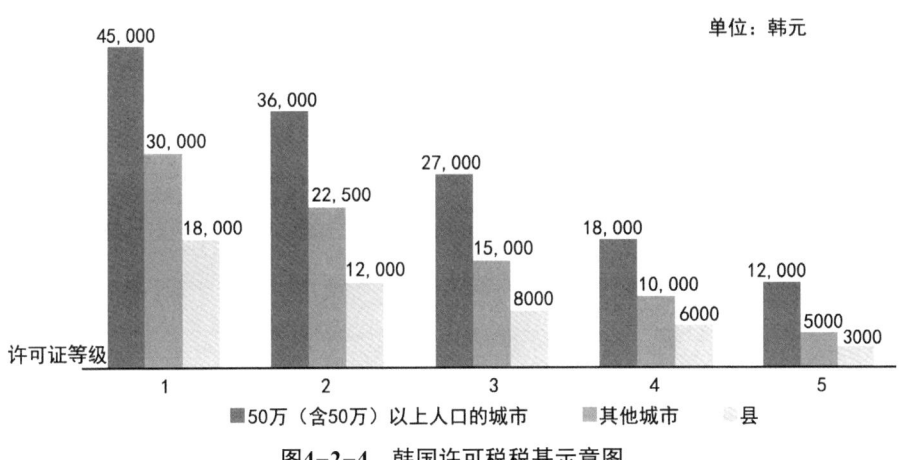

图4-2-4 韩国许可税税基示意图

第四节 财产税

财产税可以刺激和鼓励资本积极发展生产经营而非坐吃利息、租金和老本资产,而且财产税能捕捉所得税无法涉及的税源,即无利润的企业和个人也要缴纳财产税。财产税有利于缩小贫富差距。

财产税对建筑物、船舶和飞机征收。税基为应税财产的"标准价值",税率因不同财产而变动。具体如表4-2-1所示。

表4-2-1 不同财产税率表

工厂	0.5%
飞机	0.3%
其他建筑	0.3%
普通住宅:按价值累进征收	0.1%—0.4%
高尔夫球场、别墅、高档娱乐场所	4%
船舶:豪华船舶、其他船舶	5%(豪华船舶) 0.3%(其他船舶)
土地:一般按价值不同实行超额累进征收	0.2%—0.5%

◆ 第三章 英国特色税种

英国的资本利得税、数字服务税、豪宅年费、气候变化税、垃圾填埋税和石方税都非常有特色。

第一节 资本利得税

1. 居民纳税人

英国居民就来源于英国境内外的资本利得缴纳该税。取得的住宅地产所得的资本利得税税率为28%，其他资产所得的资本利得税税率为20%。个人所得税适用基准税率，资本利得税的具体税率需要结合资本利得和应税收入的数额确定。

资本利得税的免税额为12,300英镑（信托交易为6150英镑）。此外，对于夫妻间赠送、向政府部门和慈善机构的赠送行为，通常不征收资本利得税。

对于出售股权所得的资本利得税有多款减免政策，具体如图4-3-1所示。

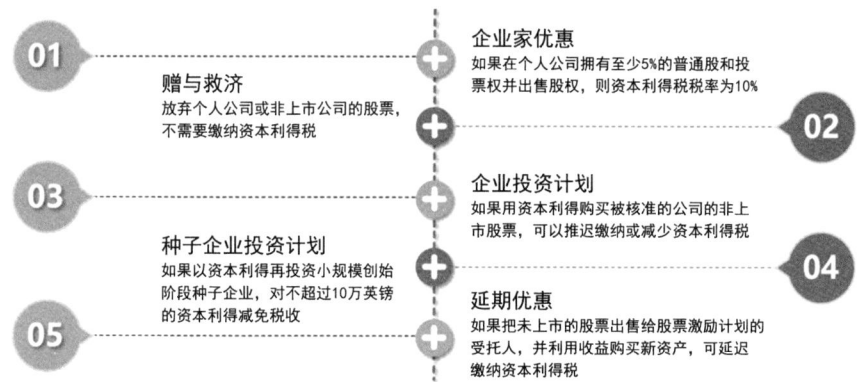

图4-3-1 英国出售股权所得的资本利得税减免优惠示意图

2. 非居民纳税人

非居民纳税人就来源于英国境内的资本利得纳税,对来源于境外的资本利得仅就汇入英国的部分纳税。

第二节 数字服务税

数字服务税的纳税人为向英国用户(通常是在英国的自然人以及设立地在英国的其他法律实体)提供特定数字服务并取得收入的企业。其纳税门槛为,全球范围内的应税数字服务收入达到5亿英镑,且有2500万英镑的应税收入来源于英国用户的贡献。但企业无须为首笔来源于英国用户的2500万英镑的收入支付数字服务税。

数字服务税适用于2020年4月1日起向英国用户提供数字服务取得的收入,税率为数字服务收入的2%,具体如图4-3-2所示。

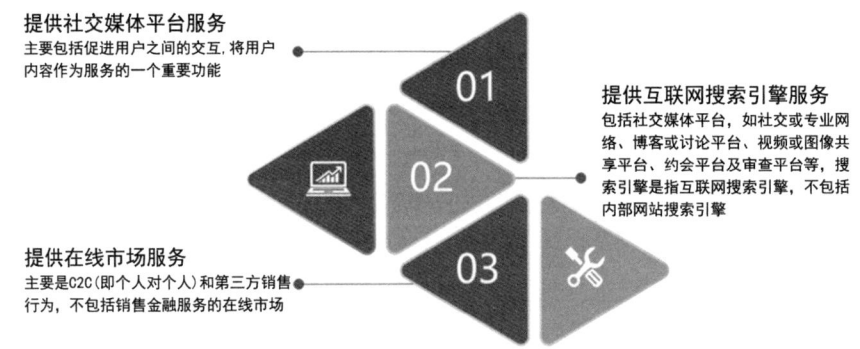

图4-3-2 英国数字服务税征税范围示意图

企业此三类活动都在征税范围内,但是,偶尔发生上述三类活动的企业无须缴纳数字服务税。

亏损企业或利润率较低的企业可以选择使用"替代费用"规则,采用以下公式计算应纳税额:数字服务税应纳税额=特定数字业务利润率×应纳税所得额×特定变量。

为了避免双重征税,英国规定当数字服务税的应税收入与其他国家数字服务税的应税收入有关联时,对符合条件的交易产生的应税收入减半计算。

第三节 豪宅年费

豪宅年费旨在增加财政收入,缩小贫富差距。豪宅年费的费用取决于房产价值。当前豪宅年费的缴纳标准如图4-3-3所示。

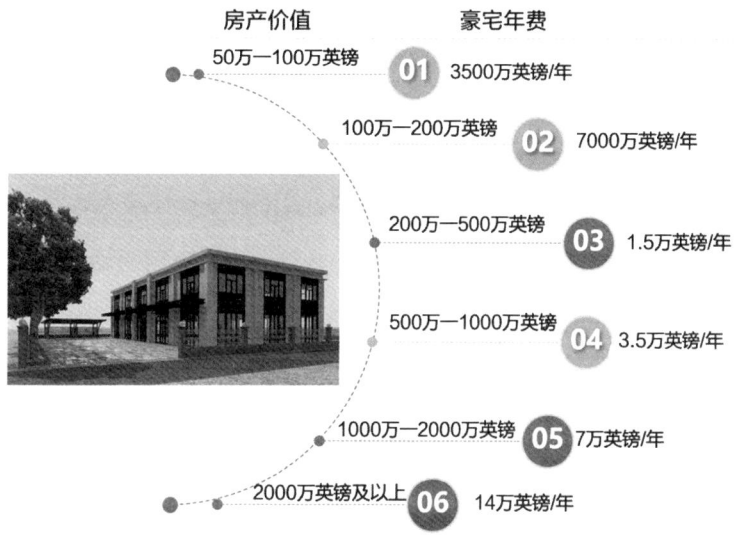

图4-3-3 英国豪宅年费缴纳标准示意图

此外出售房产时,还需为2022年4月6日后获得的资本增值缴纳资本利得税,以及15%的印花税。

自2022年4月1日起,价格在50万至100万英镑、100万至200万英镑的房产,除需要缴纳相应年费外还需缴纳相应的资本利得税。自2022年3月20日起,离岸公司购买50万英镑以上的住宅需要缴纳15%的印花税。

第四节 气候变化税

英国于2001年起开始征收气候变化税,成为全球第一个征收气候变化税的国家。气候变化税是一种针对工业、商业、农业、地方行政和一些其他服务的能源供应征收的环境税,是一种广义上的碳税。该税旨在通过提高能源的有效价格,鼓励提高能源利用率和降低能源消耗,减少温室气体排放。政府每年为不同的能源规定不同的税率,同时也为能源密集型行业设置了优惠税率。签订了气候变化协议的能源密集型企业,有资格获得电力税率最高减免90%,天然气、液化石油气、煤炭和其他固体燃料税率最高减免65%的优惠。

第五节 垃圾填埋税

英国为了促进对倾倒在地上或地下(垃圾填埋场)的废物——垃圾进行处理和回收,从1996年10月1日开始对居民垃圾征收垃圾(填埋)税,最初税率为每吨7英镑。此项税收收入专门用于垃圾填埋方面的环保项目,并鼓励人们回收利用废品。英国将垃圾分为三类:一般垃圾、低税率垃圾(即惰性废物,虽然不能直接回收利用,但经工业处理可化解降低污染)、免税垃圾(可以直接回收利用的垃圾)。惰性废物的垃圾(填埋)税适用较低税率,每吨2.5英镑。实行垃圾填埋税以来,其税率逐年提高,垃圾总量逐年减少。

自2009年11月起,英国政府在伦敦启动了按照垃圾的类别、容量征收垃圾桶税的新举措。政府给1/5居民家庭发放带轮的、安装了小型电子芯片的垃圾桶,要求各个家庭必须将垃圾进行分类,否则将被处以罚款。这些芯片记载了垃圾桶主人的地址,以便日后记录屋主的垃圾重量。对"制造过多垃圾的家庭"额外收费,罚以重金。

第六节　石方税

英国政府自2000年4月1日起推出石方税,对利用英国陆地和水域范围内石方(石头、沙子、砂粒、矿石)进行商业开采活动的开采者征税,税率为每吨1.60英镑。该税以减少石方总量的需求为目的。

采石采矿活动对环境具有重大不利影响,相关的能源开采和运输也会对环境造成负面影响,还会增加自然资源管理等部门的成本。因此,石方税税率每年随通货膨胀指数调整。

石方税对某些材质组成的石方免税,具体如图4-3-4所示。

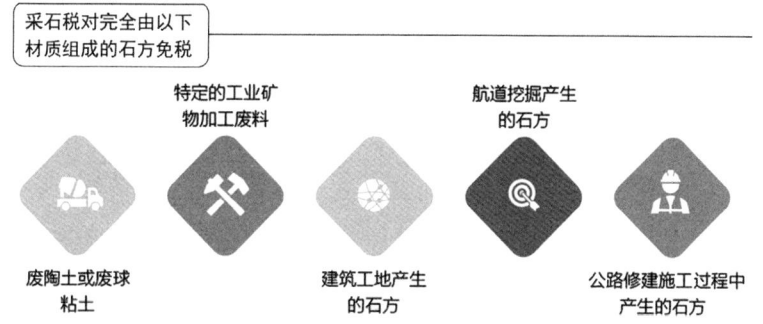

图4-3-4　英国石方税免税项目示意图

石方税对再生矿物制品不征税以鼓励使用再生材料,对回收的石方或已税的石方不再重复征税。纳税人也可以申请特定减免税优惠。

♦ 第四章 法国特色税种

法国的数字服务税和不动产税是两种有特色的税种。

第一节 数字服务税

随着新应用新业态不断涌现,数据作为新型生产要素,正快速融入经济社会的诸多方面。加强创新融合引领,培育发展新动能,推动6G、人工智能、量子计算等关键核心技术、基础前沿技术加速突破,加快推进互联网、"5G+工业互联网"与实体经济深度融合,数字经济提供了基础和有力的支撑。法国是最早开征数字服务税的国家之一,利用税收杠杆,对互联网平台、网络数据、技术应用等方面实施了有效的控制和管理。

企业在法国提供数字服务取得的收入,应缴纳数字服务税,税率为统一税率3%。数字服务税的应税服务分为两大类:数字居间服务和定向广告服务。上述两个分类各自包含两个子类别。由于每个子类别对法国服务所占比例(即,法国服务占比)的计算方式不同,因此确定应税服务所对应的子类别非常重要。

一、数字居间服务

允许用户使用数字界面的交互服务,如提供数字界面的在线市场,使用户可以通过其进行交易(商品和服务)。

涉及数字居间服务的认定范围,具体如图4-4-1所示。

图4-4-1　法国数字居间服务示意图

二、定向广告服务

定向广告服务需要同时满足三个条件，具体如图4-4-2所示。

图4-4-2　法国定向广告服务示意图

1. 定向广告服务包含两个子类别

（1）用户数据传输服务，仅限于投放广告信息目的的用户数据传输；

（2）除上述用户数据传输服务以外的广告投放服务，无论服务是否包括用户数据库访问。

2. 纳税主体

对于提供上述任意一项应税数字服务的居民企业及非居民企业，如果其所属集团在上一年度取得的应税收入超过以下门槛，则应就其在法国提供数字服务取得的收入全额缴纳数字服务税：

（1）全球数字服务收入超过7.5亿欧元（集团合并报表层面）；

（2）发生在法国的数字服务收入超过2500万欧元（集团合并报表层面）。

3. 应税服务的所在地

当用户从位于法国的终端访问数字界面时，即被视为位于法国。此终端可能是任何允许访问数字界面的设备，如计算机、平板电脑或手机。

下列情况（图4-4-3）视为在法国提供应税服务。

数字居间服务：子类别1
当通过数字界面交易至少一种商品或服务时，卖方或买方位于法国

数字居间服务：子类别2
当数字界面的至少一个用户在当年或前一年，为了使用数字界面的所有或部分功能在法国开设了(该数字界面的)账户

定向广告服务：子类别1
至少一条广告信息被投放在数字界面上，且用户通过位于法国的终端访问

定向广告服务：子类别2
对于数据传输服务，其全部或部分数据在生成或收集时(包括当年或前一年)涉及的用户中至少一人位于法国

图4-4-3　法国数字服务税应税服务项目示意图

4. 应纳税额

纳税人取得的所有应税服务收入都应缴纳数字服务税。但是纳税人代收的金额不应纳税（如果通过市场/平台支付服务/销售款项，而市场/平台只保留其中介服务的一部分，则仅对中介费部分计算缴纳数字服务税）。

对于发生在法国的数字服务收入，可通过纳税人全球数字服务收入乘以法国服务占比得出。各类数字服务对应的法国服务占比的计算方法如图4-4-4所示。

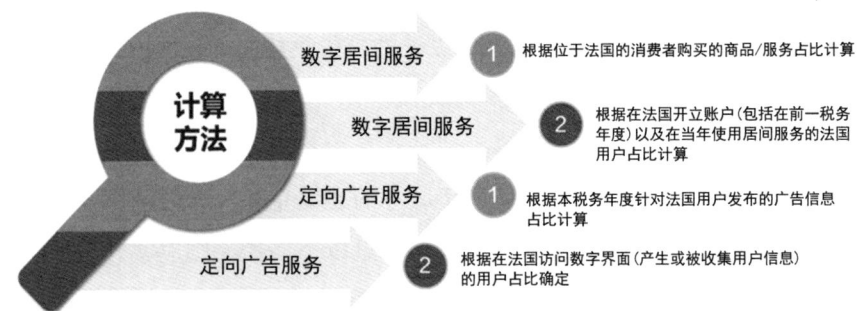

数字居间服务 ① 根据位于法国的消费者购买的商品/服务占比计算

数字居间服务 ② 根据在法国开立账户(包括在前一税务年度)以及在当年使用居间服务的法国用户占比计算

定向广告服务 ① 根据本税务年度针对法国用户发布的广告信息占比计算

定向广告服务 ② 根据在法国访问数字界面(产生或被收集用户信息)的用户占比确定

图4-4-4　法国数字服务占比计算示意图

对于纳税人同时提供数字居间服务和定向广告服务的情况，如果定向广告使用数字界面的手段发布，则纳税人收到的收入应作为数字居间服务征税；如果没有，应作为定向广告服务征税。

第二节 不动产税

不动产税对于保证地方财政收入、促进土地的有效利用等发挥着重要的作用。企业直接或间接持有位于法国境内的不动产或与该不动产有关的权利，需提交年度申报表申报不动产的实际收益。否则需每年按照所涉不动产市值的3%缴纳不动产税。非居民法人需要指定一名在法国的税务代理人处理该事务。

以下主体不是该税的征税对象：

① 位于欧盟的企业，或虽不位于欧盟，但其所在国与法国签订了税收协定，且该协定中有税收征收协助条款或无差别条款的企业；

② 所涉不动产占其位于法国境内所有资产的比例低于50%的企业；

③ 在法国境内有实际管理部门的企业。

一些主体可免缴税款，具体如图4-4-5所示。

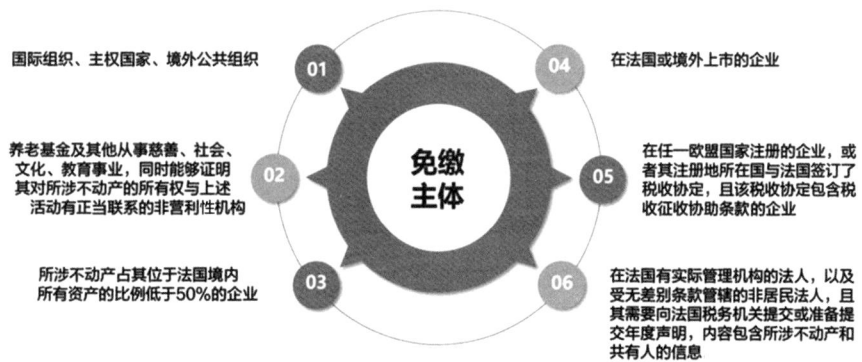

图4-4-5 法国不动产税免税主体示意图

◆ 第五章　澳大利亚特色税种

葡萄酒平衡税、房产税都是澳大利亚的特色税种。

第一节　葡萄酒平衡税

澳洲的税收天平倾向了大量的低廉葡萄酒而非品质上乘的葡萄酒，以避免澳洲出产优质葡萄酒的名誉蒙尘。葡萄酒批发销售时，应在10%的商品及服务税的基础上额外加收29%的葡萄酒平衡税，零售商不能申请税额抵扣，但葡萄酒制造商可以申请返还。自2018年7月1日起，《葡萄酒平衡税法案修正案》正式实施，年度返利上限额由500,000澳元降低至350,000澳元，生产者申请返还资格的条件也更加严格。该修正案适用于从2018年1月1日起生产的2018年份葡萄酒以及2018年7月1日起生产的其他葡萄酒。

第二节　房产税

澳大利亚房产税征收的意义在于提高闲置房屋使用率，防止投机性行为、财富不均等现象的发生。各州政府自行制定房产税条例规定其征收范围、适用的累进税率（0.15%—3.7%）、免税起征点、豁免项目等。可豁免房地产税的项目一般为产权人的主要居住房产或者初级生产用地。一部分州对非居民购房者征收房产税附加税，非居民购房者的定义、适用土地类型和附加税率由各州自行制定。

为鼓励非居民业主在不占用居所的情况下,将物业出租,增加可供澳大利亚人居住的物业数量,自2017年5月9日起投资澳大利亚物业的非居民业主,如果物业在12个月内至少6个月未被占用或可供租赁,将被收取房屋空置费。

◆ 第六章 巴西特色税种

巴西特色税种有金融操作税、数字服务社会贡献费和房地产税。

第一节 金融操作税

金融操作税是一种联邦税,目前主要对外汇、信贷、证券和保险交易征收,目的在于规范和约束金融市场秩序。金融操作税在法律中没有明文规定,这意味着税务机关可以随时变更该税种的税率,但上限不得超过25%。

企业必须在发票和收据上列明对销售货物或提供服务征收的税金(税率),包括金融操作税。据此,企业必须列明发票和收据中所述每种产品所征收的市政府税、州政府税和联邦税,上述信息也可以在机构内的平台中直观显示。未达到这些要求的企业将会受到行政处罚。

第二节 数字服务社会贡献费

巴西对居民企业或非居民企业从其向巴西市场提供的数字服务中所获得的总收入征收数字服务社会贡献费。如果居民企业或非居民企业在某日历年度取得的全球总收入超过45亿雷亚尔,则应对其总收入按3%的税率征收数字服务社会贡献费。所征收的税费将用于巴西联邦政府实施的最低收入保证计划。

第三节　房地产税

巴西房地产税分为两种——城市房地产税和农村土地税,这两种税独立而不交叉,即同一项资产不需要同时缴纳两种税。向公众开放的私有建筑一般按名义税率征收或免税。对城市房地产征税不仅是为了提高税收收入,也是间接实施诸如建设、住房和环境美化等城市政策的一种方式,税率由各市政府自行规定,从0.5%、1%、2%到3.5%不等,而且可能根据资产价值和所在地累进提高。农村土地税必须采用累进税率,税率为0.03%—20%,旨在促进更合理集约地使用农村土地。

◆ 第七章　印度特色税种

印度的财产税和资本利得税都是有特色的税种。

第一节　财产税

财产税属于一种地方税，征收对象通常为财产所有者（通常针对房地产），含房屋、办公室、对外出租的物业。该税收主要用于维护城市内基础设施支出。财产税根据应税财产的价值从价征收，并按适用税率计算。

第二节　资本利得税

印度认为资本收益是加剧经济不平等的一个重要因素，征收资本利得税的宗旨在于充分发挥"劫富济贫"的调节功能，调整社会财富结构，促进"橄榄型"收入分配结构的成形。所得税法就资本利得适用的特别税率做出了规定。源自资本资产的转让产生的收益应作为资本利得缴纳税款，并应归属于转让年度的收入。转让和资本资产在所得税法中的范围很广。

此外，外国实体的股份或权益，若价值大多直接或间接源自位于印度的资本资产，则被视作位于印度的资本资产。从该类视同资本资产的转让中获取的收益应视为转让年度的收入。

资本利得在印度适用的税率,取决于转让的资本资产是短期资本资产还是长期资本资产。短期资本资产的定义是,持有时间少于36个月的资本资产。然而,若资本资产是印度公认证券交易所上市的证券、股票型共同基金或特定零利息债券,则持有时间可少于12个月。

◆ 第八章　俄罗斯特色税种

俄罗斯的矿产资源开采税、水资源使用税、交通运输税和个人财产税都是很有特色的税种。

第一节　矿产资源开采税

俄罗斯矿产资源丰富，是全球最大的矿产开采及出口国之一，针对资源开采课征的税收也因此成为俄罗斯政府财政收入的重要来源，其税收收入约占到俄罗斯财政收入的10%。

矿产资源开采税是对有权使用地下资源的法律实体和个体工商户开采矿产资源征收的税种，税率可以是从价税适用于应税基数，也可以是从量税适用于提取矿物的数量，取决于开采条件和矿物资源的类型。纳税人缴纳的矿产资源开采税可以在企业所得税税前扣除。《税法典》规定了矿产资源开采税的税基为所开采矿产的价值或数量。其中，需经脱水、脱盐、稳定后的石油和伴生气、天然气、凝析油（在新的海上油气田开采、符合规定期限的除外），以及煤和全部或部分在位于克拉斯诺亚尔斯克边疆区领土的地下土壤中开采的多成分复合矿石，按照开采矿产的实物数量征税。

俄罗斯将在2023—2025年提高石油和天然气企业的税收，2023年前3个月将提高对煤炭开采企业的税收。通过提高相关企业税收增加的预算收入将用于医疗保健和教育支出、支付养老金以及抵消西方制裁对俄罗斯经济的影响。此外，俄罗斯还将提高矿产资源开采税。俄罗斯天然气工业股份公司的矿产资源开采税每月将增加500亿卢布。从事液化天然气生产和出口的企业所得税税率将从20%提高到34%。

第二节 水资源使用税

随着工业化进程的加快，地下水过度开采水位不断下降，生态环境的人为破坏严重，使得有限的水资源日益减少。合理的税制对于优化水资源配置、有效利用和合理保护水资源具有重要的杠杆作用。俄罗斯是个自然资源十分丰富的国家，为了达到合理有效地配置自然资源的使用的目的，俄罗斯政府对一系列自然资源开征资源税，其中一种就是水资源使用税。水资源使用税属于联邦税种，虽然税收收入在国家税收中占比较小，但其税款所得专门用于水资源的保护与开发，促进水资源的合理开发，有利于提高水资源的利用效率，充分体现了政府为实现水资源合理配置的调控意图。水资源使用税的纳税人为特殊使用水资源的组织机构和自然人。

第三节 交通运输税

俄罗斯交通运输业是国民经济中的基础产业，是连接生产与消费的纽带，在国民经济发展中起着重要作用，决定着国民经济各个领域的发展速度和主要方向。征收交通运输税是为了各层级道路的建设和管理，保护自然环境。

纳税人是拥有应税交通运输工具的法人和自然人。交通运输税以依法注册的交通运输工具为征税对象（如图4-8-1）。

图4-8-1 俄罗斯交通运输税征税对象词云图

根据征税对象的分类，分为有引擎的交通运输工具的发动机功率（马力、千克力、总吨位）或无引擎的交通运输工具的数量单位：个）。交通运输税实行定额税率，每单位马力（千克力、总吨位）或每个交通运输工具征税1—200卢布不等。联邦主体法律可以对《税法典》规定的税率进行10倍以内的增减调整（发动机功率不超过150马力的乘用车除外）；可以根据交通工具生产年份以来已经过去的年数和其环境等级等，针对每种类型的交通工具建立差别税率；可以为特定纳税人制定税收优惠政策和补贴。

第四节　个人财产税

个人财产税是对拥有不动产并且由税务局进行评估后符合缴纳税款条件的个人征缴的一种税费。个人财产税以国家不动产统一登记清册中的评估价格作为计税基础，法律另有规定的除外。《税法典》规定的征税对象，以其清册中的价格计税，其余的以征税对象的存货价值为计税基础。纳税人拥有多套房产的，以其拥有的全部房产评估价格总和扣除免征额后的余额计征房产税。不动产的评估价格由每年1月1日国家不动产统一登记清册中规定的不动产价值决定；对于征税期间新建成的不动产，自纳入国家不动产统一登记之日起按其规定价值缴纳房产税。

◆ 第九章 德国特色税种

德国的床税和房产税是特色税种。

第一节 床税

2010年德国降低住宿业增值税税率后,地方政府为增加财政收入,开始向在本地旅馆住宿的游客征收名为文化旅游税或文化促进税的税种,俗称床税。德国法律规定,只有以旅游为目的的私人游客才有义务缴纳床税,公务出差人员凭单位证明无须缴纳。

目前,德国柏林、汉堡、不莱梅、德累斯顿等约20个城市仍保留床税,大部分城市拒绝引入或已取消床税。

在已经实施床税的地区,采用从价征税与从量征税的约各占一半。从价征税的一般将税率定在5%,从量征税的每人每晚0.5欧元至5欧元不等。

第二节 房产税

德国房产税确保了地方政府的必要收入,因为房产税可以说是地方政府最重要的收入来源之一,目前每年收入近150亿欧元。市政府需要这些资金来资助学校、日托中心、游泳池或图书馆,并对当地基础设施,如道路、自行车道或桥梁进行重要投资。房产税是适用于不动产的经常发生的地方性税种。农业、林业、商务或私人用途的不动产的经济价值通常确定为，根据不动产属性可能获得的平均租金的倍数。经济价值通常比实际价值低。房产税分四期征收，分别为2月15日、5月15日、8月15日和11月15日。用于公共设施、慈善、宗教目的及大学等学校的不动产可以申请豁免房产税。

第十章 美国特色税种

美国特色税种有财产税、弃籍税、罪孽税。

第一节 财产税

在美国,财产税是每个州生活的一部分,有助于为州和地方政府及市政当局提供收入,以用于基础设施项目、学校、城市和州雇员的薪水以及公共事业,甚至在许多地方支付当地的消防、警察和紧急医疗技术人员(EMT)服务费用。美国大部分州和市在特定日期对位于本地区内的动产和不动产征收财产税。各地区对特定日期有各自的规定,但通常该日期指每年的1月1日。

应税财产的所有人可以直接告知税收机构其财产的市场价值,税收机构可以接受也可以对此重新评估确定。对应税财产价值的重新评估通常由估税员进行,大部分地区都规定了对应税财产价值的定期重估制度。应税财产适用的核定折耗率和税率依所在地区及财产类型的不同而各异。除部分州外,大部分州下属各地区立法机构均可以自行规定本地区内应税财产所适用的核定折耗率和税率。

第二节 弃籍税

美国自1996年开征弃籍税,经过了多次修订。弃籍税目前在打击以避税为目的的弃籍行为、弥补国家财富流失、完善税制等方面起着积极的作用。FATCA（美国海外账户税收遵从法）规定，凡是符合"适用弃国者"的定义，就需要缴纳离境税。按照美国的税务规定，只有在放弃美国国籍时，才有可能成为非居民纳税人，而当一个人从居民纳税人变成非居民纳税人时，他的所有财产都将视为以公允价出售，包括房产、股票、债券、个人物品如汽车等，在这之中产生的收益或亏损都需要缴纳个人所得税。

放弃身份适用于两种情况：放弃美国国籍或放弃美国永久居民身份（绿卡）。

放弃美国国籍或绿卡需要填报申请材料，具体如图4-10-1所示。

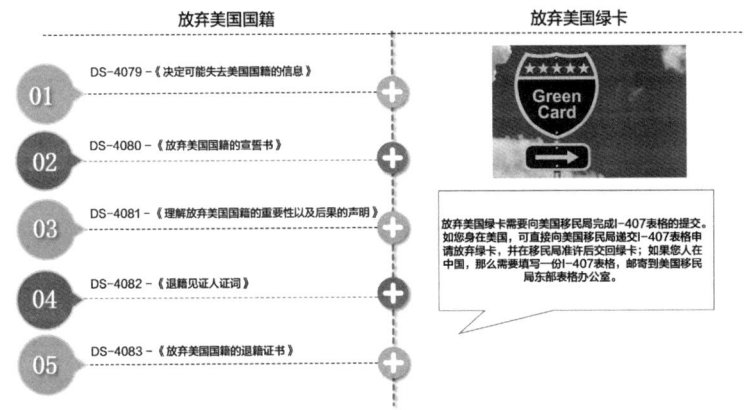

图4-10-1　美国弃籍申请材料一览图

放弃美国国籍的公民在弃籍后依然需要妥善完成最后的个人所得税申报以及可能的弃籍税申报。

如果属于美国公民或在过去15年中累积有8年持有绿卡的美国永久居民，且符合以下三个条件之一，则放弃身份时需要缴纳弃籍税：

① 净资产超过200万美元（包括其在某些信托中可以享受的权益）；

② 放弃国籍之日前的5年内，年平均净所得税超过了经通货膨胀调整后的指定数额（2022年为$178,000）；

③ 无法通过8854表格证明自己在过去5年已经根据法律要求申报了所有应纳税额。

如果您属于超高净值人士，拥有大额资产，显然将引起美国联邦税务局（IRS）的更多关注，被核查合规性的可能将随着资产数量线性增长。美国税收政策中心根据IRS 2018年的数据报告整理出了不同收入的个人被抽查的概率。该报告显示，在2017年，资产在1000万美元以上的个人被审计的概率高达14.52%；尽管2018年整体的审计概率都有所下降，但也高达6.66%。

第三节　罪孽税

罪孽税在英文中称为Sin Tax，是指对那些会造成伤害的消费品所征收的税，如酒精饮品和烟草。对于政府来说，罪孽税的征收已经成为收入的重要来源：一方面，罪孽税常常有着较其他税种更高的税率；另一方面，生产中被征收的税最终会以涨价的形式让消费者承担，同时因为像酒精和烟草这类产品多具备成瘾性，它庞大的消费群体为之贡献了不少钱财。

政府开征罪孽税的意义并不在于增加财政收入。目前心脑血管类慢性病患者的增加，加重了整个社会医疗体系的负担。通过对烟草、酒精和含糖软饮等商品征税，它们的生产者便不得不选择以涨价来维持收支平衡；而对消费者来说，涨价会倒逼他们减少甚至放弃消费此类商品，最终实现"净化社会"的理想目的。

【要点分享】

从上述各国个性化税收可以看出，财产税和房产税是较为普遍征收的税种，虽然征收的范围宽窄不一，但政府开征这些税的目的和使用方向是大同小异的。首先从范围看，主要针对的是不动产，如房屋建筑物；在个别国家，还包含动产，如韩国的征收对象就有飞机和船舶；也有国家针对农村用地，如巴西。其次从税收目的看，大多数国家都用于基础公共设施的建设和维护，但澳大利亚和法国则侧重于促进房屋和土地的使用，提高其使用率。同时，巴西和美国的税收目的在基础设施建设和维护的基础上，还扩展了相应范围。巴西为促进农业用地的节约使用，美国则是保障当地公职人员的薪水。

此外，随着数字经济的不断发展，有些国家已经开始利用税收杠杆服务于数字经济的发展，率先开始征收数字服务税。纵观数字税的发展历程，经济合作与发展组织（OECD）率先倡导对数字科技企业收税，欧盟紧跟推进数字税立法。从实际落地看，约30个国家已经开征或准备启动数字税。

◆ 第十一章 数字税

第一节 数字税的讨论

1996年，OECD的财政事务委员会开始讨论有关通信技术发展对于税收的影响。1998年10月，OECD在渥太华部长级会议上提出《渥太华电子商务税收框架条件》。2013年起，OECD开展专门数字经济研究并提出《税基侵蚀与利润转移行动计划》的第一项行动计划"应对数字经济的税收挑战"。2015年，OECD在发布的《解决数字经济的税收挑战》报告中指出，数字经济极度依赖无形资产、数据和用户，高度跨区域流动，这些特征会引起税基侵蚀和利润转移，从而给国际税收带来冲击。2017年，OECD数字经济工作组进行了公众磋商，并于2018年3月发布《数字化带来的税收挑战中期报告》，于2019年1月发布《政策简报——应对数字化经济的税收挑战》。在这份政策简报中，OECD提出了"修订利润分配及联结度规则"和"全球反税基侵蚀解决方案"双支柱框架体系。此后，OECD发布了多项文件，围绕双支柱框架对相关解决方案进行了持续探讨和完善。当然，OECD的方案还存在一些问题。例如，调整后的税收规则涵盖的具体行业尚未明确；征税门槛能否起到公平、效率以及保护中小企业等方面的作用仍需商榷；新的利润分配规则有待细化；争端解决机制缺失。这些问题是国际税收规则调整顺利与否的关键。截至目前，OECD仍未形成共识性数字税征收方案，国际税收规则协调进程缓慢。

2015年5月，欧盟宣布实施《单一数字市场战略》，着力推动形成欧盟范围内统一数字税方案。2018年3月，欧盟委员会提出了短期和长期两项数字税立法提案。

短期解决方案，即临时性的数字服务税。数字服务税适用于在线广告、数字中介、用户数据销售等用户在价值创造中发挥主要作用的数字活动，征税对象是全球年收入总额超过7.5亿欧元且在欧盟年收入超过5000万欧元的数字企业，采用对总收入征税的形式，税率为3%，涵盖了目前在欧盟逃税的主要数字活动，包括在线广告收入、数字中介活动收入、用户数据销售收入。该方案旨在确保长期税改实施前，成员国能够从相关企业的数字活动中获得收入，并有助于避免某些成员国单方面的数字征税损害欧盟单一数字市场。此外，欧盟委员会为更好地在成员国之间分配跨国集团利润，还提出了确保数字利润来源地及纳税地之间联系的倡议。

长期解决方案，即显著数字化存在提案。该提案着重强调数字化常设机构的新定义和修订后的利润分配规则。根据该提案，一家公司如果符合以下三项标准中的任何一项，该公司就被视为具有"显著数字化存在"。

① 在某一成员国境内的数字化服务年收入超过700万欧元；

② 一个纳税年度内在某一成员国拥有超过10万名用户；

③ 一个纳税年度内和某一成员国用户订立超过3000份数字服务合同。

对于具有"显著数字化存在"的公司，需要就可归属至"显著数字化存在"的利润在相应成员国纳税。

欧盟希望通过推出这项两步法的数字税立法提案来解决数字经济带来的税收问题。但是，爱尔兰、卢森堡等低税率国家因担心数字税会降低本国对外资的吸引力而极力反对。经过近一年的磋商，欧盟监管部门于2019年3月宣布暂时不在全欧盟范围内推行数字税计划，数字税立法搁浅。

第二节 数字税的征收种类

从数字税的征收种类看，目前主要有这样几类：一是以新加坡、新西兰、俄罗斯、斯洛伐克等国为代表的对非居民企业征收其向本国用户提供相关数字服务的消费税或增值税；一是以印度为代表的衡平税，采用类似预提税扣缴机制，非居民企业单笔应税交易的交易额超过10万卢比（约人民币1万元）或在一年内一个付款方向同一收款方支付的应税交易总额超过100万卢比的，按收入总额或应收账款总额课征6%的衡平税。为了解决常设机构判定模糊问题，OECD也曾建议对数字经济征收预提税。还有以法国、英国、意大利等欧洲部分国家为代表的，基于特定数字服务收入门槛而设立的数字服务税。总体看，印度以及欧洲国家推出的数字税实际是基于一定门槛而设立的新税种，税基是企业营业收入而非利润，并根据数字企业的全球营业收入和在纳税国家的营业收入等条件设立一定标准的起征点，以探索解决跨国数字企业避税问题。

随着数字经济的发展壮大，每一个国家和地区必然会逐渐被纳入全球数字体系之中。数字税是加强数字经济治理的举措之一，未来各国及地区对数字治理将愈加重视，互联网监管愈加严格，平衡风险防范与发展的诉求愈加迫切，各国征收数字税将成为必然趋势。当然这需要国际社会携手解决目前面临的一些难题。正如欧盟委员会所述，国际税收规则的建构"不但要强调保护公平竞争环境的紧迫性，还要确保数字经济企业在正确的管辖区内缴纳公平份额的税收，以保证内部市场的所有企业享有增长和发展的公平条件"。数字经济征税毕竟是全球议题，唯有通过国际合作才能保证数字税收的类型公平、代际公平、国际公平。

表4-11-1　全球已开征数字税国家一览表

序号	国家	生效日期	税率（%）	征税范围	摘要与说明
1	印度	2016年	6	在线广告服务收入	对跨境在线广告单边实施6%税率，判断标准为"显著经济存在"
		2020年4月1日	2	本地年销售额超过2000万卢比（约合26万美元）的外国公司	按企业在印度数字服务销售额的2%来进行征收
2	马来西亚	2020年1月	6	提供在线服务收入	对进口的软件、音乐、视频和数字广告等在线服务征收预提税

续表

序号	国家	生效日期	税率（%）	征税范围	摘要与说明
3	新加坡	2020年1月1日	7	跨境数字企业进口服务	对从境外进口服务的新加坡消费者和企业征收，每年新增9000万新加坡元的税收收入
4	印度尼西亚	2019年11月25日	10	电子商品或服务贸易	在印度尼西亚积极进行电子商品或服务贸易的外国公司被视为"实际存在"，必须任命该国代表并缴纳税款；同时履行保护客户数据、提供客户服务、与当局共享统计数据等义务
5	新西兰	2016年10月	15，2—3	数字销售商	2016年10月开始向12个月内销售达到6万新元的数字销售商征收15%消费税。2019年2月，提出将商品及服务税扩展至离岸提供的远程数字服务，税率2%—3%；6月公布对亚马逊等跨国互联网企业的数字服务收入征税的征求意见稿，预计每年将额外获得3000万—8000万新西兰元收入
6	日本	2015年10月	8	数字企业	年度起征点为营业额1000万日元
7	法国	2019年1月1日	3	定向广告相关的数字销售收入、基于广告用途的个人信息数据营销收入及基于数据的在线平台中介服务收入	全球数字业务年营业收入至少7.5亿欧元、在法国年营业额超过2500万欧元的企业
8	意大利	2020年1月	3	在线广告以及通过数字接口收集和生成的数据的传输	全球数字服务年营业额超过7.5亿欧元、在意大利年营业额不少于550万欧元的企业，有望每年为财政增收6亿欧元；仅影响企业与企业之间的B2B交易和服务，比如谷歌等，但不囊括数字内容的流媒体服务

续表

序号	国家	生效日期	税率（%）	征税范围	摘要与说明
9	英国	2020年4月	2	社交媒体、搜索引擎和在线市场，在英国通过广告和流媒体娱乐（不包括在线销售）等数字服务所赚取的收入	全球数字服务年营业额5亿英镑以上、在英国至少盈利2500万英镑的大型科技企业，而对利润率较低的亏损企业，将提供豁免和较低税率；据测算至少涉及30家企业，每年或为英国筹集至少4亿英镑的税收收入
10	奥地利	2020年1月	5	在线广告收入	全球数字业务年销售额超过7.5亿欧元、在奥地利年营收达到1000万欧元的企业
11	匈牙利	2017年	7.5	在线广告收入	作为临时措施，2019年7月1日至2022年12月31日，广告税率已经降至0
12	土耳其	2020年3月	7.5	网络广告、数字内容销售以及与在线活动（包括平台）相关的中介服务收入	适用于全球收入在7.5亿欧元以上的企业
13	西班牙	2020年12月	3	数字企业出售在线广告空间、用户互动中介活动、出售用户产生的信息数据收入	全球数字服务年营收超过7.5亿欧元、在西班牙年营收至少在300万欧元以上的企业，预计每年将带来12亿欧元的税收收入
14	墨西哥	2020年1月	5.4	提供特定类型数字服务的获利所得	在数字环境中销售商品和服务的技术平台必须遵守新的税收规定，专门对于允许个人或中小型企业（SME）以市场形式在线销售的电子商务平台

资料来源：参见邱峰：《数字税的国际实践及启示》，《西南金融》2020年3月，第16—17页；黄健雄、崔军：《数字服务税现状与中国应对》，《税务与经济》2020年2月，第86页；以及其他公开信息。

表4-11-2 全球计划开征数字税国家一览表

序号	国家	生效日期	税率（%）	征税范围	摘要与说明
1	泰国	拟推进	7	提供数字服务收入	计划对互联网企业征收电子商务销售增值税的同时，也在考虑对泰国本地互联网平台的收益进行征税，以及对从泰国获得收益的国外公司征收单独的数字服务税
2	菲律宾	提出提案	12	线上租赁服务、电子商务	政府将对数字服务征收12%的增值税
3	缅甸	拟推进		提供数字服务收入	对海外提供的数字服务征收所得税
4	斯洛伐克	拟推进	21	交通运输与住宿中介	净基础的虚拟常设机构，包括通过数字平台反复调解运输和住宿服务的外国企业
5	波兰	拟推进	3	数字企业出售在线广告空间、用户互动中介活动、出售用户产生的信息数据收入	—
6	捷克	拟推进	7	精准广告、多边数字接口以及用户数据销售所获得的收入	等待OECD一级的协议；已经进行讨论降低提议的税率
7	德国	待定		在线广告	对外资平台上的在线广告征收预提税
8	俄罗斯	拟推进	15.25	提供数字服务收入	凡是向俄罗斯个人提供数字服务的非本国公司，对其收入征收15.25%的增值税
9	比利时	提议	3	出售用户数据	2019年1月首次引入数字税，但于2019年3月被拒绝；调整后的数字税提议于2020年6月重新引入
10	挪威	宣布意图	—	—	—

续表

序号	国家	生效日期	税率（%）	征税范围	摘要与说明
11	南非	宣布意图		-	数字经济消费
12	肯尼亚	拟推进	1.5	数字消费相关交易的总价值为征收依据	纳税主体包括居民企业和非居民企业，跨国公司将允许用数字税抵减当年应缴的公司税
13	加拿大	拟推进		提供数字服务收入	确保跨国科技公司按照在加拿大获得的收入缴税，但在达成国际共识之前不会采取单方面行动
14	巴西	拟推进		提供数字服务收入	根据大型科技公司提供数字服务的总收入征税
15	澳大利亚	政策讨论中		-	拟对谷歌、推特等公司征收，预计每年带来2亿澳元的税收收入

资料来源：参见邱峰：《数字税的国际实践及启示》，《西南金融》2020年3月，第16—17页；黄健雄、崔军：《数字服务税现状与中国应对》，《税务与经济》2020年2月，第86页；以及其他公开信息。

第五编
各国主体税种详解

◆ 第一章 韩国

第一节 法人税

法人税是对包括财产收益在内的一切法人所得征收的税种。纳税人分为国内公司与外国公司。法人税采用比例税率,具体税率视公司性质、所得性质、金额大小而定。

一、国内公司法人税

凡总部或总公司设在韩国的公司为国内公司,应就其世界范围所得缴纳法人税。

1. 国内公司

(1) 总部、总公司或实际管理机构在韩国境内的法人就其全球范围内的所得缴纳法人税。

(2) 营利性的本国法人就以下所得纳税:一是包括转让不动产所得在内的一般经营所得;二因公司兼并、合并或停业而从清算中获得的所得。

(3) 非营利性的本国法人就以下所得纳税:《韩国标准工业分类》中属于营利性业务的所得;利息、股息;转让股票、优先购买权或股份的财产收益;转让不直接用于非营利性业务的固定资产的财产收益;转让债券或信用债券的收益。

2. 确定纳税义务的规则和特例

当公司所得的法定归属公司和实际归属公司不一致时,应由后者缴纳法人税。如果所得归属于某信托，则应由该信托的受益人缴纳法人税。

3．应税所得和非应税所得

各营业年度的所得，包括转让不动产所得及清算所得（非营利性质的本国法人和外国法人免税）。法人税对来源于公益信托的所得不征税。

4．股息所得避免重复征税

（1）控股公司

按照《规范垄断与公平贸易法》设立的控股公司从其子公司收到的股息收入在规定的范围内不确认为收入，具体如表5-1-1所示。

表5-1-1　股份公司股息收入扣除分类表

子公司类型	控股公司持有的子公司股份比例（%）	可从收益中扣除的股息所得比例（%）
非上市公司	80以上	100
	40—80	80
上市公司	40以上	100
	20—40	80

（2）除控股公司外的其他公司

除控股公司外的其他公司从其子公司收到的股息所得在规定的范围内不确认为收入，具体如表5-1-2所示。

表5-1-2　其他公司股息收入扣除分类表

子公司类型	控股公司持有的子公司股份比例（%）	可从收益中扣除的股息所得比例（%）
非上市公司	100	100
	50以上	50
	不超过50	30
上市公司	100	100
	30以上	50
	不超过30	30

5．法人税税率和税收抵免

（1）税率

法人税税率视金额大小等有所不同，具体如表5-1-3所示。

表5-1-3 法人税税率表

征税标准	税率（%）	累进制
2亿以下	10	—
超过2亿韩元，200亿以下	20	2000万韩元
超过200亿韩元，3000亿以下	22	42,000万韩元
超过3000亿韩元	25	942,000万韩元

（2）税收抵免

分境外税收抵免和灾害损失的税收抵免。

① 本国法人在境外已缴或应缴的法人税税额可从境内应缴法人税中扣除，可扣除金额按境外来源所得占应纳税总额的比例计算。如果境外已缴或应缴税款超出了本年应缴法人税规定的可抵免限额，超出的部分准予在5年内结转扣除。

② 符合标准的子公司在境外缴纳的税款可以从母公司的股息收入中抵免。符合标准的子公司是指境内公司自其发布股息分配公告后连续6个月内持有其10%以上股份的公司。

③ 灾害损失的税收抵免。本国法人因遭受自然灾害导致其损失20%及以上的总资产价值，并因此难以缴纳税款，可以在计算法人税时扣除相应税额，可扣除税额按受损资产价值占总资产价值的比例计算。但可抵免部分仅限于因灾害受损的资产价值。

6. 合并纳税申报制度

合并纳税申报制度指，在母公司和子公司经济上相互结合的情况下，根据其经济实质将它们认定为一个纳税主体，对母公司和子公司的总收入征收法人税。

合并纳税申报制度适用于境内公司和被相关境内公司完全控制的另一境内公司。"完全控制"是指：一境内公司拥有另一境内公司的全部流通股（含非表决权股份）；由一境内公司及其全资子公司持有的另一境内公司的股份的总和为该另一境内公司的全部流通股。

受合并母公司控制的企业也可采用合并纳税申报制度。但以下情况除外：

① 非营利性本国法人（含受控于合并子公司的企业）；

② 因解散而处于清算中的企业；

③ 采用股息扣除制度的企业；

④ 完全受控于除非营利性本国法人外的其他公司的企业（含受控于合并子公司的企业）；

⑤ 采用合伙企业特殊税务处理制度的企业；

⑥ 采用吨位税制的企业。

二、外国公司法人税

外国法人仅就来源于韩国境内的所得缴纳法人税，但清算所得不缴纳法人税。应缴纳的法人税额，应按国内法人相同的方式进行评估和征收。在韩国境内未设立常设机构的外国法人来源于境内的所得，应全额代扣代缴法人税，并解缴至税务机关。

在韩国境内设有营业场所的外国公司对应纳税所得额和应纳税额的计算、评估、代扣税款的征收和纳税申报等，参照国内公司的税法规定执行。但外国公司的特殊条款在适用时享有优先权。

外国企业在韩国境内有下列固定场所，应认定为在境内设有营业场所：

① 分支机构、二级分支机构、办事处或其他营业场所；

② 店铺或其他固定销售场所；

③ 车间、工厂或仓库；

④ 建筑工地，建筑、装配或安装工程，或者与其有关的监督活动，但须持续6个月以上；

⑤ 企业通过雇员提供劳务场所，但须在连续12个月中累计拥有时间超过6个月以上；或者企业通过雇员提供类似劳务场所，如果连续12个月中累计拥有时间没有超过6个月，则须累计时间超过2年；

⑥ 矿场、采石场及其他开发开采自然资源（包括海洋自然资源）的场所（包括根据国际法规定，韩国拥有主权的、除领海以外的区域外邻近海岸线的海底和底土）。

三、代扣税

1. 居民及国内法人

居民及国内法人代扣税率如表5-1-4所示。

表5-1-4 居民及国内法人代扣税率表

		课税标准	区分	税额
个人	利息	非营业贷款的利益	25%	
		单位共济会超额返还金	基本税率	
		实际名义无法确认的收入	42%	连分数连胜法的应用
		根据《金融实名法》（第5条）的非实名收入（差别征税）	90%	
		其他利息收入	14%	
	分红	出资共同事业者的分红收入	25%	
		实际名义无法确认的收入	42%	
		根据《金融实名法》（第5条）的非实名收入（差别征税）	90%	
		其他分红收入	14%	
	事业	代扣大项事业收入	3%	
	劳动	劳动收入（年末结算）	基本税率	
		每月分钟工作收入	基本税率	
		日用劳动者劳动收入	6%	
	退休金	国民养老金、公务员养老金等	基本税率	
		领取递延退休收入的养老金	（递延退休所得税/递延退休收入）×70（60*）% *养老金实际领取年差超过10年时	
		退休年金私人年金	3%—5%, 4%	
	其他	彩票奖金	20%	超过3亿韩元30%
		养老金账户的养老金外领取	15%	
		宗教人士收入（年末结算）	基本税率	
		每月宗教人士收入	基本税率	简易税收表的应用
		其他收入（服务费收入金额适用部分除外）	20%	服务费5%
	退休	退休收入	基本税率	连分数连胜法的应用

续表

课税标准			区分	税额
法人	利息	利息收入	非营业贷款的利益 25%	
			其他 14%	
	分红	投资信托的利益	14%	

2．非居民及外国法人

非居民及外国法人的国内来源收入（没有税收条约的情况下）代扣税率如表5-1-5所示。

表5-1-5　非居民及外国法人代扣税率表

区分	非居民 （《所得税法》第119条）	外国法人 （《法人税法》第93条）
利息收入	20（债券利息：14）	20（债券利息：14）
分红收入	20	20
房地产收入	—	—
船舶等租赁收入	2	2
事业收入	2	2
事业费收入	20	20
有价证券,转让收入	Min（转让价值×10%，转让差额×20%）	Min（转让价值×10%，转让差额×20%）
其他收入	20	20
劳动收入	与居民相同	—
退休金收入	与居民相同	—
人力劳务收入	20	20
退休收入	与居民相同	
转让收入	Min（转让价值×10%，转让差额×20%）	Min（转让价值×10%，转让差额×20%）

第二节 增值税

韩国的《增值税法》共有八章三十六条。增值税是对商品生产、流通、劳务服务、进口货物多个环节中新增价值或利润征收的税种。韩国为了提高国民的福利服务和扶植弱势产业,对销售部分生活必需品或提供医疗、教育服务免征增值税。增值税每6个月申报和缴纳一次,上半年、下半年各一次。提供货物与劳务的个人,无论是否取得利润,均负有增值税纳税义务。增值税的纳税人包括个人、公司、中央政府和地方政府、地方政府的协会、任何社团以及其他任何非法人机构的组织。

一、增值税征税范围

增值税征税范围包括:提供货物或劳务、进口货物。

1. 提供货物

(1) 提供应税货物:依据合同或法律交付或转让货物。

(2) 自用货物:如果经营者直接使用或消费其经营过程中取得或生产的货物(使用或消费库存的原材料除外),视为经营者自用货物。

(3) 私用和赠送:如果经营者将其经营过程中取得或生产的货物用于其个人或雇员,或将上述货物捐赠给客户或其他人,这种使用、消费或捐赠视为供给货物。

(4) 清算时的库存货物:经营者清算时的库存货物被视为提供给自己;已办理增值税税务登记但未能实际开业的同样适用。

(5) 通过承销人或代理进行的交易:通过承销人或代理进行的销售或购进货物视同承销人或当事人直接提供货物。

2. 提供劳务

(1) 提供应税劳务:提供劳务或租赁货物或设备,或依据法律或合同授予权利。

（2）自用劳务：如果经营者直接为自己的业务提供劳务，这种直接提供的劳务视为自用劳务。

（3）不涉及报酬的劳务和由雇员提供的劳务：提供给他人不涉及报酬的劳务，或根据雇佣合同提供的劳务，不视为提供劳务。

3．进口货物

进口货物包括入境韩国或来自保税区的从境外抵达韩国的货物（包括由外国船舶在公海收集的海产品）和准许出口的货物。

二、零税率和免税

1．零税率

零税率只适用于居民经营者和企业。通过船舶、飞机从事的国际运输服务，基于互惠原则的非居民或外国公司的经营也适用零税率。

以下货物和劳务适用增值税零税率，进项增值税可以退还：

（1）货物出口；

（2）发生在韩国境外的劳务；

（3）通过船舶、飞机等从事的国际运输服务；

（4）为取得外汇收入的其他提供货物劳务行为。

2．免税

（1）免税范围

以下提供货物或劳务属于免税范围，发生的进项税额不能退还，如表5-1-6所示。

表5-1-6 免税范围表

基本生活必需用品和服务	未经加工的食品
	自来水
	煤饼和无烟煤
	客运服务，通过飞机、快速公交、高速列车（KTX）、巴士包租、出租车、专用汽车或专用船舶服务的除外

续表

社会福利服务	医疗卫生服务，包括兽医、护士和助产士服务，以及复方药和血液制剂的制药服务；总统令规定的教育服务
与文化有关的货物与劳务	图书、报纸、杂志、官方公报和通讯
	非以营利为目的的艺术作品、艺术及文化活动，以及非职业体育比赛
	图书馆、科学博物馆、博物馆、艺术画廊或植物园的准入许可
类似于劳工的个人劳务	其他独立提供的个人劳务，无组织、无用于经营的可连续重复使用的仪器（包括租用的），也不雇佣任何工人，包括演员、歌手、广播表演者，作曲家、作家、设计师、职业运动员、舞蹈演员、女服务员、翻译、速记员，以及书籍或光盘的推销员等
	学术研究服务
	技术研究服务
其他货物或劳务	票（邮票收集除外）、印花、证书印章、彩票、公共电话卡
	由宗教、慈善、科学或其他促进公共利益的组织提供的货物或劳务
	由中央政府、地方政府或地方政府协会提供的货物或劳务
	由中央政府、地方政府、地方政府协会或公益组织提供的没有任何报酬的货物或劳务
其他货物或劳务	出租房屋或与房屋相关的不大于房屋占地面积5倍或10倍的土地
	金融和保险服务
免税货物：根据《海关法》免关税的进口货物免征增值税	未经加工的食品（包括用于食品的农产品、畜牧产品、海洋产品和森林产品）
	书籍、报纸和杂志
	科学研究所、教育机构或文化组织用于科学、教育或文化的进口商品
	国外捐赠给宗教、慈善、救济或任何其他公益组织的货物

（2）放弃免税权利

如果提供的货物或劳务符合免税条件的，免征增值税，经营者也可以根据总统令选择不免增值税。放弃普通减免的经营者自弃权的第一个纳税年度第一天起3年内无权享受减免。

三、增值税税率

普通课税者全行业现行税率为10%。

简易课税者各行业税率如图5-1-1所示。

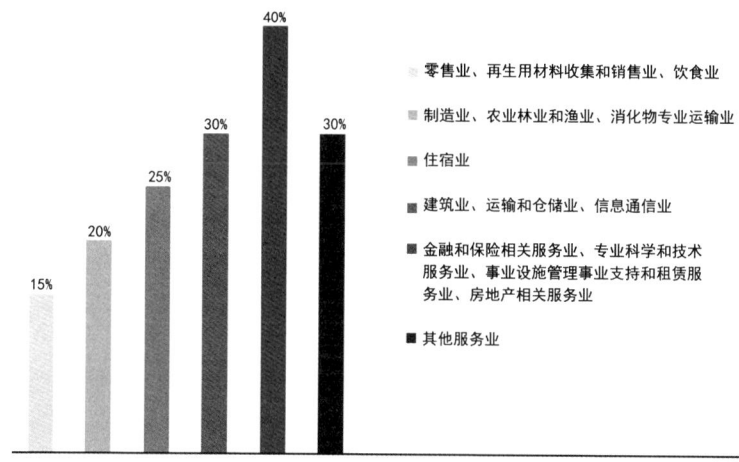

图5-1-1 韩国增值税简易课税行业税率示意图

四、应缴税额

1. 税额的计算

从提供货物或劳务的纳税人可征收的销项税额中扣除下列项目的进项税额（超过销项税额的进项税额可以退还），即为增值税税额。

（1）经营者已经用于或准备用于经营的货物或劳务的税额；

（2）经营者已经用于或准备用于经营的进口货物的税额。

2. 视同进项税额扣除

如果制造或加工的货物或劳务使用的是免交增值税的原材料，农产品、畜牧业产品和渔业产品，其进项税可以从销项税中抵扣。进项税的计算是将购买农产品和其他产品的价格乘以特定比率，具体如图1-2所示。

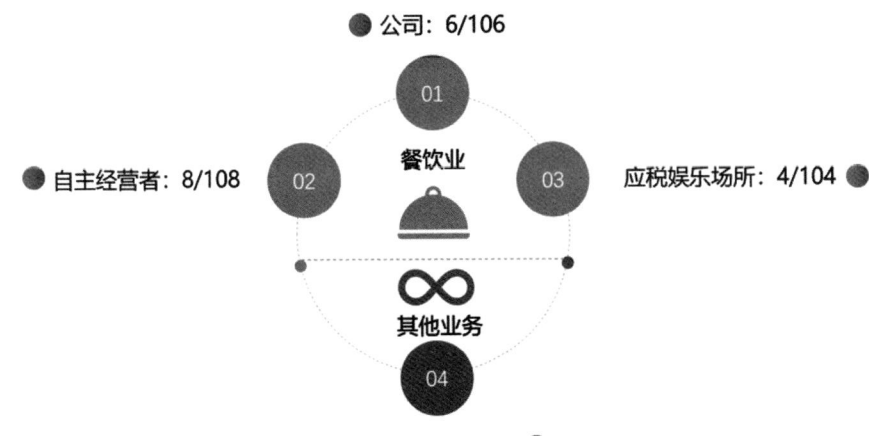

图1-2 韩国增值税视同进项税额扣除示意图

第三节 所得税

韩国所得税(个人所得税)实行所得分类计算,综合计征,纳税人分为居民与非居民。个人所得税采用超额累进税率,实行个人自行申报、按年计征的方法。

居民个人就其来源于全球的所得征税。居民应税所得项目包括:利息所得、股息所得、经营所得、工薪所得及其他所得。

非居民个人仅就其来源于韩国的所得征税。非居民应纳税所得包括:利息所得、股息所得、不动产所得、租赁所得、经营所得、劳务所得、提供劳务而取得的工资所得、在韩国领取的养老金与退休津贴所得、特许权使用费所得及其他来源于韩国所得。

一、居民所得税

韩国的居民纳税人指韩国的政府工作人员、董事,受雇于韩国居民或国内公司的员工,以及国内公司在境外的全资子公司在境外从事劳务的被认定为韩国居民的员工。在韩国拥有住所或在韩国居住满一年的个人,应对其来源于境内外的全部所得缴纳所得税。如果一个外国居民在韩国拥有住所或在韩国居住不超过5年,应对其取得的在韩国境内支付的所得或来源于境外但汇至韩国境内的所得缴纳所得税。不是韩国居民的个人被认定为非居民,仅对来源于韩国境内的所得缴纳所得税。

1. 居民非应税所得和免税所得

居民和非居民取得的所得适用全球、分类征税。按照全球征税方式,将经营所得、工薪所得、养老金所得和其他所得加总一并按照累进税率征税。利息、股息合计超过4000万韩元的部分并入全球所得征税。目前,利息和股息按14%的税率缴纳代扣税。按照分类征税方式,财产收益和退休金所得分别按不同的税率征税。

(1)非应税所得

① 公共产品所得:从公共福利信托财产取得的利润。

② 利息、股息所得税。

③ 经营所得的某些项目:总统令规定的使用稻田和旱地生产农作物所得以及租赁房屋产生的租金;农民从事副业取得的利润;生产传统酒取得的利润:在农村地区生产传统酒取得的利润(收入等于或少于1200万韩元);每年来源于木材的不超过600万韩元的利润。

④ 财产收益中的非应税所得。

⑤ 其他所得。

(2)免税所得

取得下列收入的纳税人可以申请对全球应税所得进行抵免:

① 在韩国工作的外国人根据政府协议取得的缔约国一方或双方支付的工资;

② 对于外国纳税人的居民国家同样给予韩国纳税人互惠税收待遇的情形,以及非居民和外国居民纳税人从事海外运输的所得。

2．应税所得的计算

计算应税所得需先扣除必要的部分，具体可分为工资薪金的扣除、养老金所得扣除等。

（1）工资薪金的扣除

工资薪金的扣除部分如图5-1-3所示（按日计酬的工人每天工资10万韩元）。

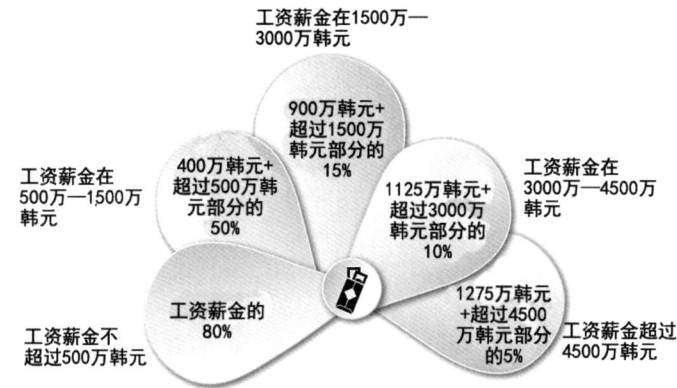

图5-1-3　韩国工资薪金的扣除示意图

（2）养老金的扣除

养老金扣除如图5-1-4所列（扣除上限为900万韩元）。

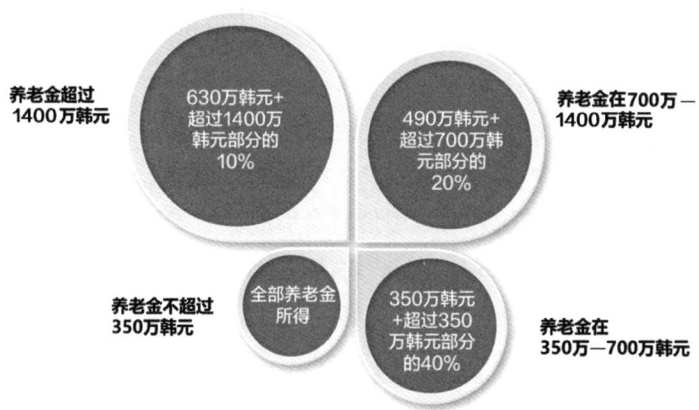

图5-1-4　韩国养老金所得的扣除示意图

（3）退休金的扣除

退休金按下列顺序进行扣除。

① 45%的退休津贴；

② 根据就业年限不同确定的扣除额（图5-1-5）。

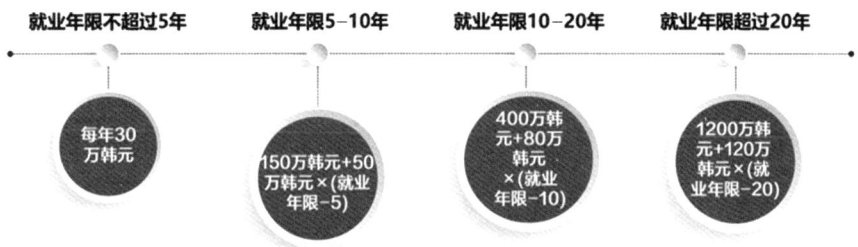

图5-1-5　韩国退休金就业年限扣除示意图

（4）财产收益

财产收益分三类：

① 土地或建筑物转让所产生的收益；

② 转让不动产的权利，如地上权、租赁权或取得不动产的权利而产生的收益；

③ 转让股票所产生的收益。

（5）其他所得

该项目的收入总额减去必要费用。独立个人讲座报酬的80%允许作为必要费用扣除。

（6）与全球所得相关的减免

与全球所得相关的减免，具体见表5-1-7。

表5-1-7　减免分类表

项目	条件
基本减免	拥有全球所得的居民，每年允许扣除的数额为150万韩元乘以根据下列标准确定的纳税人家庭人数
	居民纳税人 年收入不足100万韩元的配偶 与纳税人在同一家庭生活的年收入不足100万韩元的亲属

续表

项目	条件
额外减免	居民符合基本减免条件，且属于下列情况之一时，允许每年从其全球所得中额外扣除 70岁或70岁以上，额外扣除100万韩元 总统令中规定的残疾人，额外扣除200万韩元 有需要供养的家属或有配偶的女户主家庭，额外扣除50万韩元 有一个不超过6岁的直系后代，额外扣除100万韩元 直系后代以及在相关纳税年度期间申报领养的儿童，额外扣除200万韩元
有多个被抚养子女的家庭可以享受追加减免	一个有工薪所得或经营所得的居民，如果抚养两个或两个以上的孩子符合基本减免条件，可以从其全球所得中扣除100万韩元，自第三个孩子开始每个孩子再额外扣除200万韩元（如两个孩子扣除100万韩元，三个孩子扣除300万韩元，四个孩子扣除500万韩元，以此类推）
标准减免	纳税人如果没有申请上述扣除或者其全球所得没有工薪所得的，可以选择按年度减免标准扣除，即每年扣除60万韩元（工薪所得者和满足一定条件的企业主，限额为100万韩元）
特别减免	工薪所得者可在纳税年度期间从其工资、薪金等所得中扣除下列金额： 支付的保险费用，扣除限额为100万韩元；该限额不适用于支付的医疗保险费用 专门为残疾人支付的保险费用，扣除限额为100万韩元 超过工资薪金所得3%的医疗费用，扣除限额为700万韩元，这个扣除限额不适用于为纳税人自身、残疾人家属和老年人支付的康复费用 受雇纳税人的国内教育费用，包括纳税人为其符合基本减免条件的配偶或直系后代支付的相关费用 残疾人的特殊教育费用，没有扣除限额 专门用于购房的账户持有人在相关年度无住房，或者在开立该账户时只拥有一套面积小于85平方米、政府评估价不超过3亿韩元的房产，则该专户存款的40%允许扣除 无自有住房且签订了合格储蓄计划同意书的借款人，为租赁符合标准的住房的借款，其借款偿还金额（包括应计利息）的40%（每年扣除限额为300万韩元）允许扣除
	时限超过15年的抵押贷款，如果70%及以上的借款支付的是固定利息，或者70%及以上的借款分期偿还没有延期，每年可扣除利息的限额为1500万韩元；其他情况下，捐赠的扣除额是每年500万韩元。捐赠给符合规定的机构的捐款，扣除限额为纳税人当年工资薪金收入的10%，该扣除限额不适用于特定福利设施的捐赠

（7）与家庭成员相关的减免

符合享受配偶免税、赡养免税、残疾人免税或老年人免税条件的纳税人必须是：

① 配偶或未婚的直系后代。

② 居民登记卡上列明的确实在永久性住所或居所居住的家庭成员。如因上学、医疗、经商或工作而临时离开纳税人的永久性住所或居所的人可享受免税优惠。

是否符合免税条件以相应纳税期期末条件来确定。

3．所得税税率和抵免

（1）所得税税率

① 对全球所得征收的所得税税额，根据不同的税基，按照超额累进税率计算。具体如表5-1-8所示：

表5-1-8　全球所得基本税率表

全球所得的税基	税率
不超过1200万韩元	计税基数的6%
1200万—4600万韩元	108万韩元+超过1200万韩元部分的15%
4600万—8800万韩元	522万韩元+超过4600万韩元部分的24%
8800万—1.5亿韩元	1490万韩元+超过8800万韩元部分的35%
1.5亿—3亿韩元	1940万韩元+超过1.5亿韩元部分的38%
3亿—5亿韩元	2540万韩元+超过3亿韩元部分的40%
5亿—10亿韩元	3540万韩元+超过5亿韩元部分的42%
超过10亿韩元	6540万韩元+超过10亿韩元部分的45%

② 退休金的应纳税额的计算。

应税所得除以就业年数，确定适用税率后再乘以就业年数。

③ 财产收益的税率。这部分税率分不动产及附属于不动产的权利和股息两种情况。

不动产及附属于不动产的权利按持有时间不同适用不同税率。拥有至少2年的财产税率见图5-1-6。

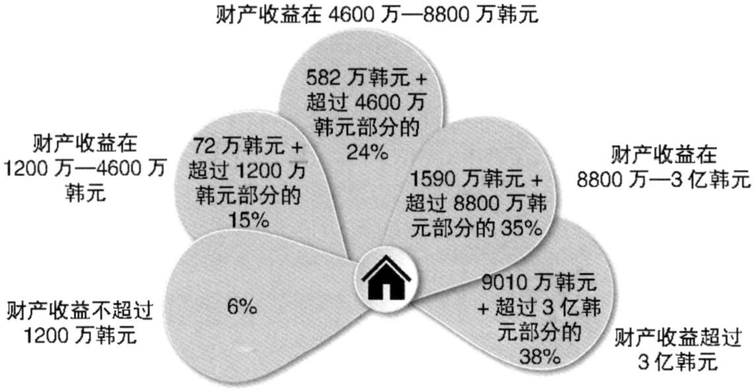

图5-1-6 韩国持有2年及以上不动产税率示意图

拥有1至2年的财产税率为40%；拥有少于1年的财产税率为50%。

④ 股票税率（图5-1-7）。

⑤ 外国雇员和高管可以选择对其薪金（分类征税）按照19%的适用税率缴税，或选择对其收入的30%免税。

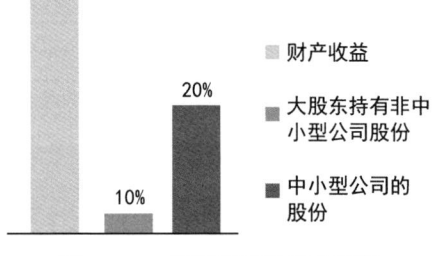

图5-1-7 韩国股票税率示意图

（2）所得税抵免

韩国居民所得税抵免有股息抵免、境外税收抵免、意外损失抵免等。具体如表5-1-9所示。

表5-1-9 税收抵免分类表

项目	条件
股息所得的税收抵免	当居民来源于国内公司的股息并入全球所得时，按如下方法计算的数额应从全球所得税额中扣除
股息所得的税收抵免	（1）将股息所得的15%加到股东实际取得的股息中； （2）该数据用以计算股东的个人所得税税额； （3）按（1）计算出的金额，可以从（2）计算出的个人所得税税额中抵免
境外税收抵免	当居民在国外已缴纳或将缴纳所得税时，其已付或应付的税额可以从韩国所得税税额中按照限额扣除。抵免限额=未经抵免的应纳所得税额×来源于外国的所得额占全部应税所得额的比率。如果在国外已付或应付的税额超过该抵免限额，则超过部分可以在以后的5个年度结转抵免

续表

项目	条件
意外损失的税收抵免	当居民的意外损失达到其营业资产总值的30%及以上时，用未经抵免的应纳税额乘以损失资产价值占损失发生前的总资产价值的比率计算出的数额，可以从受灾当年的应纳税额中扣除（扣除限额为意外损失的价值）
工薪所得的特别税收抵免	工薪所得者的抵免限额：税额不超过50万韩元的，抵免额为全球所得额的55%；超过50万韩元的，抵免额为27.5万韩元+超过50万韩元部分的30%（限额为50万韩元）

二、非居民所得税

非居民就来源于韩国境内的所得承担纳税义务。可采用两种征税方式：全球征税和分类征税。全球征税适用于在韩国境内有营业场所或者有来源于韩国境内不动产所得（不含转让土地或建筑物的资本收益）的非居民纳税人。除离职金和财产收益外，所有来源于境内的所得均应采用全球征税方式，与获得此类所得的居民纳税人相同。非居民在韩国境内无营业场所且无来源于韩国境内不动产所得的，其所有境内所得适用代扣税。

非居民的纳税地点即其境内营业场所，如果非居民没有境内营业场所，则纳税地点为所得发生地。

1. 非居民纳税人来源于境内的所得

韩国对非居民纳税人来源于境内的所得做了细致的规定，具体见表5-1-10。

表5-1-10 非居民境内所得分类表

所得分类	分类明细
利息所得	中央政府或地方自治机构发行的债券或证券的利息和贴现，以及来源于下文中所述的信托或非商业贷款的收益应视为来源于境内的所得
	（1）中央或地方政府、居民、韩国境内公司、外国公司设在韩国的常设机构、非居民设在韩国的常设机构支付的利息
	（2）外国公司或非居民支付的利息，如果其常设机构在计算应纳税所得额时将支付的利息作为与营业活动有关的费用扣除，则视为来源于境内的所得

续表

所得分类	分类明细
股息所得	利润或盈余的分配
	未从境内公司或其他经营实体中获得盈余或累计收益，但按照《韩国商业法典》规定提前支付的股息
不动产所得	转让租赁物或来源于韩国境内不动产的其他利益所得，包括不动产的冠名权、采矿权、矿藏承包权、采石权，但不包括应缴纳财产收益税的所得
租赁船舶、飞机等所得	将船舶、飞机、登记车辆或重型机械租赁给居民、境内公司或非居民/外国公司设在韩国的营业场所的所得
营业利润	在下列行业提供劳务而获得的所得：畜牧、林业、渔业、采矿、采石、制造业、电力/燃气/自来水服务业、建筑业、通信业、房地产交易和服务以及专业服务（不含个人劳务）
个人劳务所得	因提供或令他人使用个人劳务的所得
财产收益	转让韩国境内的土地和建筑物而获得的收益
工资薪金，含退休金或离职金	在韩国境内获得的作为劳动报酬的部分
特许权使用费、租金或其他相似性质的报酬	因在韩国境内使用或有权使用下列资产或科技情报，以及因转让该资产或科技情报而获得的特许权使用费、租金或其他相似性质的报酬
	（1）文学或艺术著作权（含电影影片）、专利、商标、设计、模型、画作、秘密配方或秘密程序以及无线电或电视广播使用的胶片、磁带和其他相似产权或权利 （2）有关工业、商业、科学知识或经验的情报或专有技术 （3）工业、商业、科学仪器、设备、装备、固定装置，以及其他工具如运输设备等
证券或股份取得的收益	转让投资于境内公司的投资性证券或股份取得的收益，或转让境内公司或外国公司设在境内的营业场所发行的其他证券取得的收益
其他所得	（1）与位于韩国境内的不动产或其他资产有关，或与韩国境内的商业活动有关的保险金、赔偿金或损坏赔偿金 （2）在韩国进行的比赛中作为奖品取得的现金、物品或其他经济利益 （3）出售韩国境内发现的珍品而取得的所得 （4）在韩国境内分配依韩国法律经特许、许可或其他配置方式确立的权利而取得的所得；或转让除不动产以外的财产所得，该财产在转让发生时须在韩国境内 （5）因彩票、抽签或其他比赛中奖而作为奖品获得的现金或物品，包括因买赢赛马、自行车竞赛、摩托艇比赛、斗牛和体育博彩竞赛的所得

2．非居民纳税人境内营业场所判断标准

（1）拥有境内营业场所

如果非居民在韩国境内有如下所述类型的固定营业场所，则应认定为拥有境内营业场所。

① 分支机构或其他管理场所。

② 店铺或其他固定销售场所。

③ 车间、工厂或仓库。

④ 建筑工地，建筑、装配或安装工程工作所在地，或者与其有关的监督活动场所，拥有该工地、工程或活动场所时间6个月以上。

⑤ 企业通过雇员提供劳务的场所，在任何连续12个月中累计拥有时间超过6个月；或者企业通过雇员提供类似劳务的场所，如果任何连续的12个月中累计拥有时间未超过6个月，则须累计拥有时间超过2年。

⑥ 矿场、采石场及其他自然资源和海洋自然资源的钻探开采地（包括根据国际法，韩国行使主权的，除领海以外的邻近海岸线的海底或底土）。

（2）其他情况

在韩国境内没有固定场所的非居民通过其授权的韩国境内的个人，代表其签订合同并经常行使签订合同的权力，从而进行营业活动，则可认定该非居民在韩国设有营业场所。

在韩国没有固定场所的非居民通过三种人进行商业活动，也会被认定为在韩国设有营业场所，具体见图5-1-8所示。

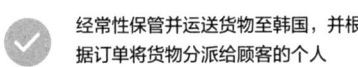
经常性保管并运送货物至韩国，并根据订单将货物分派给顾客的个人

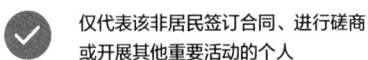
仅代表该非居民签订合同、进行磋商或开展其他重要活动的个人

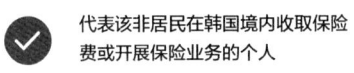
代表该非居民在韩国境内收取保险费或开展保险业务的个人

图5-1-8 被认定为在韩国设有营业场所的情况示意图

♦ 第二章 日本

第一节 法人税

法人税是对法人的业务活动所产生的所得征收的税金，实质上就是企业所得税。

一、居民企业法人税

1. 居民企业的征收范围及税率

（1）征收范围

在日本内有总部或主要事务所的法人为居民企业。对于居民企业，无论其所得来自国内或国外，全部须缴纳法人税。缴纳法人税的居民企业主要分为普通法人、合作组织、公益法人以及无法人资格的社团。其中，普通法人和合作组织以全部所得作为法人税征税对象，公益法人和无法人资格的社团则只以营利性业务所得作为征税对象。

（2）税率

法人税的税率原则上为浮动型税率，由政府在考虑日本财政状况及经济形势的基础上确定。为了减轻中小企业的税收负担，法人税在确保征收的基础上，通过浮动税率的变量，谋求与其他税种的平衡。目前税率通常为23.2%。

（3）税收优惠

法人税的税收优惠包括特别折旧及特别扣除的政策，这是日本税收优惠政策的主要组成部分。作为鼓励特定产业发展的政策手段，其对象也在不断变化。一般在每年的预算编制过程中提出，以税法修正案的形式实施，也有一次立法规定其后若干年实施的情况。

2. 应纳税所得额

（1）法人税应纳税所得范围

既包括当年的销售收入、红利收入、土地及房屋等固定资产的收入、承包工程及提供其他劳务的收入、存款及贷款的利息收入等企业会计核算中列为决算收益的收入，还包括企业会计核算中不列为收益的收入，如无偿转让资产和无偿提供劳务等的收入。该类收入在会计核算层面不列为收入，但是在税务认定方面列为收入。

（2）鼓励性条款对确定应纳税所得范围的影响

根据税收规定，对于实际控股比例较高的法人投资取得的红利收入，不列为收入。如在对实际控股比例较低的法人投资时，为了不对其他投资选择产生影响，做如下规定：对于投资比例在5%及以下的企业取得的红利，20%的部分作为免税收入；对于投资比例在5%到33.33%的企业取得的红利，50%的部分作为免税收入；对于投资比例在33.33%以上的企业取得的红利，允许全额作为免税收入。

（3）税前扣除

税前扣除包括企业会计核算中与获取当年收入有关的生产成本、建设工程成本、销售费用、一般管理费、灾害损失等支出，还包括一切企业会计核算中不作为当年费用的项目，如各种准备金、特别基金。

3. 法人税追加征税制度和税额扣除制度

（1）法人税追加征税制度

① 对土地转让所得的追加征税。法人转让土地所得，除要将其纳入法人税征税所得计算综合征税外，还要对其追加特别征税。追加征税的税率因其转让土地的持有（所有）时间不同而有所区别。持有土地时间超过5年的税率为10%，超过2年不足5年的税率为20%，不足2年的税率为30%。即便是亏损法人（计算出的当年法人税征税所得出现亏损的法人），也必须缴纳该项法人税。

② 对退职金等基金征税的法人税。法人一般在信托公司等设置退职金基金，以支付雇员的退职金。法人定期向基金缴款，作为当年的费用处理。退职者在领取退职金时，要按规定缴纳个人所得税。由于个人所得税法对退职金实行轻税政策，如果不对该基金适当限制，法人就可能通过扩大基金增加职工收入而减少国家税收。现行税法规定，在各年度对退职金等储蓄性基金征收1%的特殊法人税，与综合征税分开计算，合并征收。

③ 对清算所得征税的法人税。这是一种特殊情况，当普通法人和合作组织在解散、倒闭或被兼并时，清算阶段处理资产等过程中出现的账外收益，要征收法人税。

（2）法人税税额扣除制度

① 源泉征收税额扣除。法人在取得利息、红利等时，要由支付方代扣代缴源泉征收的法人税。在年终申报时，应从计算出的法人税中扣除已源泉征收的部分。如果仅源泉征收的法人税额就超过其申报的本年度的法人税总额，那么超过部分由税务部门返还。

② 特别税额扣除。特别税额扣除是作为租税特别措施，鼓励法人开展某些开发、投资活动。具体由租税特别措施法规定，而且变化较大。现行的税额扣除主要项目如图5-2-1所示。

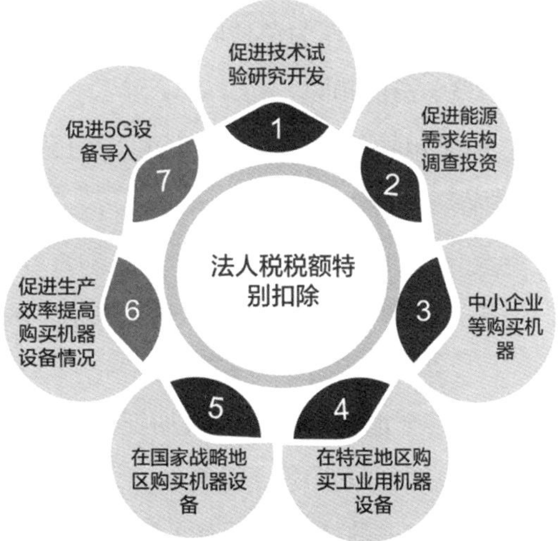

图5-2-1 日本现行的法人税税额特别扣除项目示意图

二、非居民企业法人税

1. 非居民企业的征税税率及范围

（1）征税税率

法人税非居民企业仅对其在日本内的所得承担纳税义务。居民和外国法人在日本有常设机构的，其经营所得、资产所得与居民一样采用综合计税方法，适用税率与居民企业相同。

（2）征收范围

日本对拥有常设机构的外国法人，归属于常设机构的收入所得征收法人税。具体征收范围如图5-2-2所示。

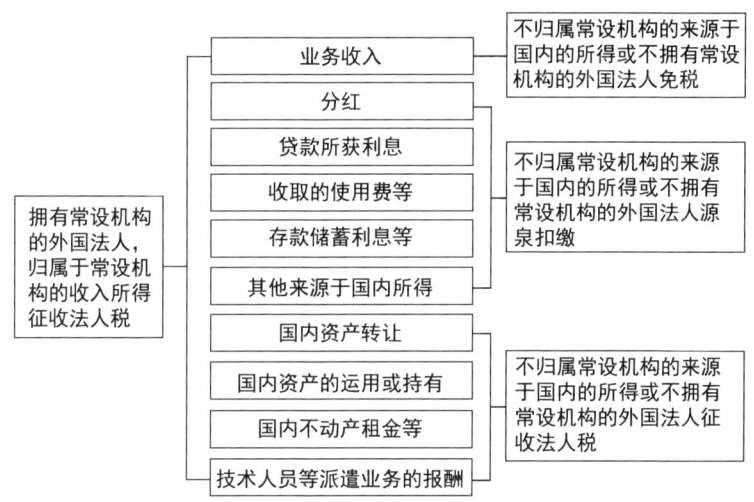

图5-2-2　日本法人税非居民企业征收范围示意图

2．预提所得税

非居民企业在日本有常设机构的，其劳务报酬、工资、股息、特许权使用费、租赁费、贷款利息、存款利息、债券、金融商品收益等必须缴纳15%—20%的预提所得税。

非居民企业无常设机构的，对经营所得免税，资产所得只限于不动产转让所得列入综合计税对象；劳务报酬、工资、股息、特许权使用费、租赁费、贷款利息、存款利息、金融商品收益等一般征收15%—20%的预提所得税。

外国法人通过在日本的常设机构开展经营活动，且只从事广告宣传、咨询服务、市场调查、基础研究和其他对于业务经营起辅助性作用的活动的，免缴法人税。

第二节　个人所得税

个人所得税原则上是对个人取得的来源于日本内的收入征税。个人所得税将纳税人分为居民和非居民，以个人居住地为主，收入来源地为辅，在征收管理方式上区别对待。

一、居民纳税人

居民纳税人指在日本内拥有住所，或在日本拥有居所且常住一年以上的人。居民根据其有无长期居住的意愿及居住时间长短，又分为普通居民和非永久居民。

普通居民：又称为无限制纳税人，是指有在日本长期居住愿望，在日本内连续居住一年以上且拥有住所的个人，其来自国内和国外的全部所得均属于征税所得。

非永久居民：居民中没有日本籍，过去10年内少于5年时间在日本，且日本国内拥有住所或居所者为非永久居民。非永久居民的课税范围与居民的课税范围相同，然而其源于国外的收入，只要不是在日本支付，或不是汇款至日本的部分，就不必在日本征税。但若国外支付的工资是基于日本内的工作，该工资也属于源自国内的所得，也要与日本支付的工资合并后计算缴纳个人所得税。

1. 个人所得税征收范围

个人所得税的征税对象是纳税人的所得。根据日本个人所得税征收制度规定，纳税人收入主要分为十大类。

（1）工资薪金收入：指工资、薪水、奖金以及其他类似收入。

（2）利息收入：指债券与存款利息和贷款信托、债券信托的收益。

（3）红利收入：指股票、入股的分红和证券投资信托（不包括债券信托）的收益。

（4）营业收入：指从事农业、渔业、制造业、批发业、零售业、服务业等经营而取得的收入。

（5）租金收入：指出租土地、房屋等不动产的收入。

（6）退职收入：指退职时得到的退职金和一次性补贴等。

（7）转让收入：指出售土地、房屋、高尔夫俱乐部会员权、股票等资产的收入（不包括出售库存资产的收入）。

（8）山林收入：指出售拥有5年以上所有权的山林或该山林的树木、活树等的收入。

（9）一次性收入：指抽奖、赛马中彩的奖金，人寿保险合同到期等一次性收入。一次性收入是指无须付出劳动服务即得到的收入或通过转让资产而得到的收入，以营利为目的的连续性行为所产出的收入以外的一次性收入。

（10）杂项收入：指公共津贴、养老保险收入、非专业作者的稿费以及非营业性借款的利息等，以上1—9项所不能涵盖的收入。

2．居民纳税人税率

对于综合征税所得，日本个人所得税实行累进税制，个人所得税税率如图5-2-3所示。

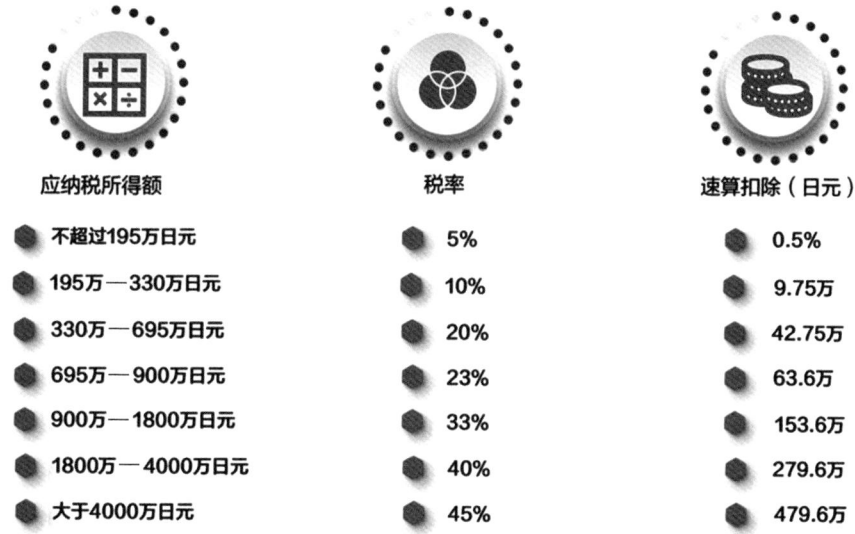

图5-2-3　日本个人所得税税率示意图

对于工资收入，按照速算法计算应课税金额，具体如图5-2-4所示。

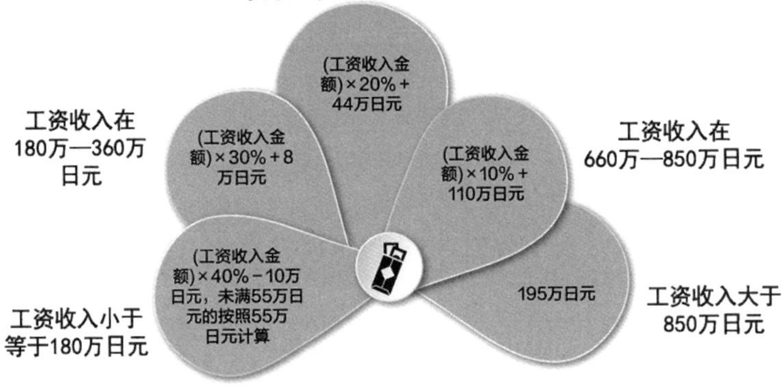

图5-2-4　日本工资收入应课税金额速算示意图

- 工资收入在360万—660万日元：(工资收入金额)×20%＋44万日元
- 工资收入在180万—360万日元：(工资收入金额)×30%＋8万日元
- 工资收入在660万—850万日元：(工资收入金额)×10%＋110万日元
- 工资收入小于等于180万日元：(工资收入金额)×40%－10万日元，未满55万日元的按照55万日元计算
- 工资收入大于850万日元：195万日元

3．居民纳税人税前扣除

日本个人所得税制度中，对于综合征税所得还要进行两个处理：一是所得项目出现亏损时的处理；二是针对低收入者等的所得扣除。

（1）所得项目出现亏损时的处理

亏损抵扣是针对租金所得、营业所得、山林所得、转让所得等可能出现的负所得，即亏损的处理。原则上可以按一定程序从其他所得中扣除，称作亏损抵扣。具体做法是，将综合征税所得分为经常性所得类（包括利息所得、红利所得、租金所得、营业所得、工资薪金所得和杂项所得）和非经常性所得类（包括转让所得和一次性所得），以便从经常性所得类中抵扣租金所得和营业所得的亏损，从非经常性所得类中抵扣转让所得的亏损。在各类所得内部还不能全部抵扣的亏损，可跨类别抵扣，仍抵扣不完时，可从山林所得和退职所得中抵扣。经过亏损抵扣仍不能抵扣完的亏损额，称为纯亏损，纯亏损按一定程序可转到以后3个年度里抵扣。

（2）针对低收入者等的所得扣除

日本个人所得税制中设有所得扣除制度，所得扣除是从减轻纳税人税负、保证低收入者基本生活的角度出发的扣除，有着社会政策的意义。

日本将所得扣除分为两大类：一类是对人的扣除，包括所有人可享受的基础扣除，如配偶扣除、抚养扣除、残疾人扣除等；另一类是对事的扣除，包括针对突发事件的扣除，如杂项扣除、医疗费扣除和针对纳税人参加社会保险或有关商业保险等支出的扣除。具体包括以下14种扣除：

① 杂项损失扣除；

② 医疗支出扣除；

③ 社会保险费扣除；

④ 小规模企业互助金等扣除；

⑤ 人寿保险扣除；

⑥ 地震保险扣除；

⑦ 捐款扣除；

⑧ 残疾人扣除；

⑨ 寡妇（鳏夫）扣除；

⑩ 勤工学生扣除；

⑪ 配偶扣除；

⑫ 配偶特别扣除；

⑬ 抚养扣除；

⑭ 基础扣除。

4. 居民纳税人应纳税额

日本个人所得税实行无起征点制度。分离征税的所得实行比例征税（山林所得除外），用扣除必要费用外的全部所得乘以税率征税。综合征税所得，除扣除必要费用外，还有所得扣除，经扣除后的全部所得适用相应税率征税。

（1）计算方法

日本所得税法规定了个人所得税的综合征税原则。也就是说，将每个纳税人一年内的各种收入合计加总，扣除各项必要的费用（纳税人及所抚养家庭人员的生活费、医疗费等）后的金额为应纳税所得额，根据应纳税所得额的金额适用超额累进税率计算税额。

日本个人所得税以年度为单位核算，税额征收基本分两步。

第一步在平时取得时做临时性征收，分两种情况：

第一种，对于工资薪金收入、利息收入、分红收入、退职收入和一次性收入等易于把握的收入，实行源泉征收。在取得该收入时，由支付单位按一定比率代扣代缴。日本个人所得税的主要部分也是源泉征收的。第二种，对于个体经营者、农业者则分别于7月和11月，依据上年度纳税额进行预缴。

第二步于年度末进行年度纳税额的计算和缴纳（日本财政年度结束日为3月31日，个人所得税纳税计算为2月16日至3月15日）。在年末缴纳时，对源泉征收或预缴的税额做扣除，实行多退少补。

个人所得税额的计算步骤如下。

① 确定和汇总每个人的应税收入，具体是用收入金额减去必要费用，求出所得，然后汇总。

② 按有关规定进行所得扣除。也就是说，虽然原则上全部计算确定的所得属于应税所得，但是出于社会经济政策目标的需要，从总应税所得中做必要的、合理的扣除。经扣除后的所得为实际上的应纳税所得额。

③ 根据适用税率计算出当年个人应纳所得税额。

④ 进行税额扣除，得出实际应纳所得税额。这主要是从避免重复征税的角度出发，对于在取得所得时支付方已交纳的税额进行扣除，主要有国外税额扣除等。

⑤ 用实际应纳税所得税额减去源泉征收所得税额得到当年申报缴纳所得税额。

⑥ 用申报缴纳所得税额减去预缴税额，得出年终应补缴（退）的税额。

5. 个人所得税优惠支持与发展方向

日本在国家税制改革中，提出了针对个人所得税的鼓励和支持的发展方向，主要包括：

（1）住宅贷款相关税额扣除政策适用期限的延长。

（2）小额投资不征税制度的修正与延长。

（3）天使投资相关所得扣除政策的修正。

（4）促进利用率低下或未利用土地使用的相关所得扣除政策。

（5）促进对国立大学科研捐款相关的所得扣除及税额扣除政策。

二、非居民纳税人

非居民纳税人只就其来源于日本的收入缴纳所得税。原则上，对非居民纳税人通过申报征收的个人所得税税率与居民纳税人相同。但是非居民纳税人因在日本工作而获得的工资收入在海外进行支付，且没有在日本申报缴纳个人所得税的，按照个人所得税制度相关规定，必须在日本申报并缴纳该工资等总额的20.42%作为税额。

对于工资收入，采取与居民纳税人相同的扣除速算法计算应课税金额（图5-2-4所示）。

非居民纳税人所得划分为各种收入，每种收入按所规定的方法计算所得金额，从收入总额中减去各项扣除后即为应课税所得，再乘以相应税率计算出应缴税额。值得注意的是，对于非居民，日本个人所得税制度也设有所得扣除制度，包括杂项损失扣除、捐款扣除、基础扣除。

第三节 消费税

日本消费税原则上是以所有国内经营活动和进口的国外货物、劳务为征税对象的税收，与以特定的物品、服务为征税对象的个别消费税不同，属于征税范围广泛的一般消费税。

消费税的纳税人是商品劳务的制造、批发、零售和服务等各环节的经营者以及进口商，但税收承担者是消费者。从这个意义上讲，消费税是间接税。而且在零售环节，消费税是价外税（中国增值税是价内税），即在商品、劳务标价的基础之上征收消费税。为了避免在生产、流通的各阶段的双重、三重课税，日本消费税法规定，允许纳税人从与课税销售额有关的消费税中扣除相关进项消费税额，形成消费税不累积征税的税收结构。

消费税的纳税义务人分为从事国内经营的纳税人和从事进口贸易的纳税人。凡从事商品销售、劳务提供以及进口贸易的经营者（包括个人经营者和法人），均为消费税的纳税人。无论是非居民还是国外法人，或是政府部门、公团、公益法人、无法人资格的社团等，只要在日本国内从事商品销售、劳务提供及进口贸易，就是消费税的纳税人。消费税的征税对象，原则上包括日本国内所有的商品的销售及服务的提供等。税法对征税对象的条件、非征税经营和出口免税做了具体规定。但是，土地的转让与出租（土地出租时间在1个月内的需要征收消费税）、捐赠、分红等不属于消费税的征税对象。

一、轻减税率制度

2019年10月1日前，消费税税率为8%（包含地方消费税1.7%）；在2019年10月1日后，实行消费税的轻减税率制度，即标准税率为10%（包含地方消费税2.2%）、轻减税率为8%（包含地方消费税1.76%）。

轻减税率适用对象主要包括如下各项。

（1）食品饮料类

① 米、蔬菜、水果等农产品，肉类乳类等畜牧产品，鱼类贝类等水产品。

② 面、面包、蛋糕点心、调味料、饮料等制造或加工食品。

③ 符合食品卫生法的添加物。

④ 一体资产，指食品和食品之外的物品一起售卖的情况（蛋糕配玩具等），不含税价格在1万日元以下，食品部分价格占总价2/3以上的，可整体适用轻减税率。

餐饮店的餐饮服务和宴会承办服务不适用轻减税率。

（2）报纸类

适用于定期订阅的每周两次以上发行的报纸。

日本制定了以下消费税优惠制度：

① 应税期间相关的基准期中应征税销售额在1000万日元以下者，可选择免征消费税，相应的适用消费税免税制度期间，进项消费税也不得抵扣。一旦确定，2年内不得变更征收方式。

② 应税期间相关的基准期中应征税销售额在5000万日元以下者，可选择简易征收。一旦确定，2年内不得变更征收方式。

二、进出口货物消费税征税规定

1．对进口货物征收的消费税

进口货物的消费税计税依据为关税的计税依据，即交易价格与个别消费税税额和关税税额的合计金额。进口消费税税率为10%（包含地方消费税2.2%）。

2．出口免税

消费税对出口免税，不仅对出口贸易等经营者的销售额不征税，而且对其出口销售额中所包含的进项税实行退税。

◆ 第三章 印度

第一节 企业所得税

一、居民企业

居民企业是指自2016年4月1日起在印度注册成立的企业或以往任意一个年度实际管理机构所在地位于印度的企业。实际管理机构所在地是企业经营管理活动的总机构所在地。印度发布的2007年6号公告对实际管理地在股东股份控制、管理控制和经营控制等方面做了明确界定。

1. 征收范围

居民企业应就其全球收入在印度缴纳企业所得税（除非有特定豁免）。如果外国公司实际管理机构所在地位于印度，则应就其全球收入在印度缴纳企业所得税。

（1）应税所得

印度居民企业的企业所得税应税所得有以下几类，见图5-3-1。

图5-3-1 印度居民企业应税所得示意图

（2）免税所得

印度居民企业如下所得为企业所得税的免税所得，见图5-3-2。

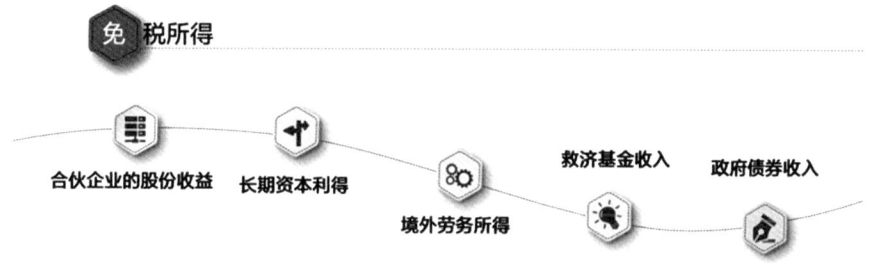

图5-3-2　印度居民企业免税所得示意图

2．税率

（1）境内企业的企业所得税基本税率为30%。此外，企业还应根据企业所得税额缴纳相应的附加税和附加教育税。一些企业执行特定的税率，具体如下。

① 2016年3月1日或之后完成注册登记的生产、制造、研发企业以及配套企业在不享受税收豁免或激励的情况下适用15%的企业所得税税率，并缴纳10%的附加税。

② 在境内研发（根据1970年专利法，至少75%的研发费用发生在印度）和注册的专利取得的特许权使用费适用10%的企业所得税税率。

③ 2017年金融法案规定，碳信用额转让的总收入适用10%的企业所得税税率。

④ 以有限责任合伙形式存在的境内企业实体同非法人合伙企业适用30%的企业所得税税率。

⑤ 在印度境外成立的外国企业和有限责任合伙企业适用40%的企业所得税税率。

（2）2019年9月20日颁布的2019年税收法律条例（修订案）对企业所得税税率进行了一些调整。

① 自2019—2020财年开始，境内企业在不享受税收豁免或激励的情况下可选择按22%的税率缴纳所得税，加10%的附加税和地方税后，实际税率

为25.17%。行使此选择权的企业无须缴纳最低替代税。此选择权一旦行使即不可撤销。享受税收豁免或激励的境内企业可在税收优惠期结束后行使此选择权。

② 自2019—2020财年开始,在2019年10月1日或之后注册成立且在2023年3月31日或之前开始生产并首次投资的新设境内制造业企业,在不享受税收豁免或激励的情况下可选择15%的企业所得税税率,加10%的附加税和地方税后,实际税率为17.16%。行使此选择权的企业无须缴纳最低替代税。

③ 选择享受税收豁免或激励的企业按照修订前的税率缴纳企业所得税,税收豁免或激励到期后企业可以选择22%的税率缴纳企业所得税,并且之后不能更改。对于继续申请税收豁免或激励的企业,最低替代税率由18.5%下降至15%,有效最低替代税率为17.47%。

3．应纳税额

公司的收入总额,减去不征税收入、免税收入、成本费用和各项扣除及允许弥补的以前年度亏损后的余额为应税所得。应税所得乘以适用税率后为所得税的应纳税额。在此基础上,再计算出附加税、地方税、附加教育税。

4．预提所得税

居民企业给非居民,包括雇员、商业伙伴及海外代理商支付费用时,应缴纳预提所得税。居民企业应按以下税率缴纳预提所得税。

表5-3-1 居民企业缴纳预提税税率表

收入类型		预提税税率（%）
利息		10
股息	认定的股息	10
	其他股息,超过5000卢比	10
特许权使用费和专业费用		10
电影销售、发行、展览的技术服务或版权费		2
从事呼叫中心业务取得的技术服务和专业费用		2
个人或家庭支付给承包商的服务费		5
博彩和赛马收入		30

续表

收入类型		预提税税率（%）
合同款项	支付给个人或家庭	1
	支付给其他人员	2
保险佣金		5
代理费或经纪人佣金		5
租金	工厂、机械或设备	2
	土地、建筑或家具	10
强制征用某些不动产取得的补偿		10
非营业性质的租金，每月超过5000卢比		5
未豁免的人寿保险费用		5
除政府、上市银行、ATM运营商等外，自取现金累计超过1000万卢比		2
过去3年未申报且申报期已过，自取现金累计超过200万卢比且不超过1000万卢比		2
过去3年未申报且申报期已过，自取现金累计超过1000万卢比		5
转让不动产支付的对价(农业用地除外)		1
短期资本利得	2008年3月31日以前	10
	2008年3月31日以后	15
长期资本利得		20

5．境外税收抵免

为避免双重征税，印度已与多个国家（地区）签订了税收协定（安排）。若未签订税收协定，居民企业可就境外已缴纳的税款申请境内税收抵免。抵免金额为应缴印度企业所得税税款和境外已缴税款的二者孰低值。

二、非居民企业

印度所得税法规定，达不到居民企业标准的公司属于非居民企业。从税收角度考虑，外国公司在印度的分公司会被视作外国公司的延伸，因此在征税时也会被认定为非居民企业。

1. 征收范围及税率

（1）征收范围

非居民企业仅就来源于印度的所得以及在印度取得的所得在印度缴纳企业所得税。根据具体情况，某些所得可能被视为来源于印度的所得。

（2）税率

非居民企业及其分支机构通常适用40%的企业所得税税率，加收2%（如果净收入超过1000万卢比但不超过1亿卢比）或5%（如果净收入超过1亿卢比）的附加税以及4%的附加教育税。

在印度无常设机构的非居民企业获得的特许权使用费适用10%的企业所得税税率。

居民企业或商业信托向非居民企业支付的外币贷款利息适用20%的预提所得税税率。

从事航运、空运、整套承包工程和设备租赁业务的非居民企业适用特殊的假定税收，即将总收入的5%—10%视为应税利润来征收企业所得税。

非居民企业从事勘探、油矿开采、厂房设备建设取得的收入按10%的税率计征。

如果中央政府同意外国企业将在印度储存有原油的设施出售给印度居民，该收入将被豁免所得税。

股东拥有的股息应按20%的税率缴税。公司分配股息需要按20%预提所得税。

对于支付给外国公司的特许权使用费和技术服务费，如果该特许权使用费和技术服务费的协议经中央政府批准或符合行业政策，按10%的税率缴纳企业所得税（并加收2%或5%的附加税以及3%的附加教育税）。

对于在印度构成常设机构或在印度拥有固定营业场所的非居民企业，如果在2003年3月31日后达成特许权使用费或技术服务费协议，且根据协议支付的特许权使用费或技术服务费与该常设机构或固定营业场所有实际联系，则支付的款项将以净收入为基础按40%的税率缴纳企业所得税（并加收

2%或5%的附加税以及3%的附加教育税）。具体如图5-3-3所示。

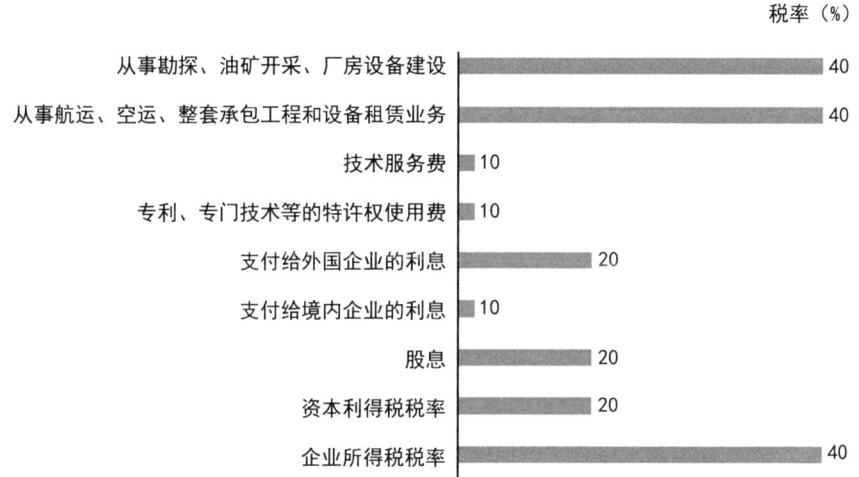

图5-3-3 印度非居民企业所得税特定税率示意图

2．预提所得税

非居民企业应缴纳预提所得税，不同项目适用不同税率，具体如图5-3-4所示。

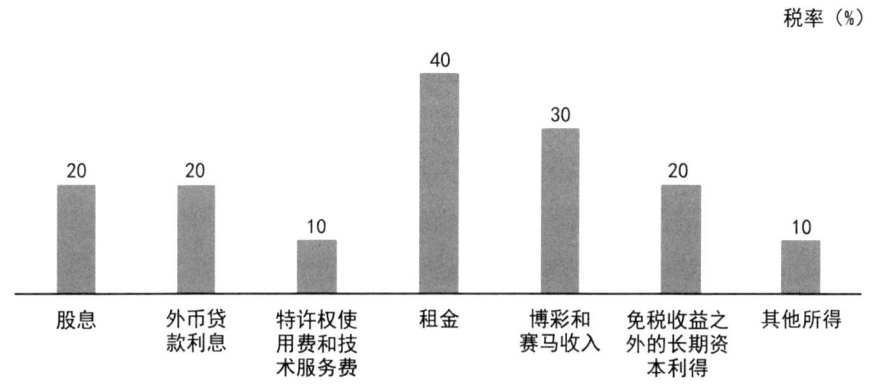

图5-3-4 印度非居民企业预提所得税税率示意图

3．境外税收抵免

非居民企业纳税人需要取得所在国税收居民身份证明，证明其属于印度以外的国家或地区的税收居民，方可享受税收协定待遇和减免。该证明须由该非居民企业所在地的政府部门签发。除取得该证明外，非居民企业纳税人还须保存其他的规定文件和信息。

三、其他

1. 股息

自2003年4月1日起，境内公司在宣告、分配或支付股息时，对应付股息总额需缴纳股息分配税，综合税率为17.304%（基础税率为15%，再加上12%的附加税和3%的附加教育税）。所缴股息分配税不能在企业所得税前列支。此外，自2014年10月1日起，在计算股息分配税时，需要将股息分配额换算成含税金额再计算税额。因此，股息分配税的实际税率变为20.37%。

如满足规定的条件，境内公司支付的（应对其征收股息分配税的）股息金额可减去其从附属公司获得的已缴纳股息分配税的股息金额。

国内公司从其拥有26%或以上股份的指定外国公司获得的股息总额，应按15%的优惠税率缴税并加收适用的附加税和附加教育税。

如满足特定的条件，境内公司从其拥有50%以上股份的外国公司获得的股息，可抵减该境内公司支付给股东的应缴纳的股息分配税。

自2011年6月1日起，由在经济特区的企业或开发商宣告派发、分配或支付的股息也应缴纳股息分配税。

2. 最低替代税

根据所得税法，若完成所有符合条件的扣除扣减后，公司的应纳税额低于其账面利润的15%，则应缴纳最低替代税。最低替代税税率为15%，另外加收适用的附加税和附加教育税（境内公司视情况按7%或12%的税率缴纳附加税，国外公司视情况按2%或5%的税率缴纳附加税；附加教育税税率为4%）。最低替代税仅对公司征收，事务所或其他个人等非公司组织不适用此税，但另需按15%的税率单独缴纳最低替代税。最低替代税有法定扣除，并需征收适用的附加税和附加教育税。

3. 回购税

境内公司回购其非上市股票应按20%的税率缴纳回购税，另外加收12%的附加税和3%的附加教育税，从而实际税率为23.072%。回购税按股票回购价格和公司发行股票取得的对价之间的差额进行计算。原股东取得回购价款无须缴税。

4. 资本利得

所得税法就资本利得适用的特别税率做出了规定。源自"资本资产"的"转让"产生收益应作为资本利得缴纳税款，并应归属于转让年度的收入。

"转让"和"资本资产"在所得税法中的定义很宽泛。此外，外国实体的股份或权益，若价值大多直接或间接源自位于印度的资本资产，则被视作位于印度的资本资产。从该类视同资本资产的转让中获取的收益应视为转让年度的收入。

资本利得在印度适用的税率，取决于转让的资本资产是短期资本资产还是长期资本资产。短期资本资产的定义是，持有时间少于36个月的资本资产。然而，若资本资产是印度公认证券交易所上市的证券、股票型共同基金或特定零利息债券，则持有时间可少于12个月。

（1）已缴纳证券交易税的特定交易的资本利得

证券交易税是指投资者对股票交易中支付或获得的对价总额支付税款。若已就交易缴纳了证券交易税，则转让印度公认证券交易所交易的股票、股票型基金或商业信托股票所产生的长期资本利得可免予缴纳资本利得税。

若转让短期资本利得，应按15%的优惠税率缴税，并视情况加收附加税和附加教育税。上述税制适用于所有类型的纳税人，包括外国机构投资者。

自2012年7月1日起，首次公开募股的非上市股票的销售也应缴纳证券交易税，并且可就长期或短期资本利得享受上述优惠税率。

（2）未就交易缴纳证券交易税的资本利得

尚未缴纳证券交易税的股票和股票型共同基金的销售，以及转让非特定证券的资本资产产生的资本利得，适用下列资本利得税税率（不含适用附加税和教育税），具体如图5-3-5所示。

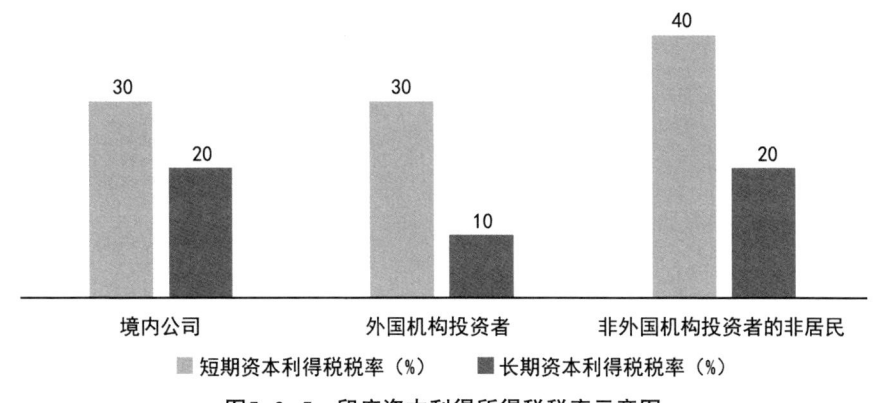

图5-3-5　印度资本利得所得税税率示意图

5．税收优惠

印度提供诸多所得税税收优惠政策，比如提供全部或部分免税、降低税率、退税、加速折旧或特殊扣除。税收优惠适用于广泛的行业。

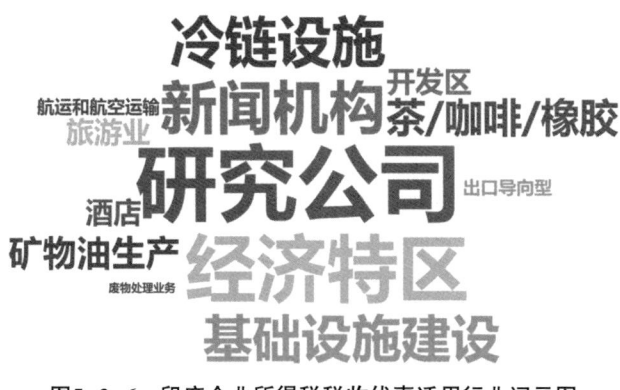

图5-3-6　印度企业所得税税收优惠适用行业词云图

在经济特区制造产品或提供服务的新成立企业有资格获得多项税收优惠，包括成立后5年的利润和收益100%免税，在接下来的5年内的利润和收益免税50%；如满足某些条件，未来5年还可免税50%；经批准的开发商可获得较长时间的免税。

从2020年4月1日开始，农业推广项目和技能开发项目的加计扣除额将从150%降至100%。

第二节 个人所得税

一、居民纳税人

印度的居民应就其全球收入在印度缴纳个人所得税。属于居民但不属于常驻居民者，仅需就以下收入在印度缴税：来源于印度的收入、被视作在印度获得或产生的收入、在印度境内获得的收入、虽从境外取得但源于在印度管控的公司或从事的职业所获得的收入。

个人若满足下列任一标准即被视为印度的居民。

① 一个纳税年度内在印度停留时间达到或者超过182天的个人。

② 一个纳税年度内在印度停留60天及以上，且在之前的4个纳税年度停留时间合计达到365天或以上的个人（对于印度船只所属船员或在境外就职从而在任一纳税年度离开印度的印度公民，或对于印度公民或印度裔个人在某一纳税年度到访印度的情况，由60天提高至182天；《2020年金融法案》将到访印度时间缩短至120天，以防止此类人员在财政年度内来自印度的总收入超过150万卢比）。

个人若既能满足上述任一标准，也能满足下列任一条件，即被视为非常住居民。

① 在之前10个纳税年度中的9年为印度非居民。

② 在之前7个纳税年度中，在印度总共停留时间小于等于729天。

所有印度企业的雇员均需缴税，除非根据所得税法或适用的税收协定可免予缴税。

1. 税率

个人所得税税率因收入和年龄的不同而不同，具体如表5-3-2所示。

表5-3-2 个人所得税税率表

净收入范围 （年龄＜60岁）	净收入范围 （60岁≤年龄＜80岁）	净收入范围 （年龄≥80岁）	所得税 税率（%）
25万以下	30万以下	50万以下	0
25万—50万	30万—50万	—	5
50万—100万	50万—100万	50万—100万	20
100万以上	100万以上	100万以上	30

2. 个人所得税附加税

个人年应纳税收入总额超过500万卢比应缴纳附加税。如果应纳税收入总额超过500万卢比但小于等于1000万卢比应缴纳10%的附加税；应纳税收入总额超过1000万卢比等于2000万卢比应缴纳15%的附加税；应纳税收入总额超过2000万卢比等于5000万卢比应缴纳25%的附加税；应纳税收入总额超过5000万卢比应缴纳37%的附加税。

二、非居民纳税人

非居民仅需就来源于印度的收入和在印度获得、累积或产生的收入在印度缴税。非居民通过业务联系、源于印度的任何资产或所得、转让位于印度的资本资产（包括在印度注册成立的公司的股票）方式所获得的所得，可被视为在印度累积或产生的收入而需缴税。

非居民纳税人适用特殊税率。非居民纳税人须按居民纳税人相同的税率缴纳预提所得税，如果年净收入超过1000万卢比还需缴纳15%的附加税和4%的健康教育税。来自外汇资产的投资收入和长期资本利得分别按20%和10%征税，且不能有任何扣除。非居民纳税人出售未上市证券取得的长期资本利得，如果已申领指数化权益按20%的税率缴税，未申领则按10%的税率缴税。特许权使用费和技术服务费的收入对应的个人所得税税率为10%。

三、应纳税所得额

通常,在印度取得或累积的所有收入均需缴税。各类收入的纳税具体规定如下。

1. 雇佣收入

与在印度提供的服务有关的所有工资收入,均被视作在印度累积或产生的雇佣收入,无论该笔收入在何处取得或取得者的居民身份如何。

2. 自雇收入和经营收入

在印度从事个体经营或业务的所有个人均应缴纳个人所得税。个人经营收入的计算与公司收入的计算类似。然而,如果总收入超过规定限额,个人可以收付实现制或权责发生制为记账基础。纳税人通常可从经营总收入中扣除所有与经营相关的费用。科研支出以外的个人费用及资本支出不可扣除。准予扣除的折旧须在规定的限额内进行申报扣除。当年发生的经营亏损可由薪金以外的其他任何来源的收入进行弥补。如果当年的经营亏损不足以弥补,在按时提交亏损年度所得税纳税申报表的情况下,可向未来8个年度进行结转。然而,结转的亏损额仅可通过经营收入弥补。投机交易的未弥补亏损仅可向未来4个年度进行结转,并且仅可由投机业务获得的利润进行弥补。剩余折旧可无限期结转。

3. 投资收入

(1)股息

从2020年4月1日起,股息收入由股东纳税,适用税率为10%,附加税按15%的最高税率纳税。居民纳税人股东取得股息收入超过5000卢比,应按10%的预提税率纳税。同样的,当共有基金或商业信托向居民纳税人股东分配股息收入超过5000卢比,应按10%的预提税率纳税。如果共有基金或商业信托等特殊机构分配给不动产投资信托公司或者基础设施投资信托公司的股息未选择22%的企业所得税税率,则股东从不动产投资信托公司或者基础设施投资信托公司获得的股息将得到税务豁免。

(2)免税利息

① 拥有境外居住资格的个人(需符合外汇管理法规的相关规定)从其

非居民外部账户取得的利息；个人从印度储备银行（中央银行）许可保留的非居民外部账户取得的利息。

② 计划内银行（就批准的外币存款）应支付给非居民或非常驻居民的利息。

4．董事费

董事费按照累进式税率缴纳个人所得税。支付给居民的董事费需按10%的税率缴纳税款。专门为取得董事费而发生的费用可列为税前扣除项目。

5．5万卢比以上的交易

在某些情况下，5万卢比以上的交易应缴纳个人所得税。个人在未支付相应对价的情况下，其获得的任何超过5万卢比的款项均应缴税。如果从非亲属方获得的动产或不动产的公允价值（或印花税计税价值）超过5万卢比，该公允价值（或印花税计税价值）应作为其他来源收入缴税。如果为获得动产或不动产而支付了对价，而对价低于该财产的公允价值（或印花税计税价值）超过5万卢比，则该公允价值（或印花税计税价值）与对价之间的差额应作为其他来源收入缴税。

以下情况不适用上述税率：

① 个人从亲属处获得的款项；

② 个人结婚时获得的款项；

③ 根据已故人遗嘱继承的款项，或根据赠与人临终前遗嘱获得的款项；

④ 从地方政府获得的款项；

⑤ 从基金、基金会、大学或其他教育机构、医院或其他医疗机构获得的款项；

⑥ 从某类信托或机构获得的款项。

6．租金收入

个人从房产（包括建筑物或土地附属物）租赁获得的租金收入，应按照规定确定应税收入，从而缴纳个人所得税。以下为可税前扣除项目：

① 房产年租金的30%；

② 为购买、建造、维修、翻新或重建房产所借资金应付的利息。

当年发生的房产亏损可由其他任何来源的收入进行弥补。如果当年的房产亏损不能全额弥补，可向未来8个年度进行结转。结转的损失仅可由源于房产的收入弥补。

四、税前扣除项目

个人可申请从总收入中扣除不超过15万卢比的为人寿保险、储蓄工具及养老基金，如印度新退休金计划等支付的费用。向印度人寿保险公司缴纳的个人和家庭养老金每年最高扣除限额为1万卢比。医疗保险费最高扣除限额为2.5万卢比。健康检查的最高扣除限额为0.5万卢比（如被保险人为60岁或60岁以上的印度居民，则最高可扣除5万卢比）。个人为父母缴纳的医疗保险费最高扣除限额为2.5万卢比（如被保险人为60岁或60岁以上的印度居民，则最高可扣除5万卢比）。未纳入保险范围的医疗费最高扣除限额为4万卢比（如被医疗人为60岁或60岁以上的印度居民，则最高可扣除10万卢比）。为接受高等教育而获得的贷款，所支付的利息可全额扣除。患有残疾或家属患有残疾的纳税人最高扣除限额不超过12.5万卢比。储蓄存款获得的利息每人最高扣除限额为1万卢比（60岁或60岁以上的印度居民最高可扣除5万卢比）。

五、税收优惠

通常，大多数薪酬收入均需在印度缴税。然而，根据特定要求，下列福利可享受税收优惠待遇。

1. 住房福利

公司提供的住房——若住房（包括房屋、公寓、农舍或宾馆、汽车旅馆、酒店式公寓、招待所、房车、活动房屋、轮船及其他悬浮式建筑的住宿）为雇主所有，则公司提供的住房福利需要缴税（但仅限于等同工资一定比例的部分）。对于人口超过250万的城市，该比例为15%；对于人口超过100万但少于250万的城市，该比例为10%；其他地区该比例为7.5%。上述计税福利金额需要减去从员工处收回的款项。若住房由雇主租赁，则计税福利金额等于支付的实际租金或工资的15%的二者孰低者，另外还需减去从员工处收回的款项。对于雇主在住房内提供的家具和家电，计税福利金额等于雇主拥有设施成本的10%或实际租金（若设施由雇主租赁）的10%，另外还需减去从员工处收回的款项。

为在矿区或陆上石油勘探区、项目施工工地、坝址、发电厂或海上工作的员工提供的住宿，若满足下列任一条件，不适用上述规定（住房福利不计税）。

① 住宿为临时性质，拥有的基座面积不超过800平方英尺，且距市区范围或宿营地不少于8千米。

② 住宿位于边远地区（根据最新发布的全印度人口普查，该地区距离人口不超过2万人的城镇至少40千米）。

③ 酒店住宿——若为员工提供酒店住宿（包括汽车旅馆、酒店式公寓或招待所性质的有营业执照的居所），则需以雇主支付的费用或工资的24%的二者孰低者减去从员工处收回的款项为基础缴税（除非是为员工搬迁提供住宿且不超过15天）。为搬迁提供的该类住宿无须缴税。

2．雇主缴纳项目

雇主缴纳的以下项目，如不超过规定限额，则不必计入雇员的应税薪酬：

① 报销的医疗费用；

② 印度退休福利基金缴款，包括公积金、抚恤及养老基金。

部分津贴（包括租房津贴和度假旅行津贴）可免税，或以一个较低值计入应纳税所得额，但需符合特定条件。雇佣开始或结束时支付的额外津贴需计入应税薪酬中。非居民纳税人若停留时间少于182天，则根据税收协定可享受相似的免税优惠，但是适用条件有所不同。在外国轮船上工作且在纳税年度中在印度停留不超过90天的非居民外籍员工也无须就其收入缴纳税款。

六、其他

印度还为其他个人所得做了缴税规定。

1. 除股票和证券以外的资产的资本利得

源于短期资产转让的资本利得按照标准税率缴税。应计提折旧资产的销售收入须用于抵减该资产的余额价值（包括本年度增加额）。如果销售收入超过相关资产的余额价值，则超额部分被视为短期资本利得，并按照标准税率缴税。长期资本利得是指持有期限超过3年的资产获得的收益。如果长期资本利得在6个月内进行再投资，可在某些情况下免税。如果新资产在购买后3年内出售或在某些情况下用作贷款或预付款担保，则出售原始资产的资本利得应在新资产出售或用作担保的年度缴税。

如果纳税人或纳税人的父母在转让日期前的至少两年内将土地用于农业，且纳税人在转让日期后两年内将收益用于购买用于农业的其他土地，则土地转让产生的资本利得免税。如果销售农业用地获得的收益未进行再投资，则持有农业用地的时间若不超过3年就按短期收益缴税，若超过3年就按长期收益缴税。

2. 在印度证券交易所上市的股票及证券的资本利得

转让在印度公认证券交易所上市的股票或股票型基金所获得的长期资本利得（源于持有期限超过一年的上市证券的收益）免税，前提是此交易已缴纳证券交易税。在印度公认证券交易所转让股票或股票型基金获得的短期资本利得按15%的优惠税率缴税（加收附加教育税），前提是该交易已缴纳证券交易税。首次公开募股中按公开要约出售的未上市股票也应缴纳证券交易税，如果股票持有时间超过一年（长期资本利得），则由此产生的收益可免税；如果股票持有时间不超过一年（短期资本利得），则应按15%的优惠税率缴税（加收附加教育税）。

3. 通货膨胀调整

在计算长期资本利得时，资产成本可因通货膨胀进行调整。这一调整不适用以下情况：

① 非居民转让以外币收购的印度公司股份；

② 居民或非居民转让债券或信用债券。

4．印度未上市股票及证券的资本利得

长期资本利得（未在印度任何证券交易所上市的股票，包括在印度境外证券交易所上市的外国公司股票，以及持有期超过3年的其他特定证券产生的收益）应在经通货膨胀调整后，按20%的税率缴税（加收附加教育税）。对于非居民，该收益应按10%的优惠税率缴税（加收附加教育税），无须进行通货膨胀调整。

源于转让上述股票及证券的短期资本利得按照标准税率缴税。

5．资本亏损的抵减

短期及长期资本亏损不可冲抵其他收入。纳税年度期间产生的短期资本亏损可与短期资本利得或长期资本利得相抵减。短期亏损余额可向未来8个税务年度结转，并与该8个年度产生的短期或长期资本利得相抵减。税务年度期间产生的长期资本亏损仅可与长期资本利得相抵减，不可与任何其他收入相抵减。长期亏损余额可向未来8个税务年度结转，并与该8个年度产生的长期资本利得相抵减。

6．外汇资产的资本利得

非居民或需按照10%的税率就特定外汇资产的长期资本利得缴纳预提税。由于资本利得以收购印度公司股票或信用债券所使用的货币计算，因此非居民可以免受以卢比计价的印度公司股票或信用债券销售价值的波动影响。在计算资本利得后，将资本利得换算为卢比。该计算过程中不可进行通货膨胀调整。

7．雇主提供的股票期权

雇员因员工持股计划产生的收入应作为薪金收入缴税。从税收角度看，员工持股计划产生的收入是指雇员行权日的公允市价减去雇员支付的行权价格。因此，公允市价是指按照所得税法规定的方法确定的价值。按上述方法计算股份出售时产生的资本利得。

第三节 货物与劳务税

货物与劳务税分为4个子税，即中央货物与劳务税（CGST）、邦货物与劳务税（SGST）、综合货物与劳务税（IGST）和中央直辖区货物与劳务税（UTGST）。其中，中央直辖区货物与劳务税相当于邦货物与劳务税，属于地方政府一级税收。邦货物与劳务税须经过各邦的立法机构批准，印度的29个邦以及德里和普杜里中央直辖区已批准并执行邦货物与劳务税。此外，没有立法机构的其余5个中央直辖区执行中央直辖区货物与劳务税法。另外，按照货物与劳务税补偿税法，中央将对部分邦因税改造成的财政损失进行补偿。

一、征收双轨制

印度货物与劳务税改革后将实行"双轨制"，中央和邦政府作为征税人同时征收各自的GST。

开征双轨GST后，原由中央和邦政府征收的其他相关流转税原则上取消。印度在全国实行了GST统一税率后，废除了17个间接税税种，使间接税税制更加简化，税收抵扣范围扩大，解决了全国市场分割和税种碎片化问题，增强了企业产品的成本优势，在一定程度上促进了印度经济增长，提高了中央政府在国民经济运行中的调控能力。

二、抵扣原则

在进项抵扣方面，新税实行分级征收、分类抵扣。缴纳中央货物与劳务税时可抵扣上一环节的中央货物与劳务税。同样，邦货物与劳务税抵扣规定也是如此。具体的抵扣原则如下：

（1）中央货物与劳务税和邦货物与劳务税不允许交叉抵扣。

（2）综合货物与劳务税可以和中央货物与劳务税及邦货物与劳务税交叉抵扣。

（3）同一种税优先抵扣。具体顺序是：中央货物与劳务税首先用中央货物与劳务税抵扣，然后用综合货物与劳务税抵扣，不能用邦货物与劳务税抵扣；邦货物与劳务税首先用邦货物与劳务税抵扣，然后用综合货物与劳务税抵扣，不能用中央货物与劳务税抵扣；综合货物与劳务税首先用综合货物与劳务税抵扣，然后用中央货物与劳务税抵扣，最后用邦货物与劳务税抵扣。

三、征税对象和范围

除了两项例外，所有货物和劳务基本都纳入GST征收范围。一是白酒。新修正的宪法和各GST法都明确规定，白酒不纳入GST征收范围。GST改革后白酒仍按原制度征税，即征收邦增值税（或邦销售税）和酒消费税。二是原油、高速柴油、汽油、航空燃油和天然气这5种石油产品以及电力、能源产品。

四、税率

目前，货物与劳务税的基本税率有4档，即5%、12%、18%和28%，每档税率为中央货物与劳务税和邦货物与劳务税的合计税率，即两者各征50%。此外，还设有0.25%和3%两档适用于钻石、未经加工的宝石以及金、银等少量货物的税率。因此，如果不包括对出口实行的零税率，印度货物与劳务税实际上有6档税率。

绝大部分商品的税率都在18%以下，特定奢侈品和有害商品在适用28%的税率的同时，还需征收附加税。

复合交易是指应税人员向购买方提供两种或两种以上的应税货物和/或

服务，或其任何组合，在日常业务过程中相互联系并自然捆绑供应，则其中一种为主要商品或服务。复合交易按照主要的商品或服务的税率征税。

混合交易可以分开操作，按照税率最高的商品或服务征税。混合交易是指两个或多个单独的货物或服务供应不是自然绑定。

五、税收优惠

虽然GST委员会明确提出要尽可能减少GST免税项目，但实际免税项目很多。服务免税项目实际是原"服务税"免税项目。需要说明的是，这里的免税项目，即销项税适用零税率、进项税不允许抵扣的应税项目，在公布的税率表或税率手册中，表示为"税率为零"的项目，与出口适用的零税率不同。此外，对年度营业额未超过200万卢比（约21万人民币）（特定邦是超过100万卢比，约10.5万人民币）的企业免征GST。

由政府批准和认可的（初创）在孵企业在批准之日起三年内，一个纳税年度内的总营业额不超过500万卢比的服务免征GST。

六、简易征收

对上一年营业额不超过500万卢比的小企业实行简易征收，税率因行业而异：制造业2%，餐饮服务业5%，其他行业1%（中央货物与劳务税、邦货物与劳务税的征收率分别减半，为1%、2.5%和0.5%）。该简易征收方式不适用于跨邦交易的商品和服务提供商（饭店服务除外）以及特殊类别的生产制造商。

七、补偿附加税

为保障邦政府收入，减少GST改革阻力，印度在GST改革方案的设计过程中，通过《第101次宪法修正法》和《货物与劳务税（对各邦补偿法》，建立了GST改革利益补偿机制，即因GST改革造成的邦政府收入损失5年内由中央政府补偿。为此设立"GST补偿基金"，并由中央政府临时开征补偿附加税作为基金的资金来源。

对适用28%高税率的一些特殊应税项目，主要包括烟草产品、奢侈品和对社会有害的"不健康"产品，除征收GST以外，还征收补偿附加税，税率1%—204%不等，烟草产品实行比例税率+定额税率的复合税率。

◆ 第四章 俄罗斯

第一节 企业所得税

俄罗斯企业所得税由所有取得应纳税所得额的法人单位在纳税年度缴纳。法人单位包括在俄罗斯注册和实际管理机构在俄罗斯的公司（俄罗斯税收居民）和通过常驻机构在俄罗斯开展活动或从俄罗斯获得收入的外国企业（非俄罗斯税收居民）。应纳税所得额是按照《税法典》规定核算的收入减去税法规定的可扣除的支出和费用后计算的利润。

一、居民企业所得税

根据《税法典》，居民企业需要对其来源于俄罗斯境内和境外的全部所得，在俄罗斯缴纳企业所得税。

依据《税法典》，俄罗斯企业所得税的居民纳税人为在俄罗斯注册成立的企业、实际管理机构在俄罗斯境内的外国企业，以及根据适用的税收协定被视为俄罗斯税收居民的外国企业。

1．征税对象及税率

（1）征税对象

对俄罗斯企业所得税的居民纳税人，征税对象是全球范围内的收入减去根据《税法典》所列费用后的利润，即全球范围内的应纳税所得额。通常，收入和费用的会计核算方法为权责发生制和收付实现制。征税收入分为营业收入和营业外收入。同时，根据《税法典》的规定，还有52项免税收入。一般而言，企业可以扣除会计年度内已经支付或应当支付的所有必要费用支出，以便开展以营利为目的的业务。费用被分为生产销售费用、间接费用和营业外支出。某些费用的扣除应遵循《税法典》规定的上限，公司支付的股息不可抵扣。《税法典》将费用定义为企业所承担的合理的有票据的支出或亏损，其中列出与生产和销售有关的费用共6个方面。

（2）税率

税率分为法定税率和特定类型的所得税率。

① 法定税率。企业所得税的法定税率为20%，其中2%支付给联邦预算（2017年至2024年为3%），18%的税率支付给联邦主体预算（2017年至2024年为17%）。

② 特定类型所得税率。具体如图5-4-1所示。

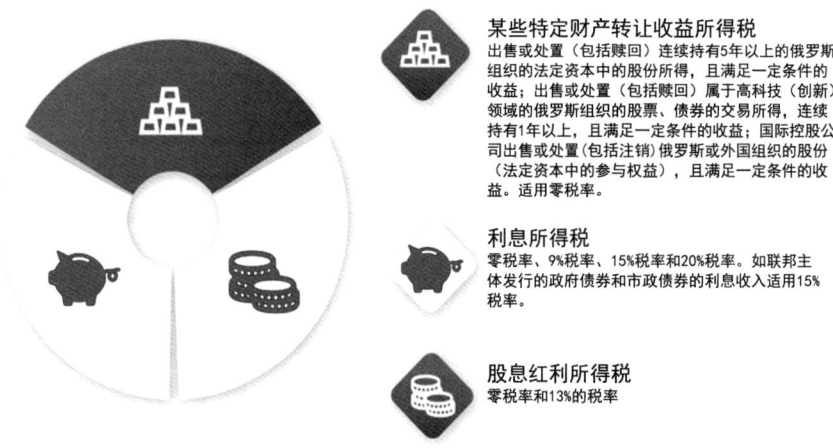

图5-4-1 俄罗斯所得税特定类型所得税率示意图

根据《税法典》的规定，企业所得税的纳税期为一个日历年。纳税人须在纳税年度次年的3月28日前提交年度所得税纳税申报表。此外，纳税人在年度内须按季或按月提交简化纳税申报表，纳税人也可以选择每月累计报告收入（报告第一个月、前两个月，前三个月等的收入）。无论选择哪种报告期，申报的截止日期为申报期后的次月28日。

2．大型企业集团的合并纳税

大型俄罗斯企业集团可以合并其所属企业的所得税纳税与申报。合并纳税申报制度是可选的，仅适用于俄罗斯公司（不允许跨境合并）。要组成一个合并纳税集团，纳入合并纳税集团的成员公司必须签署《税收合并协议》。组成一个合并纳税集团，必须同时满足一系列条件，其中最重要的是：

① 直接或间接参与另一家公司至少90%的资本；

② 公司未进入清算、重组或破产程序；

③ 公司的净资产额必须超过其股本；

④ 增值税、消费税、企业所得税和矿产开采税的全年总税额至少为100亿卢布；

⑤ 集团成员合并后的营业额至少为1000亿卢布；

⑥ 集团成员合并后的资产总值至少为3000亿卢布。

一般而言，合并纳税开始的时间是在税务机关登记注册的第一天，合并利润是根据集团成员的所有收入和支出确定的，集团成员合并前的亏损不能从合并纳税集团合并的收入中扣除。离开合并纳税集团后的成员无法弥补合并纳税集团产生的亏损。自2017年1月1日起，合并纳税集团的亏损成员应确认的亏损金额，限于纳税当期合并纳税集团合并税基的50%。

在下列情况下，合并纳税集团不再存在：

① 《税收合并协议》中指定的合并期限到期；

② 终止税收合并协议；

③ 合并纳税集团的负责纳税申报成员不符合成为合并纳税集团成员的条件；

④ 法院宣布《税收合并协议》无效；

⑤ 合并纳税集团的负责纳税申报成员进行重组、清算或破产。

对合并纳税集团的处罚。如果合并纳税集团的成员向负责合并纳税申报集团成员提供了不正确的信息，导致少付了税款，则处以20%的少付税款的罚款（如果是故意行为，则处以40%的罚款）。

3．税收优惠

（1）豁免企业所得税纳税人义务

根据《斯科尔科沃创新中心联邦法律》和《创新科技中心联邦法律》的条款规定，获得创新科技项目参与者的税收居民，自取得身份之日起10年内，其进行研究、开发并将其成果商业化所获得的利润，有权按照《税法典》规定的条件和方式豁免企业所得税。但是，创新科技项目参与者丧失了参与者身份或者创新科技项目参与者年销售货物、劳务、服务、产权等收入总额超过10亿卢布的除外。

（2）税率优惠

① 从事教育、医疗活动的法人实体取得的收入（股权、债权收入除外）适用零税率。

② 符合《税法典》规定标准的农业和渔业生产者销售其自产的农产品或自行加工的农副产品适用零税率。

③ 区域投资项目优惠税率。自实施区域投资项目生产货物销售取得第一笔利润的纳税期开始的10个纳税期，区域投资项目参与者根据税收会计数据，应计入联邦预算的企业所得税税率为零税率；应计入联邦主体预算的企业所得税税率由俄罗斯各联邦主体的法律规定。《税法典》规定了税率范围：自实施区域投资项目生产货物销售取得第一笔利润的纳税期开始的前5个纳税期，应计入联邦主体预算的企业所得税税率不超过10%，在第6—10个纳税期，应计入联邦主体预算的企业所得税税率至少为10%。

④ 对于参加特殊投资合同的纳税人，应计入联邦预算的税率为零税率，应计入联邦主体预算的企业所得税税率由俄罗斯各联邦主体在《税法典》规定税率范围内立法确定，可降低为零税率。

⑤ 经济特区优惠税率。对科技创新型经济特区和旅游休闲型经济特区的居民企业，应计入联邦预算的企业所得税税率为零税率；其他经济特区的居民企业应计入联邦预算的企业所得税税率为2%。应计入联邦主体预算的企业所得税税率由俄罗斯各联邦主体在《税法典》规定税率范围内立法确定，《税法典》规定的税率不超过13.5%。在加里宁格勒经济特区，从投

资项目的实施中获得第一笔利润开始的前6个纳税期，适用零税率；第7—12个纳税期，减按10%的税率征收，其中，应计入联邦预算的企业所得税税率为1%（2017年至2024年为1.5%），应计入联邦主体预算的企业所得税税率为9%（2017年至2024年为8.5%）。

⑥ 跨越式发展区和符拉迪沃斯托克自由港优惠税率。符合条件的纳税人从跨越式发展区或符拉迪沃斯托克自由港投资项目获得第一笔利润的纳税期开始5个纳税期内，应计入联邦预算的税率为零税率；应计入联邦主体预算的企业所得税税率前5个纳税期内不高于5%，之后的第6—10个纳税期内不低于10%，具体由各有关联邦主体立法确定。如果符合条件的纳税人投资后连续3个纳税期内（投资额至少为5亿卢布的为连续5个纳税期；投资额至少为10亿卢布的为连续6个纳税期；投资额至少为1000亿卢布的为连续9个纳税期）未从跨越式发展区或符拉迪沃斯托克自由港投资项目获得第一笔利润，则第4个纳税期（投资额至少为5亿卢布的为第6个纳税期；投资额至少为10亿卢布的为第7个纳税期；投资额至少为1000亿卢布的为第10个纳税期）视同获得第一笔利润的纳税期，计算适用优惠税率的纳税期限。

⑦ 克里米亚和塞瓦斯托波尔自由经济区优惠税率。从自由经济区实施指定投资项目获得第一笔利润的纳税期开始连续10个纳税期内，应计入联邦预算的税率为零税率；应计入相应联邦主体预算的税率可以设置为0%—13.5%，具体由克里米亚共和国和塞瓦斯托波尔联邦市在自由经济区执行的投资项目与开展的活动类型立法确定。

⑧ 废物利用优惠税率。对被指定的城市固体废物管理区域运营商，从合同规定的提供固体城市废物管理服务中获得的利润，应计入联邦主体预算的税率为零税率，据此应计入联邦预算的税率也为零税率。

⑨ 向公民提供社会服务的组织（税收居民）在纳税期内满足一定条件的，有权适用零税率。

（3）亏损弥补

在纳税年度中，每季度的利润按累计方式计算，即当前纳税人的某项活动中出现的季度亏损可用于抵销同一纳税期从另一活动中获得的利润。

不可从企业所得税中扣除，不可提前执行的资本亏损除外。在某些情况下，如果纳税人在发生亏损期间按零税率缴纳企业所得税，则不能结转亏损。例如，适用零利率的教育、医疗企业生产经营产生的损失，或者在斯科尔科沃创新中心作为项目参与者的公司进行的研究活动产生的损失。

（4）计提准备金或储备金税前扣除

税法允许法人为将来的成本或支出形成储备，作为费用税前扣除。例如坏账准备金、担保准备金和未来研究与开发费用储备金等。

（5）研发费用扣除优惠

可按实际记录的成本的1.5倍加计扣除费用，另外，研发的无形资产初始成本可费用化。

（6）安置残疾人就业

吸纳残疾人和退休人员的企业实施特殊的税收优惠政策，即企业中残疾人数超过职工总数的50%或残疾人和退休人员数量超过职工总数的70%，企业所得税减半征收；但采取税收优惠制度的必要条件是，这类企业应将所获利润的一半以上用于残疾人的基本社会需求。

（7）社会公益事业

各种社会团体、社会联合会、社会慈善基金、创作联合会所属企业的利润，宗教组织从事宗教活动和销售宗教活动必需品所得利润，用于实施企业章程规定活动的利润，免税。

（8）小微企业

对于从事农产品生产和加工、民用消费品生产、建筑和建材生产的小企业，如果其上述业务的销售总额占其全部销售货物、劳务、服务总额的70%以上，那么，在其创建后的前两年免缴企业所得税。如果企业成立后的第三年和第四年其上述业务活动的销售总额达90%以上，分别缴纳企业所得税的25%和50%。

（9）境外所得税收抵免

根据《税法典》规定，对在国外缴纳的企业所得税给予抵免，但抵免的数额限于对该收入按俄罗斯企业所得税法计算的税额。计算国外纳税的抵免额，应汇总纳税人的所有来源收入，超出抵免限额的部分不允许结转后进行抵免。对于外国股息，只有在税收协定中规定的情况下，才可以对在国外支付的任何预扣税项给予抵免。

二、非居民企业

根据《税法典》规定，通过常设机构在俄罗斯境内从事经营活动的外国企业或者有来源于俄罗斯收入的外国企业需要在俄罗斯缴纳企业所得税。其中，通过常设机构在俄罗斯境内从事经营活动的外国企业归属于常设机构的所得的企业所得税纳税义务和税收管理与居民企业类似；外国企业与常设机构无关的来源于俄罗斯境内的所得实行来源地税收管辖权，由俄罗斯境内的支付方代扣代缴企业所得税。对通过常设机构在俄罗斯进行活动的非居民企业，征税对象是归属于常设机构的全球所得，即收入减去根据《税法典》所列费用后的利润。对于没有俄罗斯常设机构，或与常设机构的业务无关的来源于俄罗斯收入的非居民企业，征税对象是《税法典》所列示的从俄罗斯境内获得的收入。

1. 应税收入

非居民企业通过俄罗斯境内的常设机构开展活动的应税收入与居民公司的收入相同，税法特定条款限定居民纳税人的除外。

非居民企业未通过俄罗斯境内的常设机构开展活动，但从俄罗斯获得的来源于俄罗斯的以下类型的应税收入，须缴纳企业所得税：股息收入、清算所得收入、利息收入、特许权使用费收入、股权转让收入、销售不动产收入、租金收入、国际运输收入、合同违约金收入、投资于封闭式租赁基金或房地产基金收入以及其他类似收入。

此外，也有一些例外情况：

① 非居民企业在俄罗斯销售除上述股权、不动产外的货物和权益以及承包工程、提供劳务未构成常设机构而取得的收入，不视为俄罗斯来源的收入；

② 支付给外国合伙人的再保险费和奖金不视为俄罗斯来源的收入；

③ 非居民企业从俄罗斯存托凭证发行人发行的证券和参与证明书取得收入不视为俄罗斯来源的收入。

2．税率

（1）非居民企业设立常设机构的

归属于非居民企业在俄罗斯设立的常设机构的利润，一般须按适用于居民企业的税率征税，法定税率为20%，2017—2020年，其中3%的税率支付给联邦预算，17%的税率支付给联邦主体预算。常设机构从居民企业取得的股息收入按15%的税率征税；依据判例法，如果在俄罗斯设立常设机构的外国企业所在地、国家（地区）与俄罗斯签署了带有任意一项非歧视条款税收协定，这一税率可申请税收协定待遇降低至适用于居民企业的13%的股息预提税率。

（2）非居民企业未设立常设机构的

① 股息红利所得税税率。

15%税率。除非《税法典》另有规定，该税率适用于非居民企业取得的股息收入。

5%税率。2019年1月1日—2029年1月1日，非居民企业从国际控股公司获得股息收入，同时该国际公司为2018年1月1日前按照外国法人迁居程序在俄罗斯注册的上市公司，在决定支付股息之日被确认为国际控股公司，并且非居民企业直接参与该国际控股公司超过5%的股份，并向扣缴义务人提供了最终受益所有人证明以及该收入权利在外国代名持有人、授权持有人或托管人的托管账户中进行登记的有关信息的，适用5%的税率。如果非居民企业承认没有以股息形式取得收入的实际权利的（非受益最终所有人），可以依照《税法典》的规定，对其他外国人（最终受益所有人）适用5%的税率。

② 利息所得税税率。

零税率。适用于1997年1月20日前发行的国家和地方债券的利息收入；1999年在第三系列境内国家外币贷款债券更新发行实施期间、为解决苏联和俄罗斯外币债务发行的国家外币债券的利息收入。

9%税率。适用于2007年1月1日前发行的且发行期不少于3年的市政债券的利息收入；2007年1月1日前发行的抵押贷款债券的利息收入；信托管理创始人收购抵押贷款债券经理人2007年1月1日前签发的抵押贷款证明书取得的收入。

15%税率。适用于下列类型债券的利息收入：联邦主体发行的政府债券和市政债券的利息收入；2007年1月1日后发行的抵押债券的利息收入；信托管理创始人收购抵押贷款债券经理人2007年1月1日后签发的抵押贷款证明书取得的收入；俄罗斯居民企业（不含被认定为居民企业纳税人的外国组织）于2017年1月1日—2021年12月31日发行的以卢布计价的在证券市场上流通的债券的利息收入。

20%税率。适用除上述以外的其他类型的利息收入。

从2013年12月3日起，非居民企业从俄罗斯居民企业发行的债券取得的收入（不包括股息形式的收入），必须根据《税法典》规定的方式、形式和时间，向扣缴义务人提供其取得该债券利息收入的最终受益所有人资格证明，以及该收入权利在外国代名持有人、授权持有人或托管人的托管账户中进行登记的有关信息，否则适用30%的税率（按照《税法典》规定，债券收入适用零税率，支付人不计算也不代扣代缴税款的除外）。

③股权转让收益所得税税率。

零税率。外国企业在俄罗斯未构成常设机构，转让不动产占企业全部资产50%及以下的俄罗斯企业股份取得的收益；或者在公开证券市场转让的俄罗斯企业股份取得的收益。

依据《税法典》，出售或其他处置（包括赎回）俄罗斯组织的法定资本中的股份所得，当持股连续5年以上且符合一定条件时，适用零税率；出售或其他处置（包括赎回）属于高科技（创新）领域的俄罗斯机构的股票、债券所得，当持股连续1年以上且符合一定条件时，适用零税率。

20%税率。外国企业在俄罗斯未构成常设机构，转让不动产占企业全部资产50%以上的俄罗斯企业的股份取得的收益。

④ 国际运输收入税率。

非居民企业经营国际运输使用、维护或租赁（包租）船舶、飞机或集装箱（包括运输所需的拖车及辅助设备）及其他移动运输设备所取得的收入（与该公司通过其常设机构在俄罗斯境内的活动无关），适用10%税率。

⑤ 其他收入所得税率。

20%税率，租金、特许权使用费、转让不动产等，除上述①—④以外的其他所得。

第二节 个人所得税

现行俄罗斯个人所得税纳税人分为两类：一类是俄罗斯常住居民个人，对其来源于俄罗斯境内外的全部所得纳税，除非税收协定另有规定，在境外缴纳的税款不会从在俄罗斯计算的税款中扣除；另一类是从俄罗斯境内取得收入的非俄罗斯常住居民个人，仅对其来源于俄罗斯境内的所得（只有特定的几类）纳税。现行的个人所得税显著特征是实施统一的比例税率（取消了累进税率）。

2020年6月23日，俄罗斯总统普京在全民电视讲话中宣布，从2021年1月1日起，俄罗斯公民年收入超过500万卢布的部分适用15%的个人所得税税率，即年收入超过500万卢布的部分的个人所得税税率从13%提高到15%，意味着从2021年起，俄罗斯的个人所得税税制将实行累进税率。这将每年增加600亿卢布的预算收入，该笔收入将用于治疗患有罕见疾病的儿童。

一、居民纳税人

俄罗斯常住居民个人的判定标准是俄罗斯公民和外国公民或无国籍人士，连续12个月内在俄罗斯居住至少183天。简单合伙企业的合伙人按其收入份额缴纳个人所得税。

1．征税范围及税率

（1）征税范围

居民纳税人的个人所得税征税范围包括受雇所得、投资所得、资本利得、营业和专业所得，具体如图5-4-2所示。

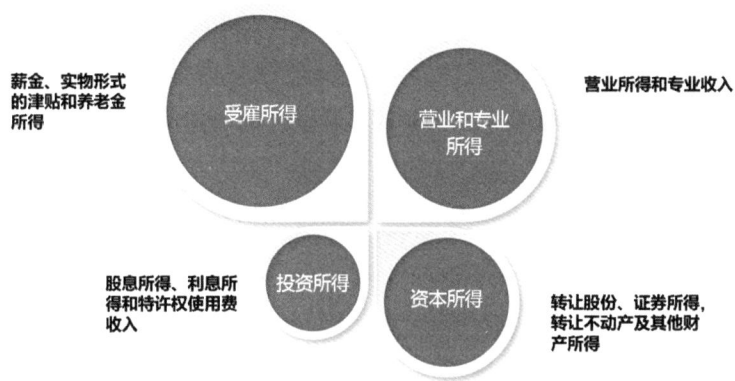

图5-4-2 俄罗斯居民个人所得税征税范围示意图

（2）税率

俄罗斯居民的所有收入均适用13%的个人所得税税率。以下两种情况例外：

① 在2007年1月1日前发行的抵押债券的利息的税率为9%；

② 特定类型的非雇佣收入的税率为35%。

（3）纳税期限和纳税申报

个人所得税以日历年为准，由雇主在支付时代扣代缴或者由纳税人按年度自行申报。

2．税收优惠

《税法典》规定了个人所得税5项扣除项目，包括：标准扣除额、社会化扣除额、房屋扣除额、经营业务费用扣除额和投资扣除额。

（1）标准扣除额

① 切尔诺贝利核污染及其他核辐射受害者、卫国战争中的残疾人等群体的纳税人每月扣除额为3000卢布；

② 苏联及俄罗斯英雄、三级荣誉勋章获得者、国内战争和卫国战争的参加者，自幼残疾和一、二度残疾人，符合上述条件的每月扣除额为500卢布；

③ 抚养子女的父母、养父母每月扣除额，按照所供养的子女数量和扣除标准计算扣除额。

同时符合上述①②项扣除额的纳税人，只能选择其一扣除。

（2）社会化扣除额

包括教育费用扣除、医疗费用扣除、保险费扣除、劳动资格评估费扣除和捐赠扣除。

（3）房屋扣除额

纳税人在俄罗斯为取得或者建造房屋所发生的实际费用可以扣除，包括抵押贷款的本金和利息，最高扣除额为200万卢布（2008年1月1日前建造或购买的住宅扣除额为100万卢布）。

（4）投资扣除额

投资扣除额分为个人投资账户投资所得扣除额和外国企业或者外国非法人单位清算取得的财产处置所得扣除额。

（5）免税收入

① 由国家或市政府提供的最低保障所得。

② 银行储蓄利息所得。

③ 以个人养老计划为基准的国家养老金款项和从养老基金中得到的款项。

④ 雇主为雇员及其家属提供的医疗支援。

⑤ 来自经批准的私人农场的牲畜饲养和农业活动的收入。

⑥ 5年内以合伙方式从事农业活动取得的收入。

⑦ 因资产重估而获得的红利股。

⑧ 处置持有超过5年（2016年1月1日前为3年）的不动产所得。从2016年1月1日起，处置持有满3年的不动产免税的优惠，仍然适用于继承财产、家庭成员赠与的财产，以及私有化和执行以房养老扶养协议取得的不

动产。

⑨ 转让俄罗斯公司股份所得的资本收益，在转让之时已持有5年以上。

⑩ 转让动产取得的所得，在转让时持有3年以上。

⑪ 个人因无法人资格的外国企业（外国实体）的清算而获得的收入（现金或实物），同时符合下列条件的：个人在报送纳税申报表时，向税务机关提出免税申请，并提供被清算的外国企业或实体向纳税人转让财产账面价值的证明文件；无法人资格的外国企业（外国实体）的清算在次年3月1日前完成。

二、非居民纳税人

俄罗斯非居民个人所得税纳税人是指连续12个月内在俄罗斯居住不满183天，但有来源于俄罗斯境内应税所得的自然人，其中境外旅行、不到6个月的短期境外治疗或培训以及因用工合同或其他责任到境外工作或提供服务等情况，不中止居住时间的计算。非居民纳税人仅就其来源于俄罗斯境内的所得征税。

1. 税率

（1）具有高素质专家身份的外籍员工在俄罗斯受雇所得收入，以免签证形式停留在俄罗斯的非居民外籍人士和凭借特殊许可证从事为个人、家庭和类似需求工作的个人在俄罗斯受雇所得收入，适用税率为13%。

（2）非居民个人从俄罗斯公司收到的股息收入，适用税率为15%。

（3）上述①除外的非居民个人来源于俄罗斯的收入，适用税率为30%。

（4）特定类型的非雇佣收入的税率为35%。

2. 税收优惠

《税法典》规定了特殊类别的外国公民的特定收入免于缴纳个人所得税。

（1）除俄罗斯以外的国家外交使团人员以及与他们生活在一起的家属取得的与外交和领事服务相关的来源于俄罗斯的收入。

（2）外国政府代表处的行政和技术人员及其家属，如果不是俄罗斯的公民或者不是永久居留在俄罗斯，取得的与外国政府代表处工作相关的所得。

（3）外国政府代表处的随从服务人员，如果不是俄罗斯的公民或者不是永久居留在俄罗斯，取得的与外国政府代表处服务工作相关的所得。

（4）国际组织的雇员按照国际组织章程活动取得的收入。

（5）在俄罗斯银行储蓄利息所得。

（6）2019年1月1日起，居民纳税人转让不动产所得免税条件开始适用于非居民纳税人，即自然人出售自有的持有年限不少于3年的不动产免征个人所得税的规定，适用于继承或者家庭成员及近亲属间相互赠予的不动产转移，以及私有化和执行以房养老扶养协议进行的不动产转移。取得的其他不动产出售时，若要免征个人所得税则需要持有该不动产5年以上。自然人将自有住宅拆分出售时，分割后的不动产产权应从原房屋登记的时候算起。若符合上述持有时间规定，则免征个人所得税。

第三节 增值税

一、征税对象

1992年1月1日起，俄罗斯取消了苏联时期的周转税和销售税，开始征收增值税。俄罗斯目前实行的增值税是根据2000年8月5日通过的《税法典》征收的，属于消费型增值税，适用目的地原则，把国民经济的所有行业都纳入增值税征收范围。在俄罗斯境内销售或提供货物、劳务和服务的收入都要缴纳增值税，即对在俄罗斯境内消费或使用以及进口的货物、劳务和服务征收增值税，在俄罗斯境外使用的出口货物或服务豁免征收增值税。

增值税的征税对象如下：

① 在俄罗斯领土上销售的货物（劳务、服务），包括销售已质押的货物、根据补偿协议或续订协议转让货物（劳务、服务）以及转让产权。货物（劳务、服务）的销售是指货物（劳务成果、提供服务）所有权的转移。

② 俄罗斯企业内部用于生产需要而转移的货物（劳务成果、提供服务）。

③ 自用建筑安装工程。

④ 进口到俄罗斯或其管辖范围内的其他领土的货物。

⑤ 外国企业通过互联网向俄罗斯居民提供的电子服务，包括通过互联网提供计算机软件使用权、游戏和数据库的使用权，以及提供互联网广告服务、发布信息服务，提供数据库服务，提供电子书和网上音乐、视频等。

增值税税基为应税销售额，根据销售货物（劳务、服务）的价值确定，该价值以不含增值税的价格计算。

二、税率

目前，俄罗斯增值税税率分为零税率、低于标准的税率（10%）和标准税率（20%）三档税率。

1. 零税率

适用零税率的范围如下：

① 通过海关出口货物（石油、凝析油和天然气除外）和在俄罗斯境外提供相关服务；

② 与不征收增值税的出口货物的生产和销售有直接关系的劳务；

③ 与过境运输有直接关系的服务（国际运输服务）；

④ 以统一的国际转运协议为基础的旅客和行李的转运服务（出发或目的地在俄罗斯境外的俄罗斯境内的旅客、行李运输业务）；

⑤ 直接为宇宙空间提供的劳务以及依赖宇宙空间技术工艺并与之有关的地面准备劳务；

⑥ 贵重金属开采者或利用含贵金属的废金属及下脚料的生产者卖给俄

联邦贵金属和宝石国立基金、俄联邦中央银行、其他银行的贵金属;

⑦ 外交代表机构及与之享受同等待遇的代表机构的专用货物(劳务、服务)以及这些代表机构的外交官或行政技术人员及其随行家属的自用货物(劳务、服务);

⑧ 2014年3月18日至2016年1月1日期间,对出发地或目的地位于克里米亚共和国或塞瓦斯托波尔市的国内旅客及行李运输服务;

⑨ 从2018年1月1日起,按照保税区规定程序存放的货物,按照海关处理程序存放的货物再出口的转口货物,按照保税区、保税仓库的程序存放的货物再出口的转口货物或出口存放货物生产出来的产品;

⑩ 2019年10月1日起,在俄罗斯国际机场提供的列入俄罗斯政府批准名单的国际航空运输相关服务。

2.10%低税率

增值税税率为10%的货物种类由俄罗斯政府根据全俄产品分类表和对外经济活动货物清单加以规定,包括四类:基础食品类货物、儿童货物类、期刊(广告杂志和色情杂志除外)和个人使用的医药产品。此外,销售用于工业加工和工业消费食品用途的农产品和米粉产品,销售用于技术目的、饲料生产和药品制剂生产的粮食、鱼粉和海产品等,适用10%税率。

3.20%税率

除以上低税率货物外,其他货物(劳务、服务)包括应征收消费税的食品,增值税税率都为20%。

如果企业生产和销售按不同税率征税的货物,会计部门应根据规定的税率分开核算产品销售额和增值税额,并按货物种类在结算凭证中指明增值税额。如不能保证分开核算,则统一适用20%的最高税率。

此外,在实践中还常常使用结算税率。结算税率是从基本税率派生出来的,根据基本税率倒推出的以含增值税的收入为税基的税率,如20%税率的结算税率为16.67%。销售货物(劳务、服务)的价格包含增值税时,常常使用结算税率计算增值税。

从2017年1月1日起,外国企业向俄罗斯个人提供电子服务的增值税税率为16.67%，电子服务的增值税计税依据为包含增值税在内的电子服务价值。

三、税收优惠

俄罗斯的税法规定了全国统一的增值税税收优惠，地方政府无权改动。

1. 豁免增值税纳税人义务

（1）销售额在规定范围内的纳税人

纳税人前3个月的销售额不超过200万卢布的，可申请免征增值税，免征增值税的期限为12个月，在此期间，销售额均不得超过此限额。纳税人销售应征消费税的货物或进口货物的除外。

（2）适用统一农业税制的农产品生产者

适用统一农业税制的企业和个人企业家，纳入统一农业税制征税范围的销售商品（劳务、服务）的年收入金额2018年不超过1亿卢布、2019年不超过9000万卢布、2020年不超过8000万卢布、2021年不超过7000万卢布、2022年及以后年度不超过6000万卢布的，豁免增值税纳税义务。纳税人销售应征消费税的货物或进口货物的除外。

（3）创新科技项目参与者

根据《斯科尔科沃创新中心联邦法律》或2017年7月29日的《创新科技中心联邦法律》被认定为项目参与者（创新科技项目参与者）税收居民，自其获得该身份之日起10年内，其进行研究、开发并将其成果商业化所销售的货物、劳务、服务、产权（销售进口货物的除外），豁免增值税纳税义务。但创新科技项目参与者丧失了参与者身份或者创新科技项目参与者年销售货物、劳务、服务、产权等收入总额超过10亿卢布的下列情况除外：

① 创新科技项目参与者年销售货物、劳务、服务、产权等收入总额超过10亿卢布的纳税期的第一天起，按照权责发生制获得的累计利润总额超

过3亿卢布（企业研发中心除外）；

② 企业研发中心创新科技项目参与者年销售货物、劳务、服务、产权等收入总额超过10亿卢布的纳税期的第一天起，按照权责发生制获得的累计利润总额超过10亿卢布，或者企业研发中心向关联方销售货物、劳务、服务、产权等收入的金额少于其总收入的50%。

2．不征增值税项目

（1）货币兑换交易（除非此类交易的目的是古币）、股份收益和其他参与权收益（股息）、集团内部重组的固定资产、无形资产和（或）其他资产转让以及非营利性组织的转让固定资产、无形资产和其他财产。

（2）无偿转让住宅、幼儿园、疗养所以及其他用于社会文化用途和市政住宅用途的设施；向国家权力机关和地方自治机关转让道路、电网、电站、煤气管道网、引水设施，或按上述机关的决定将上述设施转让给专业使用和经营这些设施的机关。

（3）转让按私有化程序购买的国有企业和市政企业的财产。

（4）在俄罗斯立法、联邦主体立法和地方自治机关文件规定的情况下，国家权力机关系统、地方自治机关系统中的机关完成职权范围以内的工作（提供服务）。

（5）将固定资产设施无偿转让给国家权力机关、地方自治机关和依靠预算支持的机关、国有企业和市政企业。

3．免征增值税项目

（1）在生产阶段的药品和医疗用品的生产。

（2）一个企业的一些部门为生产需要而销售给该企业其他部门的产品、半成品，工程和劳务的销售额。

（3）以非生产性为目的，销售、交换、无偿转让所购置的含增值税的固定资产和货物，但以超过购买价的价格销售上述货物的情况除外。

（4）销售军需品和俄罗斯国防部提供劳务所取得的资金，但必须用于改善军人、退役人员和这些人员家属的社会经济条件和住房条件。

（5）煤炭开采企业向煤炭销售机构出售煤炭和选煤产品的销售额。

（6）企业生产者直接出口的货物、出口的劳务和工程，以及出口货物的运输、装卸、换装服务。

（7）外国外交代表机构及这些代表机构的外交人员和行政技术人员及其家属个人使用的货物和劳务。

（8）城市客运服务（出租车服务除外）以及近郊客运服务。

（9）住宅房租，包括公寓房租。

（10）以私有化方式收购的国有企业财产、以国有财产为基础建立的租赁企业的租金。

（11）保险、贷款和货币存款业务以及结算账户、往来账户和其他账户业务。

（12）与外币、货币、银行券和有价证券流通相关的业务，但印制和保管上述货币和证券的业务除外。

（13）邮票（不含集邮邮票）、明信片、信封、彩票的销售。

（14）律师公会成员提供的服务。

（15）地下资源付费。

（16）与工业产权对象相关的专利许可证业务（不含中介业务）以及著作权的取得。

（17）某些公共饮食企业自产的产品，如大学生食堂、其他学校的食堂、医院、儿童学前机构以及预算拨款的社会文化领域其他机构和单位的自产产品。

（18）与教具生产过程和教育过程相关的教育领域的服务、教育培养儿童的服务、向儿童和青少年提供体育设施的服务。

（19）教育机构的企业制造和销售的货物（劳务、服务），但须将其收入直接用于发展和完善教育。

（20）依靠国家预算以及俄罗斯基础研究基金、俄罗斯技术发展基金、各部和相关部门的预算外基金而完成的科学研究和试验设计工作，由教育机构根据经济合同而完成的科学研究和试验设计工作。

（21）文化艺术单位和宗教联合会的服务，电影、戏剧演出、体育、文化教育和娱乐措施。

（22）赌场、游艺机营业额和赛马场中彩收入。

（23）殡仪馆和墓地的葬礼仪式服务，包括制作纪念碑、墓志铭，由宗教组织主持葬仪。

（24）罚没的和无主的财产的销售额。

（25）为矿石深加工和精炼而出售精选矿和含有贵金属的其他工业品的销售额。

（26）为居民提供的有偿医疗服务、药品、医疗用品、医疗器械、疗养证、旅行证等。

（27）精神病治疗机构所属的治疗劳动小型工厂，以及残疾人社会组织所生产和销售的货物（劳务、服务）。

（28）残疾职工超过企业职工总数50%以上的企业、机构和组织销售的自产货物（劳务、服务）。

（29）在实物劳动报酬和工资实物配给项下销售集体农庄、国有农场和其他农业企业自产产品。

（30）民间手工艺制品。

（31）按俄罗斯政府规定的方式运入俄境内的人道主义援助物资，向外国公民和派驻俄罗斯的法人出租办公和居住场所。

（32）输入俄罗斯境内的下列货物：食品（应课消费税的食品除外）及其生产原料、列入俄罗斯政府规定清单的儿童货物、用于科学研究目的的仪器设备、技术设备、药品、医疗设备，以及用于生产这些设备的原料与配件。

（33）向企业出售用于加工的宝石原料和贵金属原料的销售额。

（34）农业企业出售给曾在本企业工作过的老人和残疾退休人员的货物、工程和服务。

（35）结核病防治所和精神病治疗机构所属的，以及社会保障机构所属的教学生产小型企业所销售的自产货物（劳务、服务）。

（36）从事某些种类活动的许可证发放费。

（37）外商投资企业自登记注册之日起一年内运入俄罗斯境内用于该企业法定投资的货物。

（38）运入俄罗斯境内的用以保证生产、诊断用的医疗免疫生物制剂，预防和治疗传染病与流行病的技术设备及其配件和材料。

（39）按政府间协议以及与外国组织和公司签订的共同科研协议，输入俄罗斯境内作为外国用于无偿技术援助的货物和技术设备。

（40）为教育机构进口的书籍、定期刊物和教学参考书。

（41）2018年1月1日—2019年6月30日，在俄罗斯机场和港口提供的列入俄罗斯政府批准名单的飞机和技术服务；从2019年7月1日起，在俄罗斯机场提供的列入俄罗斯政府批准名单的飞机和技术服务。

四、退税与免征

1. 退税

（1）留抵进项税额退税

如果一个季度可抵扣的进项税额超过了当期的销项税额，纳税人则有权申请进项税额退回。下列两类纳税人有权使用加速退还增值税的程序：

① 纳税人在前3个日历年中缴纳的增值税、消费税、企业所得税和矿产开采税总额不少于20亿卢布（不包括纳税人跨俄罗斯边界交易缴纳的税额以及纳税人作为扣缴义务人扣缴的税额），并且纳税人提交增值税申报时已经成立至少3年；

② 纳税人提交增值税申报表时已经向税务机关提交了适当的银行担保。

（2）出口货物退税

企业出口货物（劳务、服务）时，其向原材料供货单位支付的增值税，如果在出口时仍未得到补偿，则由税务机关从预算予以补偿。提供有权享受税收优惠的凭证满180天后，征入预算的增值税额返还给出口纳税人。

2. 海关代征

（1）俄罗斯对自非独联体国家进口的产品征收进口环节增值税。进口环节增值税的税基为产品海关申报价格、进口关税和消费税三项之和，税率为20%（部分食品和儿童用品的税率为10%）。在俄罗斯境内加工和销售进口货物过程中的新增价值也需缴纳增值税。

（2）下列进口货物在跨越俄罗斯海关时不征税。

① 根据《对俄罗斯无偿援助立法、税法和由于实施对俄罗斯的无偿援助而进行的国家预算外基金优惠付款立法文件的修改补充》联邦法，按俄罗斯政府规定的程序进口的对俄罗斯的无偿援助货物（征收消费税的货物除外）；

② 进口俄罗斯政府批准的名单上所列外国产药品；

③ 防治传染病（按俄罗斯政府批准的名单）的生物免疫药品的生产原料；

④ 赠送给俄罗斯文化遗产和国家遗产收藏单位的艺术珍品；

⑤ 国家图书馆、市政图书馆和博物馆收到的国际交换出版物，以及国家专业机关非商业交换的电影制品；

⑥ 俄罗斯组织在外国国家领土上根据国际条约生产的产品；

⑦ 作为单位的法定资本投入而进口的工艺设备、成套配件和备件；

⑧ 未经加工的天然钻石；

⑨ 外国国家外交代表处以及与其同等的代表处使用的物品，这些代表处的外交官和行政技术人员及其家属使用的物品；

⑩ 俄罗斯和外国的法定货币以及有价证券；

⑪ 俄罗斯渔业企业捕捞和生产的海产品。

3. 产品分成协议下的征税和免税

与俄罗斯相关政府部门签署产品分成协议条件下的投资人和业务人，按照规定并根据下列特点计算和支付税金：用于完成产品分成协议设计资料规定工程的货物、劳务和服务签订的合同进口到俄罗斯关境的货物以及履行该产品分成协议的外国法人、外国投资人或相关业务人在俄罗斯境内提供的服务，免于征税。

免税申请需提交如下资料：一是产品分成协议相关人员签订的合同副本或者具体协议的供货人或以投资人名义签订合同的业务人签订的合同副本；二是供货人（承包人、承运人）向投资人提交的发票副本；三是产品分成协议投资人或者业务人按俄罗斯政府规定的形式提交的保证书，该保证书确认，文件中指定的货物、工程、劳务用于产品分成协议所规定的工程；四是运输单据和货运单据副本；五是相关货物明细账单，账单指明货物名称、按产品分成协议所使用的货币在不免税情况下计算的货物价值。

投资人作为产品分成协议的一方或业务人在计算税金时，从每个纳税期应上交的预算税金总额中扣除他们在上述纳税期因完成上述协议工程而支付的税金。投资人作为产品分成协议的一方或业务人在每个纳税期由于实施上述协议而支付的税金超过他们在该纳税期因销售产品、实施工程（其中包括未销售产品和未实施工程）而计算的税金，按规定的程序和期限在上述纳税期行将结束时从预算中将差额退还给投资人或业务人。在国家不遵守上述期限时，应当将预算退还的税金，按有关时期俄罗斯中央银行的再融资利率以俄罗斯货币加算利息；在按外汇核算的情况下，按伦敦银行间同业拆放利率加算利息。

在矿产原料开始动工开采以后，相应日期之前未从预算返还给投资人的那部分税金，要按产品分成协议条款用属于国家的那部分产品予以偿还，产品价值与应返还的税金价值相等。

◆ 第五章 英国

第一节 企业所得税

英国企业所得税亦称公司税或法人税,是对法人实体的利润所得征收的税种。企业所得税的基准税率为19%。

一、居民企业所得税

英国的居民企业是指在英国境内成立的企业,或其管理、控制机构在英国境内的企业。居民企业就其来源于全球的利润,即所得和应税利得(如资本利得)缴纳企业所得税。然而,居民企业可以选择不将其外国常设机构的利润计入本企业的应纳税所得额。对于选择上述方式的居民企业,其常设机构发生的亏损也不能在税前扣除。

对于从英国或英国大陆架的石油开采或石油权利中赚取利润的公司,有不同的企业所得税率。这类公司,征收篱笆圈企业所得税,其适用税率为30%,但对应税利润额小于30万英镑的企业适用税率为19%。

1. 专利盒制度

税收优惠包括:折旧、投资优惠、专利盒制度(详细如下)。适用专利盒制度的专利需要满足的条件如下。

(1)由英国知识产权局、欧洲专利局或欧洲经济区内特定国家授予的专利权;一些因国家机密和公共安全而尚未公开的专利;医药、兽医和农业等行业的其他创新知识产权,如监控、市场专营权、附加保护认证和植物品种权等。

（2）该专利必须符合合格开发的条件，即该专利有所创新和发展，或者已开发出应用该专利的产品。

（3）节能资产。与天然气重复加气设施、节水技术和节能技术相关的成本费用第一年适用100%全额税前扣除。相关主管机构会定期更新节能技术名单。企业若因享受了上述投资优惠，在扣除成本费用后发生了亏损，企业可以选择换取现金补贴。

（4）翻新位于落后地块的商业建筑。企业在指定的落后地块装修、改造或维修商业建筑所发生的费用可在第一年全额税前扣除。

（5）创意产业。2017年4月开始，8种类型创意公司可以申请进行税务减免，这8类公司须直接参与生产和发展，具体为某些电影、高端和儿童电视节目、动画节目、视频游戏、戏剧作品、管弦乐音乐会和博物馆或画廊展览的公司。为了获得创意产业税减免，所有电影、电视节目、动画或电子游戏必须通过文化测试，或通过国际商定的共同生产条约获得资格——证明生产的是英国电影或英国电子游戏。戏剧作品、管弦乐音乐会和展览不需要申请和通过文化测试。

2．应纳税所得额

企业所得税的征税收入范围是所得和应税利得，包括直接投资、间接投资、资本利得。

英国公司的非应税收入指免税收入和不征税收入，包括但不限于以下内容：

① 从本国其他公司取得的股息，即免税投资收入；

② 某些政府和地方权力机构的补助金（拨款）；

③ 大部分出售固定资产取得的收入。

（1）税前扣除

一般情况下，企业经营活动中发生的费用才可税前扣除。对于某些特定的费用有具体的扣除和限制措施。

① 通常，利息和特许权使用费可以税前扣除，而股息不能。但在特殊情况下，一些利息和特许权使用费可能被认定为股息，不得税前扣除。

② 利息扣除规定：英国设置了借贷关系体制，旨在多数情况下，使债务工具的利息、折价和溢价的税务处理方法与会计处理方法一致。该体制中还包含反滥用应对措施，如全球债务上限规定，这项规定对债务费用的税前扣除进行了严格的限制。

③ 在不违背法律规定的前提下，英国税务与海关总署允许企业按照一般公认会计原则（GAAP）计提准备金并在税前扣除，但所有的费用都只允许扣除一次。

（2）亏损弥补

企业发生的经营亏损，通过以下方式处理：

① 亏损抵销当年度实现的其他收入（不能抵销免税的投资收益），也可以冲抵当年度的资本利得。

② 亏损可以向前追溯一年以抵销以前年度实现的利润。

③ 亏损可以结转下期以抵销相同业务在以后年度实现的利润。若公司在以后年度发生重大股权变更和在三年内公司经营业务和经营方式发生重大变化，上述规定将受到限制。

④ 停止经营的企业可向前结转经营损失，抵销前36个月取得的利润。

⑤ 另一种选择是，通过集团减免转移亏损。若企业75%的股权由集团内部企业持有，则该企业发生的经营亏损，可以用来抵销同一期间集团另一成员企业实现的利润。

对于企业的资本亏损，可向后无限期结转用以冲抵未来年度产生的资本利得，但不可向前结转，也不可用于抵减营业利润。

（3）特殊事项的处理

① 境外所得税抵免。英国居民企业在境外就某项收入或利得已缴纳的直接税款，在英国境内就该项收入或利得计算缴纳所得税时，准予使用其在境外已缴纳的税款直接抵扣应纳企业所得税，但不包括非英国分支机构被豁免的直接税款。另外，抵扣额不得超过上述收入、利得按照英国企业所得税法计算的应纳税额。若英国居民企业取得境外公司的股利，且该居民企业拥有境外公司至少10%的投票权，那么境外公司派发股利的相应所得

在境外已经缴纳的所得税款，也可在英国减免。若该股利符合免税条件，则其相应境外税款不可享有境外所得税减免。

② 吨税。在英国，若公司是需要缴纳企业所得税的实体，同时运营符合规定的船舶（从战略和商业角度这些船舶均由英国管理），则可选择缴纳吨税而不缴企业所得税。吨税是一种替代方法，根据所运营船舶的净吨位计算企业所得税应税利润。吨税应税利润替代了船运业务及相关业务的调整应税利润或亏损、吨税应税资产的应税收益或损失，其他利润则依据常规公司税制缴纳企业所得税。

③ 适用于银行业的公司税制。自2016年1月1日起，对银行利润超过2500万英镑的部分开征8%的附加税。

3．应纳税额

应税所得额是将公司在每一会计期的应税利润总额（包括按不同类目计算的该期所得）加上资本收益，扣除允许减除的捐赠和允许弥补的亏损等计算得出。来源于境外的所得不论是否汇回英国均应包括在总利润中，但国外子公司的所得需待利润实际分配以后，才能归属英国母公司。应纳税所得额，按照比例税率计征单一的企业所得税。

4．合并纳税

英国法律并不认可合并纳税。但若一企业75%的股权由集团内部企业持有，则该企业发生的经营亏损，可以用来抵销同一期间集团另一成员实现的利润。联营企业也有类似并适用的专门规定，即准予联营企业内部，将某一企业发生的亏损部分转移到另一企业。

某一集团成员的资本损失不能与其他集团成员的资本利得合并纳税。但是，资产出售方和另一集团成员可以选择将取得的资本利得转移到发生资本损失的一方，抵销双方的资本利得和资本损失。

5．其他：资本利得

企业处置应税资产取得的利得应按企业所得税税率计算缴纳所得税。英国税法规定的资本利得是指应税资产的转让价减除该应税资产的初始成本和使用过程中符合资本性支出后的差额。通常只有处置1982年3月31日后取得的资产，其资本利得才缴纳企业所得税。在计算资本利得的过程中，企业可因通货膨胀的因素额外扣除一部分金额；该金额以零售价格指数的涨幅为基准来计算。企业只能在计算应税资本利得时将上述可扣除金额作为扣除项，不得用于增加税前列支的损失。

英国有实质性股权豁免政策，对满足以下条件取得的资本利得一般可以免税：

① 转让方拥有受让方10%或超过10%的股权；

② 在股权转让前6年，持续持有股权12个月及以上；

③ 符合条件的机构投资者拥有的公司适用额外豁免，即如果投资公司的股份低于普通股资本的10%，但成本超过5000万欧元，则亦可满足实质性持股条件；

④ 对于合格机构投资者拥有的公司，如果该公司至少80%的普通股由一个或多个合格投资者直接或间接拥有，则出售股份的损益将全额免除。如果拥有25%到80%的股权，则可按比例给予豁免。

如果企业出售资产是为了未来再投资，那么出售资产取得的资本利得在符合一定条件的情况下，可享受递延纳税。此外，还有一系列与资本利得相关的特殊规定。

二、非居民企业所得税

不在英国境内成立，且其管理、控制机构也不在英国境内但有来源于英国的所得的企业。英国对非居民企业仅就其来源于英国境内的所得缴纳企业所得税。

非居民企业在英国境内设有常设机构时才需在英国缴纳企业所得税；当取得的收入来源不属于英国常设机构时，非居民企业缴纳相应的预提所得税。如果一家企业按英国国内法被认定为居民企业，但按双边税收协定中的相关条款被认定为非居民企业，那么在计算该企业的所得税税额时，以非居民企业计算方法计算。非居民企业来源于英国境内的所得和利得，适用19%

的税率，不适用有关低税率，除非可以适用相关税收协定的无差别条款。

1. 预提所得税

下列情况，企业应向英国税务与海关总署支付预提所得税。

（1）利息。一般情况下，向非居民企业支付利息须预提19%的预提税。但是，向非居民企业支付的欧元债券利息免缴预提税；支付短期利息，如期限短于一年的借款，也免缴预提税。如果能提供银行备案的申报文件，那么非居民企业的银行存款利息也无须缴纳预提税。此外，利息的支付需要从HMRC处得到事前许可。

（2）特许权使用费。向非居民企业支付特许权使用费，须预提19%的所得税。

（3）其他收入。如管理服务费用、商业和工业专有知识和其他类似服务的费用不缴纳预提税。但是，向非居民企业支付不动产租金则需要预提19%的所得税。

但是，不管股息是否在英国支付，都没有预提税。

2. 其他：资本利得

非居民企业取得的资本利得一般不予征税，因此，境外非居民母公司出售英国子公司股权取得的利得无须在英国纳税。但是，若非居民企业在英国设有常设机构，出售该常设机构日常经营使用的位于英国境内的资产所产生的利得，应按企业所得税税率计算并缴纳所得税。

第二节 个人所得税

英国的个人所得税是通过设定扣除和不同档次税率的制度来运转的。每个人都有个人扣除额，税前总所得额减去扣除就得出应纳税所得额，当然各项所得的费用在汇总时已作扣除。个人扣除额依年龄的增长而增加。除个人扣除额之外，已婚夫妇扣除额同样随年龄的增长而增加。另外，应税所得的级距及扣除额都依当年零售物价指数的升高而做通货膨胀调整。

一、居民纳税人

一般而言,前往英国的个人若满足以下任一条件将有可能被认定为英国税收居民:

① 该个人连续365天在英国全职工作(平均每周至少工作35小时),且至少75%的工作日在英国度过;

② 该个人唯一或全部住宅都在英国,此状态至少持续91天且至少在上述91天中有30天属于同一纳税年度;

③ 该个人在一个英国纳税年度内,至少在英国停留了183天;

④ 该个人满足英国的法定居民综合测试的要求。

1. 征收范围

个人所得税的应税收入主要包括:受雇所得工资和福利;自由职业者取得的利润(包括通过网站或App软件提供的服务);某些国家福利;大部分养老金(包括国家、公司和个人养老金及退休年金);超过限额的储蓄和养老债券利息;租金收入(除了出租部分自住房屋并取得7500英镑以下的收入);工作取得的津贴;信托所得;公司股票分红等。

(1)非应税所得

个人所得税的非应税收入主要包括:从免税账户获得的收入,比如个人储蓄账户和国家储蓄券;政府有奖债券或者国家彩票奖金;出租部分自住房屋并取得7500英镑以下的收入等。

(2)免税所得

在2020—2021税收年度中,英国个人所得税的标准免税额为12,500英镑,2022年之后,标准为12,570英镑。如果申请婚姻津贴和盲人津贴,那么免税额会更多。但是如果净收入超过100,000英镑,那么每超过2英镑,免税额将减少1英镑,直至变为0。

2. 税收优惠及税前扣除

(1)税收优惠

以下类型(包括但不限于)的个人收入不需要缴纳个人所得税:

① 符合一定条件的储蓄利息;

② 部分免税账户的收入，如2020/2021财年，个人储蓄账户（ISA）中不超过20,000英镑的收入免税；

③ 部分国家福利；

④ 房东出租部分自住房屋取得的不征税收入额为7500英镑；

⑤ 自营职业的第一个1000英镑收入免税；

⑥ 出租财产取得的第一个1000英镑收入免税。

（2）税前扣除

英国个人所得税的税前扣除考虑了婚姻因素和纳税人是否残疾等因素。允许扣除的费用包括：基础扣除、抚养扣除、劳动所得扣除、老年人扣除、病残者扣除、寡妇（鳏夫）扣除和捐款扣除等。这些扣除项目的金额，按法律规定，每年随物价指数进行调整。

3．应纳税额计算方法

（1）将个人取得的所有不同来源收入依法减去不征税收入后的净所得进行加总，得出总收入；

（2）从总收入中依法减去与取得收入相关的，为完成经营活动本身而支出的必要费用，得出法定总所得；

（3）从法定总所得中依法减去各项允许扣除的费用，得出应税所得；

（4）将应税所得乘以适用所得税税率，得出应纳个人所得税税额。

二、非居民纳税人

根据英国的法定居民综合测试规定，个人在一个英国纳税年度内停留英国的时间少于16天，或者在之前的3个纳税年度停留英国的时间少于46天且均被认定为非居民纳税人，该个人一般被自动认定为非居民纳税人。

1．征收范围及税率

（1）征收范围

非居民个人纳税人可能需要在英国缴纳个人所得税的收入包括：薪金补贴、租金收入、储蓄利息、工资等。

非居民个人纳税人仅就其来源于英国的所得缴纳个人所得税,如英国工作所得和某些来源于英国的投资收入。在某些情况下,如果个人不在英国,但收到来源于英国的收入,只要该收入与其在英国受雇有关,这笔收入就须在英国缴纳个人所得税。

(2)税率

非居民纳税人个人所得税税率与居民相同。若满足避免双重征税协定的条件,属于非居民纳税人的个人在英国取得的收入可享受税收协定的税率或者豁免待遇。

2. 税前扣除及税收优惠

(1)税前扣除

如果非居民纳税人符合一定条件,也可以享有个人免税额。比如,该非居民纳税人是欧洲经济区成员国的国民。

(2)免税优惠

英国税法规定了非居民纳税人某些免除所得税义务的情况,包括但不限于以下内容:

① 各外国使节、大臣和其他外国代表及全体工作人员;
② 来访的人员和外国陆海空三军全体工作人员;
③ 在英国已经登记的慈善团体的工作人员;
④ 友谊互助会工作人员;
⑤ 经批准成立的养恤基金会的工作人员。

第三节 增值税

增值税的纳税人包括:在英国提供应税商品和劳务,且通过生产营业获得收入的个人、合伙企业、团体或公司、从事进口业务者。课税范围涉及工业、农业、商业以及服务业等。英国增值税税率有零税率、5%低税率及20%标准税率三档。

一、税收优惠

1. 免税项目

可以免征增值税的货物和服务示例如下：

① 体育和体育活动；

② 博彩和游戏，包括下注赌博和机会游戏；

③ "宾果"，包括在互联网、电话、电视或收音机上玩的远程游戏；

④ 彩票销售；

⑤ 在线彩票游戏；

⑥ 彩票销售零售商佣金；

⑦ 公共当局或符合资格的文化机构对某些文化活动（如参观博物馆、艺术展览、动物园和表演）收取入场费；

⑧ 私人出售给公共机构的古董、艺术品或类似资产（作为历史房屋的资产）；

⑨ 用于解决对HMRC的欠税而抵偿的古董、艺术品或类似资产（作为历史房屋的资产）；

⑩ 慈善机构的入场费；

⑪ 慈善筹款活动；

⑫ 赞助慈善活动；

⑬ 死者的埋葬或火化，或海葬；

⑭ 根据保险合同制订的葬礼计划；

⑮ 由符合资格的机构（如医院、临终关怀或疗养院）提供的护理或医疗；

⑯ 由注册医生、牙医、配镜师、药剂师和其他保健专业人员提供的保健服务；

⑰ 符合资格的学校、学院或大学等机构提供的教育、职业培训和其他相关服务；

⑱ 永久住宅根据短期租赁协议与住宅一起出租的车库或停车位；

⑲ 在经授予或许可而占用的土地上所附带的停车服务;

⑳ 经授予或许可占用的财产、土地和建筑物;

㉑ 船屋停泊;

㉒ 提供船屋停泊处的停车位或车库;

㉓ 皇家邮政根据普遍服务义务提供的公共邮政服务;

㉔ 金融服务,包括发行、转让、接收或处理货币、货币证券或支付货币订单;

㉕ 发放贷款等信贷;

㉖ 由授予者对信贷的管理;

㉗ 提供分期付款信贷融资,如租购;

㉘ 提供合格的金融中介服务;

㉙ 发行、转让或处理担保,包括股票和债券;

㉚ 常用账户、存款账户或储蓄账户的运作;

㉛ 合规的特别投资基金的管理;

㉜ 作为一个单独的业务但与其他商品或服务一同提供的金融服务;

㉝ 与其他商品或服务一同提供的金融服务(如果金融服务是业务的主要要素,则可以豁免);

㉞ 投资黄金币。

2. 零税率项目

适用零税率的应税货物和服务示例如下:

① 慈善机构的广告服务;

② 慈善筹款活动出售的某些商品;

③ 慈善商店销售的捐赠物品;

④ 为慈善目的而建造及出售的新建筑物;

⑤ 为残疾人提供的建筑服务;

⑥ 盲人或部分失明者设备;

⑦ 残疾人设备;

⑧ 磁带,适用于记录盲人的语音,以及制作和播放适应磁带和某些低

视力辅助工具的仪器；

⑨ 注册药剂师开出的处方；

⑩ 治疗失禁的产品；

⑪ 低视力辅助工具；

⑫ 污水池、化粪池或类似（家用）设施的排空；

⑬ 向家庭或工业客户提供的污水处理服务；

⑭ 向家庭供水；

⑮ 出于住宅用途或相关慈善目的，对建筑物进行重大重建；

⑯ 在残疾人家中安装浴室或厕所、修建坡道、拓宽门道或通道；

⑰ 为相关慈善目的而建造及首次以永久业权或长期租赁权出售新建筑物；

⑱ 为相关居住用途而建造及首次以永久业权或长期租赁权出售新建筑物；

⑲ 新住宅楼宇的建造及首次永久业权或长期租赁权出售；

⑳ 将商业建筑转换为住宅的首次永久业权或长期租赁权出售；

㉑ 转作有关住宅用途的建筑物的首次永久业权或长期租赁权出售；

㉒ 为相关慈善目的而转换的建筑物的首次永久业权或长期租赁权出售；

㉓ 出售或长期租赁带车库或停车位的新住宅；

㉔ 飞机维修和保养；

㉕ 由英国和欧盟以外的地方到英国的货运；

㉖ 销售、租赁或临时租借到英国和欧盟以外的地方的货运集装箱；

㉗ 向欧盟成员国出售和租赁的货运集装箱；

㉘ 在英国及其领水进行的国际货运；

㉙ 载客不少于10人的车辆、船只或飞机的客运；

㉚ 飞机维修和保养；

㉛ 飞艇的销售或包机；

㉜ 大篷车（超过7米长或超过2.55米宽，适用零税率或5%税率，具体规定参见HMRC官方网站）；

㉝ 民用飞机的销售或包机；

㉞ 直升机的销售或包机；

㉟ 船屋的出售或出租；

㊱ 军用飞机的销售或包机；

㊲ 船舶维修和保养；

㊳ 建造15吨及以上总吨位的船舶；

㊴ 印刷小册子、传单；

㊵ 书；

㊶ 儿童绘画和图画书；

㊷ 地图和图表；

㊸ 杂志；

㊹ 报纸；

㊺ 发行或复制的音乐；

㊻ 某些项目是标准等级的出版物，如练习本、信头（印于信笺上端的个人、公司或组织的名称和地址）、海报等；

㊼ 婴儿服装；

㊽ 儿童服装和鞋类；

㊾ 有CE（一种安全认证标志）认证的自行车头盔；

㊿ 符合安全标准的摩托车头盔；

㉛ 工业用防护靴和头盔。

3．低税率项目

适用5%低税率的应税货物和服务示例如下：

① 永久安装在住宅和建筑中的住宅用途节能材料；

② 老年人行动辅助工具；

③ 戒烟产品，包括尼古丁贴片和口香糖；

④ 产妇垫；

⑤ 防护用品；

⑥ 用于家庭和住宅或慈善机构的非商业用途的电力；

⑦ 用于住宅或慈善机构的非商业用途的气体；

⑧ 用于住宅或慈善机构的非商业用途的取暖油；

⑨ 用于住宅或慈善机构的非商业用途的固体燃料；

⑩ 在住宅和建筑物中安装的节能材料，包括空气源热泵、锅炉或木材燃料、中央供暖和热水控制、通风系统、地源热泵、隔热保湿设施、微型热和电源单元、太阳能电池板以及水和风力涡轮机；

⑪ 由某些资助者向60岁以上的老人或某些福利领取人捐赠的供热设备和煤气供应连接物，包括封闭式固体燃料防火盒，带工厂绝缘热水罐的电动双浸入式热水器，电储加热器，燃气锅炉，带恒温控制装置的燃气室加热器，燃气锅炉，散热器，锅炉的安装、维修和维护，散热器、管道和控制装置，形成中央供暖系统（包括微型热电系统），可再生能源供热系统的安装、维修和维护；使用可再生能源的空间或水加热系统，包括太阳能、风能和水力发电；或靠近可再生能源，包括地面和空气热以及连接或重新连接到电源供气；

⑫ 通过增加大楼内的住宅数量来更换现有房舍；

⑬ 翻新空置至少2年的住宅；

⑭ 带约束皮带的婴儿床；

⑮ 儿童汽车座椅、增压座椅和增压垫；

⑯ 带裸轮框架的儿童安全座椅。

二、销售额的确认

增值税应税商品或服务的销售额可分情况按照以下四项确认：

① 销售价格；

② 进口商品支付的金额或海关确定的价格；

③ 同期市场价格（非货币形式的报酬）；

④ 成本价（自给自用、馈赠）。

三、进项税额抵扣规定

1．准予抵扣的进项税

当购进商品或服务用于营业用途时准予抵扣。在抵扣时需要注意比例分摊：分为可抵扣的进项税和不能抵扣的进项税。

2．不准抵扣的进项税

① 非营业目的购进的货物及服务；

② 业务招待目的的货物及服务（海外的可适当扣除）；

③ 汽车（汽车商除外）及配件；

④ 自用的货物及服务等。

◆ 第六章 法国

第一节 公司税

在法国,公司税的纳税义务分为强制性和可选择性两种。强制性承担公司税纳税义务的实体主要包括股份公司、简易股份公司、有限责任公司和有限合伙企业。此外,在有限合伙企业中,有限合伙人取得的利润也将强制缴纳公司税。可选择性履行公司税纳税义务的实体包括普通合伙企业、有限合伙企业(其中的普通合伙人)、一人有限责任公司、民营企业和合资企业。若上述企业选择履行公司税纳税义务,则视为公司税纳税人;若选择不履行公司税纳税义务,则被视为税收透明实体。然而,从2019年1月1日起,上述选择履行公司税纳税义务的实体,将在5年内逐渐撤销选择权(如选择履行公司税纳税义务的合伙企业,将重新被视为税收透明实体)。

一、居民企业

居民企业是指法定注册地或实际管理机构所在地位于法国境内的企业。法国公司税制度是以国界原则为基础构建的,即企业(包括非居民企业常设机构、法人企业的分支机构等)仅就其在法国境内取得的生产经营所得及居民公司直接从境外取得的所得缴纳公司税。法国企业在境外的子公司及分支机构在法国境外取得的生产经营所得以及发生的亏损,均不计入法国境内的应纳税所得额,公司税率为25%。公司税为中央税,地方税务机关不再对企业征收所得税性质的税金。

1. 税收优惠

（1）研发费用税收优惠

根据现行的优惠政策，符合条件的研发费用可享受税收抵免。法国居民企业的部分研发支出可以抵减应纳税所得额（1亿欧元以下的研发费用按30%抵减，超过1亿欧元的部分按5%抵减）。未在当年抵减完的研发费支出最多可向后结转3年。如仍有剩余抵减额，可在3年后申请退税。

（2）创新型企业税收优惠

以下企业适用于创新型企业的优惠：

① 员工人数少于250人、营业额不超过50,000,000欧元或总资产不超过43,000,000欧元，在8年内成立并未经历过合并重组，并且研发费用占总成本15%及以上的中小型企业；

② 股东或董事以研发活动为主，且硕士、博士或教师、科研人员的持股比例在10%以上的新型学术企业。

上述企业在第一个盈利年度（连续12个月）享受公司税100%减免；第二个盈利年度（连续12个月）享受公司税50%减免。对于创新型企业，公司税减免上限为每36个月200,000欧元。

（3）资本利得税收优惠

① 免税。若中小企业75%及以上的股份直接或间接为个人或其他中小企业所持有，该企业转让其一家独立分支机构取得的资本利得（不动产收益除外），不超过30万欧元的免征公司税；30万—50万欧元的，30万欧元以下部分免税。

② 部分免税。根据现行免税制度，符合条件的参股企业取得的资本利得可以部分免税。企业在计算应纳税所得额的基础上（剔除免税资本利得），应将该项资本利得的12%进行纳税调增，并适用公司税基本税率计算缴纳税款。不符合免税制度的股权转让所取得的资本利得，应按正常所得缴税，不享受税收优惠。

③ 15%优惠税率。企业取得的符合下列条件的资本利得，可适用15%的

优惠税率缴纳公司税：

处置持有5年以上的符合条件的风险投资基金，或处置持有5年以上符合条件的风险投资企业的股份；符合条件的，通过专利许可（授权）或专利发明所获得的收益，以及通过与专利或专利发明相关的制造工艺所获得的收益（须持有2年以上相关专利和制造工艺）。

④ 19%优惠税率。符合条件的出售专利或专利发明，以及出售与专利或专利发明相关的制造工艺获得的资本利得（须持有2年以上相关专利和制造工艺）；企业处置持有2年及以上的上市公司股份（其资本大部分由不动产组成），适用19%税率。

（4）区域税收优惠政策

在相关经济欠发达城市及其近郊区新办的企业（2020年12月31日前建立）可享受多项税收优惠政策：新办企业设立后的5年免征公司税，之后连续3个12月期限内分别享有60%、40%、20%的公司税税收豁免。但享受该项优惠政策的企业，公司税豁免总额在任意12个月内不得超过5万欧元。

（5）企业总部和区域中心税收优惠

企业总部通常指设有固定机构，在企业集团中负有管理控制和协调职能，以集团利益为中心的组织。区域中心也是企业总部的一种，企业总部与区域中心需要以协商后的额外成本（包括因发挥集团总部职能而额外承担的成本）作为计税基础缴纳公司税。

对于外国企业或法国跨国企业将其总部设在法国境内相关区域，且这些总部在企业集团中确实负有管理控制和协调职能的，企业可以申请享受税基减免优惠。具体税基减免额度由税务部门裁定。

（6）水路运输服务企业的简易征收办法

若企业在法国进行管理及商业活动（由法国居民企业或非居民企业的常设机构运营），其75%的营业额来源于水路运输服务业务，且上述企业拥有或持有部分所有权的船舶用于载客/载货、救援或其他海上援助活动或与海上作业有关的运输，可以选择以其从事经营活动的船舶的总净吨位作为计税依据，按照简易征收办法（按照船舶总净吨位乘以相应系数计算征收税额）核定企业应纳税额。纳税人一旦选择使用简易征收办法，至少10年内不得变更。若企业船舶净吨位的75%以上为非欧盟船舶，则不适用该简易征收办法。

（7）股息红利优惠

境外公司的常设机构从境内或境外公司取得的股息红利，如该常设机构所属的境外公司为支付股息红利的境内或境外公司的母公司，则可享受公司税免税优惠（类比居民企业之间股息红利所得免税政策）。

为满足免税制度的要求，母公司必须对子公司直接投入至少5%的企业资本，并且持有该资本至少2年（或者承诺持有相应股份至少2年）。

（8）工业产权收入优惠

2019年1月1日起，来源于工业产权的收入，比如授权、再授权的收入，出售专利、植物品种权、工业制造工艺、受版权保护的软件的收入，可申请专利但还未申请专利的收入（仅适用于中小型企业），在扣除与上述资产相关的合理支出后，可选择适用10%的优惠税率。

选择适用上述优惠税率的公司，每年在申报时需要明确适用上述优惠制度并准备相关证明文件。未按照规定准备相关文件的纳税人，有可能被处以上述收入的5%的罚款。

（9）其他税收优惠

企业对欧洲经济区中非营利性组织进行捐赠，可享受其捐赠额的60%的税收抵免优惠（限额为20,000欧元或其来源于法国的营业额的0.05%，两者取较高者）。当年未抵减完的金额可在未来5年内结转。2021年1月1日起，捐赠额超过2,000,000欧元的部分，仅可享受40%的税收抵免优惠。

如非营利性组织的捐赠满足以下条件之一，则仍可以继续享受60%的税收抵免优惠：向受助者免费提供食物；向受助者免费提供住宿；向受助者免费提供学校用品或卫生用品等特定物品。

非营利性组织（资本利得除外）、符合规定的农民专业合作社、银行、工会、廉租房建设企业、信贷公司和相关国有企业等实体，可免征公司税。

2．应纳税所得额

与企业经营活动相关的各种形式的所得均属于营业所得。因此企业应将各种来源的生产经营所得（包括由资产转让产生的资本利得）合并计算净所得总额，计算缴纳公司税。

在法国，资本利得通常被视为普通所得，按照公司税基本税率缴纳税款。但也有例外，如上市房地产企业（不动产价值占其资产总额50%以上的上市企业）的股东转让其持有的该企业的股票而获得的资本利得，可适用19%的优惠税率缴纳税款。

除非获得免税适用权，企业股东的股息红利应计入应纳税所得额，按公司税基本税率缴纳税款。

（1）税前扣除

① 企业实际发生的与取得应税收入相关的合理支出，可准予税前扣除。主要包括：雇主支付的职工工资，支付给职工的相关社会保险费和集体保险费，非营利性组织的捐赠支出，其他相关税收和社会保险费，不能抵扣的增值税进项税额利息支出。利息支出须同时符合资本弱化规则和法国实施的关于净利息费用扣除限制的规定，才可在税前扣除。

② 不允许扣除的项目。与免税收入相关的支出，尤其是符合免税制度的支出，不得税前扣除。此外，奢侈消费支出，包括娱乐支出（如狩猎和钓鱼）、豪华住宅和船只的购置和维修费用，违法行为的处罚费用支出，不得税前扣除。公司税及其附加税不得在税前扣除。

（2）亏损弥补

亏损可以无限期向后结转，抵减上限为100万欧元加上当年利润超过100万欧元50%的部分。任何未弥补完的亏损都可以无限期向以后年度结转。

企业纳税人如果本年度亏损前一年度盈利时，在符合相关条件的情况下，可选择将本年亏损向前一年度结转，但至多可结转100万欧元；前一年度盈利如不足抵扣本年亏损的，超出金额视同为企业在盈利年度缴税金额产生应收债权，可在以后5年之内冲抵企业的应纳税义务。如果纳税人在这

5年内不具备行使条件的,可在第6年申请退税。

(3)资本损失

资本损失的税务处理与经营亏损的税务处理相同。居民企业因境外设立的非居民企业子公司的股份贬值而发生的资本损失,至多只能冲减相当于本年及之前5个会计年度来源于该子公司的股息红利收入。

(4)折旧/摊销

不属于存货类的有形资产(土地除外)都会发生正常磨损,应按规定计提折旧。随着时间推移价值并不减少的无形资产(如商誉和商标)不计提折旧。一些特定的无形资产,如专利、软件和特定企业的股权,允许税前摊销。开办费可作为当年经营年度的一次性扣除,或自企业开始生产经营年度起,在不少于5年的时间内分期摊销。

除另有规定外,企业应选择直线法计提折旧。资产年折旧率通常基于资产实际使用情况,将资产的成本除以其预期使用寿命得出。由于不同的企业对同类资产预期使用寿命的判断存在差异,各企业也有自身特殊情况,因此,不同企业的相同资产的折旧率不尽相同。一般而言,各企业同类资产的折旧率差异幅度在20%以内是符合经营常规的。

在法国,直线折旧法中普遍适用的年折旧率为:商业建筑2%—5%;工业建筑5%;办公用房4%;办公设备10%—20%;工具和机械10%—20%;汽车和卡车20—25%;飞机12.5%。

企业对固定资产计提折旧也可选用余额递减法。然而,使用年限低于3年的资产、已使用的资产(除非翻新改造)、汽车、电话、手工打印机或简易的电子打字机、建筑物(使用年限不超过15年的酒店建筑物和一些特定工业建筑除外),均不适用余额递减法。

余额递减法的年折旧率等于直线折旧率乘以相应的倍数,若资产使用年限为3—4年,则倍数为1.25;5—6年,则倍数为1.75;超过6年,则倍数为2.25;使用年限超过12个月的软件也可一次性全额税前扣除。

为保证准确性,允许企业选择对持有的有形资产和金融资产重新评估。

（5）准备金

主要有折旧准备金、风险和费用准备金、法定准备金三类。企业自行提取不符合税收规定的准备金不准予税前扣除。

不计提折旧的资产出现价值下跌时，可提取准备金弥补减值损失。股权投资和特定不动产因不能计提折旧，为此计提的准备金在税前扣除时也不得超过同类资产的潜在收益。相应的，当未来处置该项资产时，转回的未在税前扣除的准备金也不需要纳税。

债权的贬值也可提取准备金。企业提取坏账准备金必须以债务评估为基础，考虑其收回的可能性，采用充分近似法进行估算。原则上，该准备金是基于债权的账龄而设立的。

二、非居民企业

非居民企业是指法定注册地及实际管理机构的所在地均不位于法国境内的企业。

1. 股息

（1）一般情况

除税收协定规定适用更低税率的情况及符合条件的欧盟母子公司之间的股息外，法国企业分配给非居民企业股东的股息，应缴纳预提所得税。

法国企业向位于其他欧洲经济区国家的非营利性组织（如养老金基金）分配股息时，减按15%的税率缴纳预提所得税。外国企业是否属于非营利性，是根据法国国内法进行评估的。如果收款人是与法国缔结信息交换条款税收协定的国家的居民，也可根据协定内容减免预提所得税。对于向欧洲经济区内的居民企业、或根据税收协定/税收信息交换协议可与法国交换信息的国家的可转让证券集体投资计划企业支付的股息，可免除预提所得税。

（2）欧盟成员国

对法国公司向位于欧洲经济区的具备资质的母公司或常设机构支付的股息，不扣缴预提所得税。具体豁免条件如下。

① 母公司是股息的实际接受方。

② 母公司在与法国缔结了含有税收征收协助条款的税收协定的欧洲经济区国家设有实际管理机构，并且根据与非欧洲经济区国家缔结的税收协定，母公司被视为位于欧洲经济区。

③ 母公司具备欧盟母子公司指令中列出的任意一项法律模式，或其在欧洲经济区国家的实际管理机构也具备类似的模式。

④ 母公司至少2年不间断地持有法国子公司全部股份的10%以上（或承诺持有股份至少2年）。母公司持有符合法国参股豁免原则规定的股份，并且在其所在国无法适用法国预提所得税的税收抵免，则10%的参股门槛降低至5%。

⑤ 母公司须在其实际管理机构所在的欧洲经济区国家缴纳公司税，不能选择不征收或者免除税款。

2．利息

对于支付给非居民企业的利息，不征收预提所得税。只有支付给非合作国家和地区企业的利息才需按75%税率征收预提所得税，除非纳税人能够证明上述利息的支付并非出于避税动机。

3．特许权使用费

（1）一般情况

除非税收协定规定了更低的税率，特许权使用费应按基准税率扣缴预提所得税。

（2）欧盟成员国

如果特许权使用费的接受公司是支付公司的关联方或其常设机构，且位于另外一个欧盟成员国，则支付的特许权使用费，可免征预提所得税。

满足以下条件时，两家公司可被认定为关联公司：至少一家公司直接持有另外一家公司的股份达到25%以上；或欧盟第三方国家的公司直接持有这两家公司的股份达到25%以上。关联公司须持有股份至少2年（或关联公司承诺持有股份2年以上），且上述关联公司需要填写相关表格并缴纳公司税。

4．其他

（1）服务费

在法国没有设立常设机构的非居民企业，在提供服务（技术、管理服务或艺术表演等）时，可能需要按基准税率扣缴预提所得税。计算应税服务费时可以扣除符合规定的费用。

（2）资本利得

转让位于法国的不动产（或不动产权利）获得的资本利得，无论其为偶然所得还是经常所得，均须按基准税率扣缴预提所得税。

对于非居民企业持有居民企业的股份（或在之前5年内持有过）所获得的资本利得，25%以上的部分应缴纳预提所得税，适用基准税率。

如果母公司是另一个欧洲经济区国家的居民企业，对于母公司的所得免征预提所得税。

（3）分支机构汇出税

对于非居民企业的分支机构、常设机构以及其他非法人的税后利润，应缴纳25%的分支机构汇出税。

对于在欧洲经济区国家具有实际管理机构的企业，无法选择豁免公司税的，应缴纳分支机构汇出税。税收协定规定更加优惠的，可按税收协定执行。

第二节　个人所得税

一、居民纳税人

法国的居民个人是指满足以下条件之一的个人（不考虑其国籍）：

① 家庭住所或者个人的习惯性住所在法国；

② 在法国进行了交易、经营业务或提供专业服务（不包含兼职）；

③ 在法国拥有主要经济利益（在法国进行了主要的投资、拥有办公室

或管理场所,或其大部分的收入来源于法国)。

法国(包括法国本土及法属圭亚那、马提尼克岛、留尼汪岛、瓜德罗普岛)的大型企业(包含关联方的国内年营业收入超过250,000,000欧元的企业)的管理层以及董事,被认定为属于法国的居民纳税人。如果上述纳税人可以证明未开展主要经营活动,则不被认定为居民纳税人。

1. 征收范围

除税收协定另有规定外,居民纳税人应就其来源于全球范围的所得缴纳个人所得税。

个人应纳税所得主要包括:受雇所得、经营所得、农业所得、专业服务所得、管理者控制家族企业或有限合伙企业的所得、不动产所得、投资所得、资本利得。

所有形式的应税个人所得都应该由支付方代扣代缴个人所得税。

2. 申报主体

法国个人所得税以家庭为单位申报,只在特殊情况下才采用夫妻单独申报。家庭所得由夫妻双方和未满18周岁的未婚子女(如果子女是学生则为25岁)的所得构成。

在所得税中,民事伴侣(签订合约共同生活的两个异性或同性成年自然人)被视为夫妻联合申报缴纳所得税。

3. 税率

法国居民纳税人一般按照累进税率缴纳个人所得税。2021年度起,法国累进税率如图5-6-1所示。

(1)受雇所得

个人(家庭)应就其取得的受雇所得按照累进税率缴纳个人所得税、社会保障金以及其他所得税性质的地方税。

① 工资薪金所得。受雇所得包括工

图5-6-1 法国居民个人所得税累进税率图

资薪金、佣金及所有与雇佣相关的津贴和实物福利。其应税所得为个人受雇所得的总额减去社会保障税和基本扣除额。该基本扣除额为以下两项中的较高者：真实发生的费用；可扣除总金额的10%。

雇员发生的搬迁成本可以从其应税所得中扣除，但是该项搬迁支出必须是工作、事业或开展新工作的必要支出。

② 实物福利。实物福利都应以市场价值计算并作为受雇所得征收个人所得税。除食宿外，其他应税实物福利按公平市场价值计税。免费住宿通常参照房屋的市场价值作为计税基础来计税，免费饮食则以每小时最低工资数来计税。

纳税人来源于股票期权的全部所得被视为行权当年的受雇所得，并按累进税率征收个人所得税。此外，股票期权的所得还应缴纳社会保障金。

员工为私人目的使用公司配备的纯电动能源车辆也被视为一种实物福利，按照车辆实际发生费用或一年总支出计税，该笔实物福利50%的部分为免税收入（最高不超过1800欧元），其余应按照实际支出或每年总支出的金额计算缴纳个人所得税（雇主为车辆充电产生的费用不计入计税基础）。

③ 董事报酬。董事会主席和执行董事的酬金应按照受雇所得纳税。董事会或监事会成员取得的报酬，按照投资所得纳税。

有限责任公司的管理者取得的薪酬通常按薪金所得征收个人所得税。若管理者单独或联合他人共同持有公司股份超过50%的份额，则其取得的报酬应根据工资、薪金所得的规定计税。

（2）经营和劳务所得

① 经营所得。经营所得主要包括：工业、商业和手工制造活动所得；处置不动产和经营不动产所得；出租已装修的房屋和营业场地所得。纳税人为取得和维持应税经营所得而发生的费用通常准予扣除。经营所得须按累进税率缴纳个人所得税，并缴纳社会保障金。

合伙企业实现的利润不缴纳公司税，而作为控股合伙人的经营所得须缴纳个人所得税。

② 劳务所得。劳务所得包括自由劳务所得、非商业机构所得和未被定义为其他类别的活动所得。纳税人取得的应税劳务（专业服务）所得须按累进税率缴纳个人所得税，并缴纳社会保障金。

（3）投资所得

① 股息。居民个人取得居民企业分配的股息红利，原则上适用12.8%的固定税率，但是纳税人可以选择按照旧办法（按60%计入适用累进税率）计算缴纳个人所得税。居民个人在取得股息红利时，应按照12.8%的预提税税率预缴个人所得税。预提税可以抵免最终的所得税纳税义务。如果所得税预缴超过应纳税总额，则可以返还超出部分。纳税人年应纳税所得少于50,000欧元（单身、离婚或寡居纳税人）或75,000欧元（联合申报纳税人）可以请求免除该项预提税。

② 利息。居民个人取得利息收入，原则上适用12.8%的固定税率，但是纳税人可以选择按照旧办法（按60%计入适用累进税率）计算缴纳个人所得税。

居民纳税人应就其来源于法国境内的利息所得按12.8%的税率缴纳预提税。预提税可以抵免最终的所得税纳税义务。年应纳税收入少于25,000欧元（单身、离婚或寡居纳税人）或50,000欧元（联合申报纳税人）的纳税人可以申请免除该项预提税。如果所得税预缴超过应纳税总额，则可以返还超出部分。

③ 特许权使用费。对于居民纳税人取得的特许权使用费，如与产品生产技术相关，或属于专利、可申请专利发明的，可以视同经营过程中取得的长期资本利得（独立工作者取得的原创软件特许权使用费所得也同样处理），按照10%的固定税率计征个人所得税。计算应纳税所得时应为应税收入扣除相关费用支出。居民纳税人也可以选择按照一般累进税率计征个人所得税。

如果特许权使用的被授权方将支付的特许权使用费用于个人所得税抵扣，且授权方和被授权方存在直接或间接的控制关系，则不适用10%的固定税率。对于其他特许权使用费（商标使用费、版权费等），应按照一般累进税率计征个人所得税。

④ 不动产所得。不动产所得是指直接收取的租金以及通过财务透明的房地产企业收取的租金，包括来源于建筑、开发和未开发的土地所得。对出租和转租企业地产（包括出租和转租营业场所设备）的所得，应按其资产的类别征收个人所得税。扣除有关维修及改善物业所发生的费用后的余额为应税所得。外购和修理不动产的贷款利息可以扣除。纳税人可以对物业管理、保险和折旧选择不同的名义扣除率。该名义扣除率取决于资产的类别和取得资产的日期。

（4）资本利得

① 不动产。来源于转让不动产或不动产相关的权利的资本利得须缴纳个人所得税，税率为19%。

纳税人转让主要住宅获得的资本利得免缴上述个人所得税和附加税。如果转让不动产的价格不超过15,000欧元，则转让不动产获得的所有资本利得免税。

自2013年9月1日起，个人转让所有权为5—21年的不动产取得的资本利得按税率6%征收个人所得税，转让所有权为22年的不动产取得的资本利得按4%征收，转让所有权超过22年的不动产的资本利得全部免缴个人所得税。

② 股份。从2018年1月1日起，包括出售股份所得在内，所有关于股份的资本利得都适用12.8%的固定税率。居民纳税人可以选择按照一般累进税率计征个人所得税。

③ 数字资产。2019年1月1日起，一个纳税年度中销售的数字资产（如比特币）价格大于305欧元时，对于资本利得的部分应缴纳30%的税金（包含12.8%的个人所得税以及17.2%的社会保障金）。纳税人在进行年度申报时，需要对数字资产资本所得进行申报。

（5）家庭份额制

不同情况的纳税人适用于不同的家庭份额，纳税人的应纳税额将通过对应份额计算。

家庭份额制考虑了纳税人的家庭情况，以确定其负担所得税的能力，这将有效降低个人所得税的累进性。

① 适用于一般家庭的份额，其计算方法如图5-6-2所示。

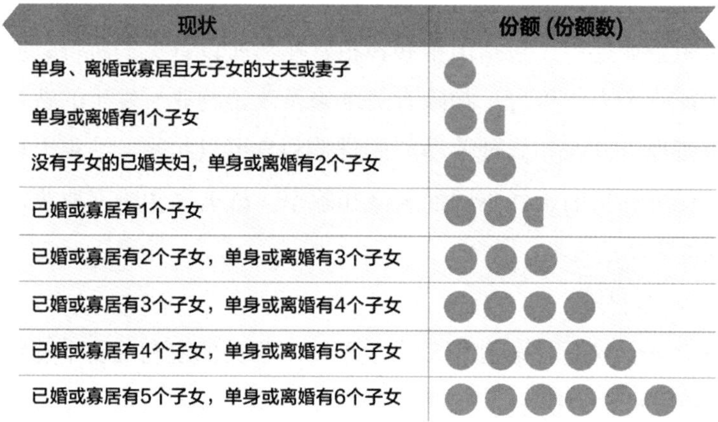

现状	份额（份额数）
单身、离婚或寡居且无子女的丈夫或妻子	●
单身或离婚有1个子女	●◗
没有子女的已婚夫妇，单身或离婚有2个子女	●●
已婚或寡居有1个子女	●●◗
已婚或寡居有2个子女，单身或离婚有3个子女	●●●
已婚或寡居有3个子女，单身或离婚有4个子女	●●●●
已婚或寡居有4个子女，单身或离婚有5个子女	●●●●●
已婚或寡居有5个子女，单身或离婚有6个子女	●●●●●●

图5-6-2　法国一般家庭份额示意图

② 对于单身或离婚的纳税人，如果对至少一名子女承担唯一或主要抚养义务，则在上表的基础上增加半个份额。

③ 家庭份额优惠限制。家庭份额制度的所得税优惠不能超过以下限额：

在家庭纳税人中初始的一个份额或两个份额的基础上每增加半个份额，该半个份额的税收减免额不得超过1570欧元；

针对单身、离婚的个人有一个子女的情形，纳税人可享受的总税收抵免限额为3704欧元。

④ 高收入税。收入超过特定数额的纳税人应缴纳高收入税。年收入为250,000—500,000欧元（夫妻翻倍）的纳税人按年收入3%的税率缴纳，年收入超过500,000欧元（夫妻翻倍）的纳税人按4%的税率缴纳。

4．扣除、豁免与抵免

（1）扣除项目

① 在一定条件和限额内，纳税人支付给前配偶的赡养费以及法律义务或法院命令下规定支付给孩子的抚养费。

② 支付给达到法定年龄且不再是纳税人应税家庭一部分的子女抚养费，每个子女的最高扣除限额为5959欧元。

③ 工会会费可在最高限额内扣除。

④ 购买普惠养老储蓄计划的保险费可扣除，扣除额为以下两个数额中的较高者：上一年度收入的10%，但不高于年度平均社会保险费最高限额的8倍；年度社会保险费最高限额的10%。

（2）抵免项目

① 个人抵押贷款利息支出。一般情况下（除税法列明的特殊情况外），个人为住房支付的抵押贷款利息不能在税前扣除。

② 捐赠。纳税人向位于欧盟的公共或私人非营利组织（包括政党）的捐赠支出，只要用于经批准的项目，则可享受税收抵免。税收抵免额为捐赠金额的66%，但不得超过应纳税所得额的20%。对为受困者提供医疗服务的机构的捐赠支出，抵免额为捐赠金额的75%，但最高抵免限额为537欧元。符合条件的捐赠，如果年度捐赠额超过纳税人当年应纳税所得额的20%，则超出部分可向后结转5年。

③ 节能设施优惠。对于中等收入家庭的纳税人在2020年1月1日后购买的用于自住住宅并符合条件的家用节能设备（如节能供热系统、隔热设备），在特定条件下最高可以享受30%的税收抵免优惠。对于低收入家庭，由国家住房机构支付补贴，以替代税收抵免优惠。

④ 其他。如果纳税人有子女正在接受中学或大学教育，则该纳税人可享受每个子女每月61—183欧元不等的抵免额。纳税人用于7岁以下子女的日托费用可以获得50%的抵免额，最高抵免额为1150欧元。纳税人雇佣家政服务的费用可以获得50%的抵免额，最高抵免额为6000欧元（残疾人为10,000欧元）。

医疗费用和人寿保险费不享受豁免、扣除或抵免。

5．税收优惠

从2021年1月1日起，在法国的个人购买和安装电动汽车充电桩并在2021年1月1日至2023年12月31日实际支付的符合条件的费用，可享受75%的税收抵免（每个充电桩的税收抵免上限为300欧元）。

6．免项所得和亏损弥补

（1）免税所得

免税项目主要包括以下几种：特定的辞退费和退休补偿；未满25周岁的学生取得的受雇所得，但不得超过最高限额（每月限额为最低法定工资的3倍）；取决于受益者年龄的终生年金报酬；特定类型的资本利得。

（2）亏损弥补

单一类亏损可以与其他类所得合并抵减，未被抵减完的部分可以向后结转6年。与资产投资、农业活动、非商业的非专业服务活动和专业商业活动相关的亏损，如果纳税人在这些活动中没有发挥积极作用，则亏损只能抵减同类所得的应纳税所得，不能抵减其他类型的所得。

不动产所得的损失可以抵减纳税人其他类型的所得。由于某些条件的限制，年度抵减额最高为10,700欧元。

二、非居民纳税人

法国的非居民纳税人应当就来源于法国境内的收入缴纳个人所得税。来源于法国境内的收入主要包含以下内容：

① 从位于法国境内的不动产或与该不动产相关的权利获得的收入；

② 从法国的证券投资或其他资本投资获得的收入；

③ 从法国取得的经营所得；

④ 在法国从事专业活动取得的收入；

⑤ 出售不动产或不动产权益取得的资本收益，以及出售在法国注册的公司的股份取得的资本收益，且上述资本收益根据法国税法需要缴税；

⑥ 艺术家及运动员从法国取得的综合性收入；

⑦ 养老金及年金、工业及知识产权的版税及其他收益、在法国提供或使用的服务所取得的收益，且要求在支付上述收益时债务人居住在法国。

1. 资本利得

对于资本利得，非居民纳税人和居民纳税人适用相同标准缴纳税费。除非税收协定有特别规定，当总金额达到一定水平的情况下，非居民纳税人需要就其在法国境内的不动产（包括在法国境内注册的企业或投资基金所有的份额）缴纳不动产税。

非居民纳税人需要就其拥有的法国境内财产缴纳已开发土地税、未开发土地税等财产税，并且需就其占有的财产（无论其为所有人抑或仅为承租人）缴纳居住税。

2. 继承和赠与所得

除非税收协定有特别规定，如果赠与人或被继承人为法国的税收居民，则无论所涉及动产或不动产位于何地（在法国境内或境外），非居民受益人均有义务缴纳遗产税和赠与税。为了避免双重征税，针对位于法国境外的动产和不动产而在其他国家缴纳的遗产税和赠与税可用于抵免法国该税种应纳税额。如上述资产位于法国境内，则税额不予抵免。

第三节 增值税

任何独立开展经济活动的人或企业都属于增值税纳税人。纳税人必须独立经营（如开展自营业务，或可以自由决定组织和经营的方式）。

从2023财年开始，在财政、经济和组织上相互紧密联系的纳税人被视为单一增值税纳税人。

一、征收范围

1. 应税活动

增值税的应税经济活动如下：

① 生产商品；

② 贸易；

③ 提供服务；

④ 开采挖掘；

⑤ 农业；

⑥ 自由职业（律师、公证员、医生等）；

⑦ 任何以利用动产（有形或无形）获取收入为目的的长期业务。

2．视同销售货物情形

① 公共机构/政府机关征用应税商品；

② 分期付款销售应税商品；

③ 代理销售应税商品；

④ 链式交易应税商品；

⑤ 免费向第三方提供应税商品；

⑥ 将应税商品用于非应税活动；

⑦ 在欧盟范围内转移应税商品；

⑧ 自产自用或个人消费应税商品。

3．视同提供应税服务

① 代理销售应税服务；

② 提供建筑工程服务；

③ 取消应税商品的使用。

二、税率

1．标准税率

标准税率为20%，此税率适用于所有销售货物和提供服务的行为，也适用于欧盟内的资产转移以及不适用优惠税率的进口货物。

2．优惠税率

（1）2014年1月1日开始的税率变动情况

① 大部分商品和服务的增值税优惠税率由7%调整为10%的中等税率。

② 电影票的增值税税率由19.6%降至10%。

③ 社会住房建设以及翻新适用的增值税税率从7%降至5.5%。

④ 艺术品、古董和收藏品的增值税税率如下所述：

由艺术家或其继承人转让的原创艺术品以及转让被用于商业用途且允许作为抵扣项的艺术品，适用10%的中等税率；

进口艺术品、收藏品和古董，以及在欧盟内转让艺术品、收藏品和古董（包括纳税人之间的转让和非纳税人从欧盟其他成员国进口的行为），适用5.5%的优惠税率。

（2）特别优惠税率

下述情况适用2.1%的特别优惠税率：

① 销售国家医保范围内的药品；

② 发行符合规定的出版物：包括电子格式的报纸、杂志；

③ 不含色情元素且版权受法律保护的原创表演以及重新编排的传统表演（包括戏剧、音乐剧、演唱会、芭蕾、马戏表演等形式）的前140场演出；

④ 电视台和电台的播放许可费；

⑤ 向无须缴纳增值税的个人供应屠宰用动物；

⑥ 媒体通过网络向全球提供的服务。

（3）科西嘉岛税率

科西嘉岛与法国本土适用相同税率。但欧盟间的资产转让及进口的部分商品和服务可享受优惠税率。

三、税收优惠

1．适用零税率

（1）销售处于海关或税务机关特别监管（包括临时入境监管、免关税协议监管、临时存储监管，以及位于免税区或保税仓库、位于海关监管仓库和处于外部过境协议监管）下的商品；

（2）在上述监管地区销售商品；

（3）使用从非欧盟国家（地区）进口的，在到达法国边境时需存放于欧盟保税（包括关税和增值税）协议区，欧盟内部、外部运输监管区的商品提供服务；

（4）使用从非欧盟国家（地区）进口，且存放于增值税保税监管区的商品提供服务。

2．免税区

法国有两个免税区：勒凡尔登（紧邻波尔多港口的码头之一）和圭亚那（由法国商业委员会和圭亚那工商管理局共同管理）。

非欧盟成员国的货物在免税区的存放时间不受限制。但考虑到国家安全、公共卫生、珍稀动植物保护、国家资源保护等因素，部分货物禁止进入免税区。

3．增值税保税仓库

国内流通商品、欧盟内流通商品、处于增值税保税仓库监管范围内的商品以及相关服务在增值税保税仓库内暂免征税，在离开仓库时缴纳增值税。

4．销售出口

销售给非欧盟成员国居民，并由其携带出境的物品（除资本物品外）适用零税率。

四、应纳税额

增值税应纳税额按照如下方式确认。

1．境内销售

从客户或者第三方收到的价款都属于应税收入，其中包括直接支付给供应方的价款、所有和销售相关的税金（增值税除外）。此外，同时收取的各种价外费用也应包括在应税收入中。

2．进口环节

进口环节的应税收入原则上是海关法规定的海关报关价值（通常为报

关单上的价格）。

五、进项税和退税

1．进项税抵扣

纳税人在对应期间的销项税和进项税的差额为其当期的增值税应纳税额。一般情况下，抵扣进项税的凭据为发票，除发票之外还可根据以下文件进行抵扣：

（1）可以证明纳税人为进口方或承销方的报关单；

（2）从非纳税人处购买的应税产品或使用自产的物品取得的申报单。

2．留抵进项税

（1）如果纳税人在同一纳税期内的销项税不足抵扣进项税，剩余进项税可在以后纳税期内继续抵扣，直至抵扣完全。此外，纳税人也可在公历年度结束时向税务机关申请退还留抵进项税（年度申报一次申请退还的最小金额为150欧元）。

（2）对于季度申报的纳税人，在符合下述条件的前提下，可以在公历年度的前三个季度结束时申请退还留抵进项税。

① 申请退还金额大于760欧元；

② 纳税人使用3519号表格申报增值税，申报表显示有留抵税额。

（3）对于月度申报的纳税人，如果满足季度申报的两项条件，也可申请退还留抵进项税。

3．进项税的合理拆分

纳税人可以抵扣与应税货物或服务相关的进项税。如果一笔进项税同时包括应税项目和非应税项目，应根据实际发生的比例对进项税进行拆分，并抵扣应税部分产生的进项税。如果涉及的货物或服务90%以上都属于个人消费，则该笔进项税不能抵扣。

4．增值税退税

自2021年7月1日起，非欧盟企业纳税人应通过法国税务代理在线申请增值税退税。

5．集团合并申报纳税

负有增值税纳税义务的母公司可以选择代缴其子公司的应纳增值税（包括增值税和附加社会保障金）。在集团合并申报制度下，母公司也可以申请退还属于子公司的留抵进项税。

在选择集团申报之后，集团内的成员仍然需要提交单独的增值税纳税申报表。但只有母公司有缴纳增值税的义务，也只有母公司有权申请退还留抵进项税。

六、控股公司

控股公司分为以下两种情况。

1．单一控股公司（被动控股公司）

单一控股公司除持有子公司的股权之外，不涉足其他经济活动，其利润全部来源于子公司的股息分配、转让股权获得的资本利得，以及贷款给子公司获得的利息收入。由于单一控股公司不参与经济活动，因此，单一控股公司既不是增值税的纳税人，也不能抵扣增值税进项税。

2．混合控股公司（主动控股公司）

混合控股公司在持有一个或多个子公司的股权的同时，还为子公司提供以下方面的服务：管理、行政、法律与税务支持、战略、人力资源等。

由于上述服务属于增值税应税范围内的经济活动，混合控股公司可以抵扣增值税进项税，但需要根据增值税应税服务所占比例拆分扣除的金额。

七、纳税义务发生的时间

对于应税商品，增值税纳税义务在商品所有权转移的时候产生。

对于应税服务，增值税纳税义务在服务提供时产生。如果采用预付款方式，则在收到服务费时产生纳税义务（如果分期付款，则需要分期确认纳税义务）。

进口方在进口商品时必须缴纳增值税，纳税义务在进口商品时产生。

八、行政义务

1. 居民纳税人的纳税登记

法国对增值税登记不设立门槛。无论自然人还是法人，任何在法国销售应税商品或提供应税服务的人都是纳税人。纳税人是否登记不影响其增值税纳税义务的产生。若纳税人没有按照规定进行登记，则可能面临处罚。

2. 居民纳税人的税务注销

居民纳税人应在应税行为终止之日起30日内进行注销。注销申请应通过邮递方式提交主管部门。

3. 非居民纳税人的纳税登记

如果非居民纳税人在法国开展属于增值税征税范围的交易，必须进行增值税登记，否则不得开展交易。

在法国拥有固定营业场所的非居民纳税人享受与居民纳税人同等待遇。在法国没有固定营业场所的非居民纳税人必须遵循具体的登记程序，该程序根据其是否属于欧盟居民而不同（若该非居民纳税人不是欧盟居民，则该非居民纳税人必须指定一个法国人作为其增值税代理人，负责缴纳产生的应纳增值税以及可能产生的罚款）。

4. 非居民纳税人的税务注销

非居民纳税人应在应税行为终止日起30日内进行注销。如果该非居民纳税人不是欧盟居民，则增值税注销申请必须由其增值税代理人代办。

◆ 第七章 德国

第一节 企业所得税

企业所得税法规定对个人股东的股息所得征收个人所得税,且不再就这部分所得对公司层次已经交纳的企业所得税进行抵免,但是,为了消除双重征收,对个人股东的股息所得减按60%征税。

企业所得税法规定对于公司股东,无论是居民企业还是非居民企业,都不就公司股东所获得的股息征税。

德国税制规定,就企业所得税的应纳税额另外征收税率为5.5%的团结附加税。

德国企业所得税法将纳税人分为无限纳税义务人和有限纳税义务人。无限纳税义务适用于德国居民,他们来自全球的收入都要纳税,不管收入是来源于境内还是境外;有限纳税义务适用于非居民和某些德国公共实体,有限纳税义务是指纳税人只对来源于德国的收入负有纳税义务。

一、居民企业所得税

居民企业指法律注册地或实际管理机构设在德国境内的公司、其他实体。其中"实际管理机构设在德国"是指企业实际的最高领导层,即企业管理层的合法经营场所或工作地点在德国。德国的居民企业有义务就其来源于德国境内、境外的全部所得在德国缴纳企业所得税。企业所得税税制规定,对合伙制企业不征收企业所得税,而是对自然人合伙人在分得利润时征收个人所得税。德国居民企业取得来源于境外子公司的股息、红利所得，应当并入应纳税所得，一并征收企业所得税和团结附加税。如果该公司不需要缴纳团结附加税，则其取得的境外公司的利润也不需要缴纳团结附加税。

德国所得税税率为15%，加上5.5%的团结附加税，企业所得税的实际税负率为15.825%。另外，企业所得税预缴金额和预提所得税也需要缴纳团结附加税。外国公司设立在德国的子公司的所得应当缴纳所得税，适用税率比照德国居民企业适用的税率执行。

1．税收优惠

（1）加速折旧

特定行业和特定地区的企业可以享受加速折旧的优惠。为了鼓励绿色能源发展，2020年1月1日至2030年12月31日之间新购买的电动车辆，在购置当年可享受50%购置成本的额外折旧。

（2）投资扣除

符合条件的纳税人可以在资产购置或制造前获得资产成本40%的扣除免税投资补助。

给予在包括柏林在内的5个新的联邦州投资并且符合条件的个人免税投资补助。免税投资补助为购置成本的12.5%到25%之间不等，依据企业的规模、投资的类型以及常设机构的位置而定。免税投资补助的申请可从投资结束、支付预付款或产生制造成本的日历年度的4年内提出。

（3）研发补贴

自2020年1月1日起，具有境内业务收入的居民和非居民纳税人，只要从事符合规定的业务，无论其实际规模或经营活动如何，均可享受符合条件的研发费用税收抵免。符合规定的业务是基础研究、应用研究和实验开发活动，其中包括增加关于人类、文化和社会的知识储备及基于现有知识开发新应用的创造性和系统性的工作。如果合约研究公司位于欧盟成员国或欧洲经济区国家，并且可以与德国进行充分的信息交流，那么从事符合规定业务的第三方所产生的费用也可享受税收优惠。

2．应纳税所得额

居民企业就其全球收入缴纳企业所得税。公司实现的所有类型的收入都被认为是营业收入，不管是实际的经营活动所得还是投资所得（股息、利息和租金收入）。

德国企业所得税以公历年为纳税年度。企业所得税按照公司每一年度的净所得额乘以适用税率计算。应纳税所得额按照财务制度和税法规定的项目加总和扣除。应纳税所得额为所有经营所得与资本利得数额之和。资本利得额指资产销售价格与未折旧的原始成本之间的差额。

符合条件的可以采取所得税合并纳税，合并纳税是指企业集团作为一个单一的所得税纳税主体，将其下属各成员的利润与亏损合并在一起，统一计算并缴纳所得税。

二、非居民企业所得税

德国现行企业所得税法采用双重税收管辖权的方式，即居民税收管辖权和来源地税收管辖权。

非居民企业是指既没有在德国登记注册，实际管理机构也不在德国，但是有来源于德国境内所得的公司。德国的非居民企业负有有限纳税义务，只就其来源于德国境内的所得缴纳企业所得税，基本税率为15%。

1．预提所得税

（1）股息

对股息征收25%的预提所得税，由于5.5%的团结附加税的影响，实际税率提高到26.375%。此税率同时适用于贷款利息、免赔额的权利、利润分享债券和参与贷款以及在商业贸易中隐名合伙人的收入（居民企业向居民股东或隐名合伙人支付的红利）所得的预提所税。

（2）利息

支付给非居民的利息一般不需缴纳预提税。但是，对可转换债券的利息、利润分享债券、参与贷款以及参与交易但不过问交易的合伙人收入征收预提税。此外，对未存入外国银行账户的无记名债券息票利息（匿名场外交易）按25%的预提税税率（包括附加费税率为26.375%）征收。

当接收方与支付方是关联企业，或者是另一欧盟成员国的居民企业，或在另一欧盟成员国有固定经营场所的企业，利息和特许权使用费免征预提税。

（3）特许权使用费

特许权使用费免税不适用于根据国内法被视为利润分配的利息、贷款利息以及独立交易下的利息和特许权使用费。

（4）其他

服务费用不征收预提税，除非其为特许权使用费性质。支付给监事会非居民成员的费用要征收30%的预提税，加上5.5%的团结附加费，实际是31.65%。支付给非居民的艺术、体育、文学、娱乐服务费用，如果该服务在德国产生或执行且超过250欧元，要征收15%的预提税（加上5.5%的团结附加费，实际是15.83%）。预提所得税是按总收入征收的。如果收款人是个人，预提所得税税率是30%；如果收款人是欧盟国家的企业，税率是15%。

2．税收优惠

非居民企业直接出售持有的居民企业的股份而获得的利得一般是不用缴纳税款的，除非非居民企业在过去5年内直接或间接持有该居民企业10%以上的股份。在执行新税制后，由非居民获得的股份的资本利得是免税的。

但是，银行、金融服务机构和金融企业为了交易目的出售股份获得的资本利得不免税。

第二节　个人所得税

德国居民个人应就其全球所得和资产缴纳所得税，非居民个人需就法律明确列出的来源于德国的所得缴纳德国个人所得税。德国个人所得税采用分类所得、综合计征的形式，所得税率是累进的，最高边际税率45%，有基本的减免额。

一、居民纳税人

如果一个人的住所或习惯性居所在德国，则该个人将被视为德国的居民。个人的住所是指由个人拥有且有迹象表明他会保留和使用的一处居所。个人的习惯性居所是指个人经常居住而非短暂停留的一处居所。如果一个人在德国连续居住超过6个月，则被认为存在习惯性居所。停留期间短暂的中断不予考虑，仍会被计算在6个月内。如果不是临时性的停留，即便停留时间少于6个月也有可能构成习惯性居所。如果纳税人在德国驻留仅是为了旅游、疗养、治疗或者类似的私人目的，则只有当停留时间超过1年才会被认为存在习惯性居所。

一个移居国外的德国国民若符合以下任一情况，则从他离开之后10年内仍应承担"作为一个非居民的延伸的纳税义务"：

① 在离开之前的10年内至少有5年承担了无限的德国纳税义务；

② 迁往的国家对所得不征或征较低的税；

③ 仍然与德国保留重要的经济联系。

下列情况被推定为"与德国保留重要的经济联系"。

① 持有大量的德国居民企业的股权。

② 从德国取得的所得超过其全球所得的30%或62,000欧元以上，或者在德国的资产超过他全部资产的30%或154,000欧元以上。如果他是一个居民纳税人的话，其利润在德国负有无限纳税义务。

德国所得税法没有关于以家庭为单位征收个人所得税的一般规定。然而，一起生活的丈夫和妻子可以合并评估申报，这会带来税率级次的降低。子女的收入不计入父母的应纳税收入，而是单独征税。纳税评估基于已婚夫妇总应纳税所得额的50%，在此基础上乘以2即为应税所得额。当然，已婚者也可以选择单独评估，在这种情况下，他们必须提交自己的所得税申报表。

1．征收范围

居民个人应就其来源于全球的以下一类或几类所得缴纳所得税。

① 农业和林业所得。

② 贸易或经营所得。

③ 独立的专业服务所得：专业服务所得和合伙所得。

④ 受雇所得，包括以前受雇的补偿所得：工资、累积收益、额外福利、儿童保育、雇员保险计划、报销通勤费用、解雇支付。

⑤ 资本投资所得：股息和利息。

⑥ 不动产和某些有形动产的租赁所得、特许权使用费所得。

⑦ 其他所得：私人交易收益、赡养费、养老金等。

每一类所得均有其专门的规则用来计算和确定所得税评估基础。

图5-7-1所列类型的所得可以免税。

图5-7-1　德国居民所得税免税所得示意图

2．税率

个人所得税适用累进税率，按复杂表征收。表5-7-1、5-7-2是简表（2020年）。根据表格计算的税额征收5.5%的团结附加费。资本利得参照个人资本收益条款征税。

表5-7-1 单身纳税人税表

年度应纳税所得额（欧元）	边际税率（%）	应纳税额（欧元）
9408以下	0	0
9409—14,532	14—23.97	0—973
14,533—57,051	23.97—42	973—14,998
57,052—270,500	42	14,998—104,646
270,500以上	45	104,646

表5-7-2 已婚纳税人或民事合伙人（合并评估）税表

年度应纳税所得额（欧元）	边际税率（%）	应纳税额（欧元）
18,816以下	0	0
18,817—29,064	14—23.97	0—1946
29,065—114,102	23.97—42	1946—29,996
114,103—541,000	42	29,996—209,292
541,000以上	45	209,292

在经营过程中产生的资本收益视为普通经营所得，按所得税标准税率征收。

股份资本收益与股息相同，按25%税率征收固定统一预提税，加上团结附加税则增至26.375%。

3．税收优惠

（1）减免

2020年，给予每个居民纳税人的基础减免，单身人士是9408欧元，合并评估交税的夫妻或民事合伙人是18,816欧元（2019年之前分别是9168欧元和18,336欧元）。基础减免反映在税率表中，所得税按零税率征收。

如果子女税收抵免（见下文）超过或等于一次性扣除，则这些减免不适用。如果一次性扣除高于子女税收抵免，则适用一次性扣除而不适用子女税收抵免。

单亲家庭的单身人士为户主者，如果至少有一个小孩生活在纳税人家中，可每年额外扣除1908欧元，且仍有权享受上述子女税收抵免／扣除；

每多一个孩子，扣除金额增加240欧元。该项扣除在2020年和2021年增加至2100欧元。如果另一成年人生活于纳税人家庭里，纳税人与其共同维持家庭且纳税人没有权利享受子女税收抵免/扣除，通常不适用该项扣除。

对于2007年1月1日之后出生的孩子，在子女出生后一年内停止工作来照顾子女的父母可以得到"家长支持"。"家长支持"为之前净收入的65%（如果之前净收入不超过1240欧元，则为67%），最低不少于300欧元，最高不超过1800欧元。没有收入的父母和收入超过250,000欧元的父母不能享受家长支持。家长支持将支付12个月，如果是父亲留在家里照顾子女，可额外延长两个月。如果父母只是放弃部分工作，家长支持也会随之按比例支付。但如果每周工作时间超过30小时，则不给予家长支持。

（2）抵免

税收抵免可适用于由某些雇佣者和自由从业者提供的家政服务。最高抵免额是费用的20%与4000欧元的孰低值，以家庭为单位适用。仅非扣除费用可以抵免，抵免不能用来退税。

此外，纳税人抚养不满18岁的居民子女可以税收抵免形式（超额部分退税）享受每月的子女减免。子女税收抵免同样适用于18—25岁的子女（如果该子女是全日制学生，或入伍或从事社区服务或在某种情况下无业）。在这种情况下，子女税收抵免要求该子女自己的每年所得不超过8004欧元。子女可以是纳税人自己的子女和领养的子女，以及继子女、寄养子女和孙子女，但后者只有居住在纳税人家中才可以享受。第一个和第二个孩子的税收抵免是204欧元（2019年7月1日前为194欧元），第三个孩子为210欧元（2019年7月1日前为200欧元）。对于第四个及更多的孩子，每个孩子是235欧元（2019年7月1日前为225欧元）。每个孩子享受一次子女税收抵免，夫妻或民事合伙人享受的次数不翻倍。子女税收抵免适用于居民纳税人，通常他们的子女居住在德国或欧洲经济区国家。非居民纳税人如果在德国就业，他们在特定条件下也可以享受子女税收抵免。

4. 税前扣除

在计算不同类别所得时，个人纳税人可以扣除在取得或维持所得时直接发生的所有费用。然而，与免税所得有直接性和经济性相关的费用不得扣除。尤其在股息或资本收益适用局部所得制度时，只有60%的相关费用被允许扣除。所有类别的净所得合计形成纳税人的总所得。如果总所得是负数，则没有任何扣除或减免。在本节列出的扣除将从总所得中剔除，这里包括特定费用和特殊支出的扣除。

特定费用是可以依据所得税法明确扣除的个人或家庭支出。扣除必须在费用发生当年执行，分为可全额扣除和有最高扣除限额的扣除。

（1）利息费用

业主自住房的抵押贷款利息是不可以扣除的。当财产用于出租，抵押贷款利息在计算租赁所得应纳税额时可以扣除。

（2）医疗费用

未由第三方报销的医疗成本可以作为特殊支出在一定限额内扣除，扣除额度取决于总的收入和家庭状况。

（3）保险费

针对健康保险、意外和责任保险、残疾人和老年人保险、类似私人保险的保费、失业保险等的强制缴款可以扣除。如果是付给非居民社会保险机构，或者付给已经被批准在德国经营业务的保险公司，这类缴款和保险费也是可以扣除的。年金保险的保费和最少12年期限的资本生命保险88%的保费可以扣除。

所有上述提及的缴款和保险费的年度扣除额一般限于2800欧元。对没有全部或部分自行缴纳健康保险的纳税人，年度扣除限额为1900欧元，合并评估交税夫妻或民事合伙人的最高扣除额要合计。但是，如果健康保险、残疾人和老年人保险的强制缴款超过2800欧元或1900欧元限额，可以全额扣除。

2020年，一般法定养老金计划和某些为纳税人支付养老金的私人养老金计划缴款的90%（2019年为88%）可以扣除，一次性扣除适用于未证明更高缴款的雇员。一次性扣除是为季度预缴税款而设立的，涉及健康保险、残疾人和老年人以及养老金计划的支付款项。2020年，一次性扣除一般做如下计算。

① 法定保险金计划缴纳总额的50%的80%；

② 员工总工资的12%，最高不超过1900欧元（联合纳税的是3000欧元）。

除上述情况外，再无可扣除的保险金。一次性扣除额只在每季度预付税款时才计算在内。

受法定退休金计划规管的纳税人，其个人其他经核证的私人退休金计划也可扣除，每年最多扣除2100欧元。配偶和民事伴侣双方都有权获得扣除（在某些情况下，如果联合纳税中只有配偶或民事伴侣一人符合要求，也可获得双重扣除）。然而，如果纳税人收到了用于支付经认证的私人养老金计划的现金补贴，当补贴超过了扣除额时，则不再享受扣除额。

（4）捐赠

2020年可扣除的捐赠额具体如下。

① 为促进非营利活动的捐赠，最高可达收入总额的20%（企业家亦可选择扣除其营业额及薪金总额的0.4%），超过部分可以结转以后年度扣除。

② 每10年一次，新成立的基金会的资本捐赠最高可扣除100万欧元（在捐款年度或结转9年）。

③ 对各政党的捐赠不超过1650欧元（联合评估计双倍）。这只适用于纳税人没有获得所得税抵免的捐赠；50%的捐赠可以从所得税评估中扣除，每人最高扣除金额为825欧元（联合评估计双倍）。

5．损失

（1）一般损失

一般损失通常可以完全抵销同一纳税年度形成的所得。第一步，损失抵销同类所得；第二步，剩余的损失抵销所有其他类别的所得。

（2）资本损失

私人交易形成的资本损失只能结转抵销以前年度或以后年度私人交易形成的资本收益。从2009年起，由私人资本投资产生的资本损失只能抵销私人资本投资所得。另外，出售股份导致的资本损失只能抵销相同来源的所得。如果纳税人出于评估目的选择包含资本所得，则其他来源的损失可以抵销资本所得。如果那样，私人交易的损失必须先于其他所得类型的损失予以考虑。

从2014年起，这类损失只能抵销从私人交易中获得的投机收益。

将持有的作为经营资产的股份出售或其他处置所形成的资本损失的扣除是有限制的，通常只有60%的相关费用可扣除，与免税所得有直接性和经济性关联的费用不可以扣除。

二、非居民纳税人

如果一个人的住所或习惯性居住地不在德国，则被视为非居民。扣缴义务人一般为支付给非居民个人款项的人。非居民需就法律明确列出的来源于德国的所得缴纳德国所得税。如果适用税收协定，则此规则会受到限制。如果所得不需征预提税，应纳税所得的计算遵循居民个人纳税人的规则。但是，给予居民纳税人的大部分权益不适用于非居民，包括损失的扣除，大部分个人减免规定也不适用于非居民。非居民个人纳税人适用和居民相同的税率，对非居民征收的所得税或预提税要附加5.5%的团结附加税。如果个人在一年内成为居民，则在非居住期间产生的德国来源所得将加入居住期间取得的所得。这意味着，就该年度所有德国来源所得而言，纳税人被作为居民征税。

1. 征税范围

非居民无论国籍如何，如果其全球所得的90%及以上须缴纳德国税收，或者其无须缴纳德国税收的所得不超过9,168欧元，基于德国所得税目的，可以选择视同居民。根据税收协定，对来源于德国的所得要么在德国全额征税，要么仅以有限税率征税。被视同居民，原则上以与居民相同的方式纳税，不论所得类别。

非居民必须针对每个纳税年度取得的德国所得提交纳税申报表，除非纳税义务满足固定预提税要求。

· 非居民纳税人所得的类别具体如图5-7-2所示。

2．税率

如果非居民所得不需征预提税，所得的计算适用居民的规则，适用和居民个人纳税人相同的最高45%的税率。

如果非居民所得税征收预提税，相应所得税税率如图5-7-3所示：

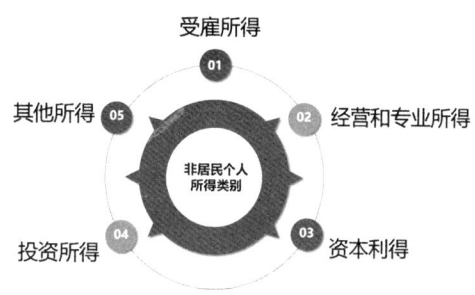

图5-7-2　德国非居民纳税人所得类别示意图

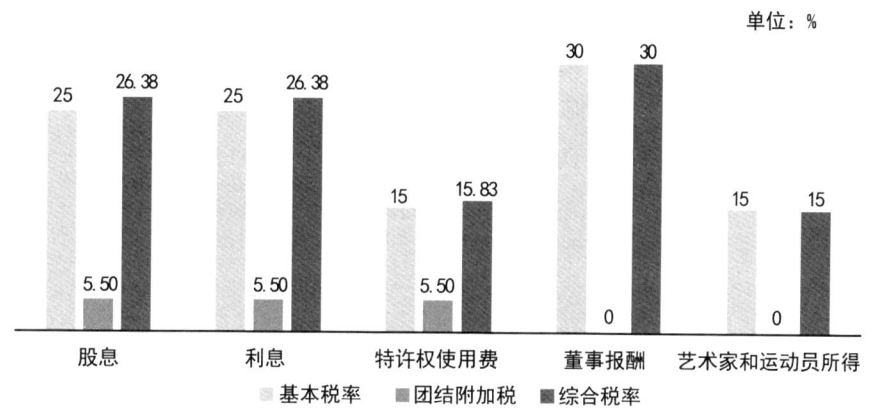

图5-7-3　德国非居民所得税征收预提税税率示意图

三、罚则

如果延期递交所得税申报表，德国税务机关可对纳税人处以未纳税额10%，最高限额25,000欧元的罚款。如果评估通知书已经发放，税款被推迟缴纳，将每月自动加收未纳税额的1%作为处罚。未纳税额每月会产生0.5%的额外利息，从税款所属公历年度15个月后算起（如未纳所得税所属公历年度是2017年，利息从2019年4月1日起缴付），罚息不得在计算应纳税所得额时扣除。另外，如果多缴税款尚未在15个月内退回至纳税人的账户，德国税务机关给予超缴税款部分相同的利息率。计息期在评估通知书发放后终止。

此外，以下事项可能产生刑事处罚：

① 税收欺诈，指通过不完整或不准确申报或者未能告知德国税务机关违反具体规定而造成的相关事实，对此处以最高180万欧元的罚款或监禁5年；

② 严重税收欺诈，指多次违规或者金额巨大的税收欺诈，以及通过伪造资料或通过诱使一名官员滥用职权达成税收欺诈，对此处以6个月到10年的监禁；

③ 因疏忽导致税收减少，处最高50,000欧元的罚款。

另外，在偷逃税款超过25,000欧元的情况下，纳税人须缴付额外罚款。从2015年1月1日起，如果偷逃税款超过25,000欧元，按偷逃税款的10%予以处罚；如果偷逃税款超过100,000欧元，按偷逃税款的15%予以处罚；如偷逃税款超过1,000,000欧元，按偷逃税款的20%予以处罚。

第三节 增值税

增值税法定纳税义务人为任何独立从事商业或专业活动的个体。商业或专业活动是指创造收入的持续性活动，即使该活动并未旨在创造利润，或该组织的活动仅面向其成员。"商业"一词表明该组织拥有满足其经济需求的资本和劳动力。商业活动不仅包括工业或商业性活动，还包括为了产生持续收入而对动产和不动产进行的开发以及自雇纳税人提供的专业服务。

一、纳税义务人及扣缴义务人分类

（1）一般定义纳税义务人

① 非营利性组织；

②慈善团体；

③信托者、清算者、接收者和检查者；

④财团；

⑤董事；

⑥个人；

⑦雇员。

（2）公共机构

依照相关规定，非企业性质的政府机构从事经营性活动或者从事农林经营活动的，视为从事商业活动，应当缴纳增值税。另外，履行政府职能的私人机构或个人仍被视为增值税纳税义务人。

（3）偶然交易

偶然交易不在增值税的征收范围之内。但是，在欧盟内部出售和购置新的运输工具，无论取得新运输工具的人是否是德国增值税法所指的应纳税人，都须纳税。

（4）集团

根据总体情况，在财务、经济和组织上与母公司紧紧联系在一起的德国境内的法律团体，不能视为独立的纳税义务人。这样的受控子公司和它的母公司应被视为增值税的同一纳税人，应该对母公司征税。这种情况下的集团内交易视同内部转移，不缴增值税。在增值税中子公司的标准与企业所得税不同。

在增值税所谓的集团中，每一成员都对集团的增值税承担责任。遇到破产或资不抵债，组织联系就断了。然而如果是清算的话，增值税集团并不自动瓦解。只有纳税义务人可以形成增值税集团。如果一个法人既有公司性质又有非公司性质，增值税集团仅包括该法人公司性质的那一部分。

（5）控股公司

如果一个公司的唯一经营活动是控股其他公司，这个公司不能成为纳税义务人，因为控股不能视为增值税法规定的经济活动。然而控股公司承担一定管理职能的，可以作为纳税义务人。

二、征收范围和税率

销售商品是指所有者转让有形财产的处置权。原则上讲，法定所有权转移表明发生了商品销售。然而也有例外情况。尽管事实上德国民法规定质押的法律所有权已经转移，出于对货物安全方面考虑而进行的转让不视作销售商品。当一个企业销售赃物时，尽管法律所有权不能转移，也算是增值税法中的销售商品行为。

（1）以下情形应视同销售

① 按公权机关指令进行的转让；

② 租赁；

③ 代销；

④ 连锁交易；

⑤ 建筑劳务；

⑥ 虚拟销售；

⑦ 应税行为转为非应税行为；

⑧ 到期仍在用商品；

⑨ 成员国之间的商品转移。

（2）以下情况视同提供服务

① 自产自用以及商业资产私人使用；

② 代理形式。

（3）进口货物

所在地位于非欧盟地区的企业，由地方税务局征收增值税，不在欧盟内的卖方由德国指定地方税务局集中管理。

（4）税率

德国的增值税税率有标准税率（19%）、低税率（7%）和零税率三种。

三、欧盟内交易税收优惠

欧盟内交易分为欧盟内购进商品和视同欧盟内购商品两种情况。

1. 欧盟内购进商品

① 其他欧盟成员国的增值税纳税人（非小企业）向德国的纳税人或非应税法人提供新交通工具以外的动产，且该动产被从其他成员国领土上转移到德国领土内。

② 新型交通工具，且该动产被从其他成员国领土转移到德国领土内。将新交通工具从其他成员国转移到德国，不管供货方和购货方是什么形态，这一交易行为都要作为欧盟内购进商品缴纳增值税。

2. 视同欧盟内购进商品

如果货物被从一个成员国的公司发往另一个成员国的同属于一家公司的子公司，这一行为视同欧盟内采购商品。此类情形下，如果商品是用于生产目的，且已计入目的地子公司的资产负债表，则这一交易行为是应税购置行为。如果商品的使用年限少于两年，且将被发还至原公司，则不适用视同购置商品的规定。

按照常规，欧盟内购进商品的增值税纳税地是商品物流目的地。欧盟内购进商品的增值税纳税义务在开具发票后即产生，最晚在交易活动发生的次月月底。计税依据是全部不含税金额。纳税义务发生在开具发票以后，最迟不超过交易次月月底。增值税由购货方缴纳，进项税可以抵扣。

◆ 第八章 美国

美国的现行税制,是以所得税为主体税种,辅以其他税种构成的。主要包括个人所得税、薪资税、公司所得税、销售与使用税、关税、财产税、消费税、印花税等。个人所得税与公司所得税是美国税制中的主要税种。

第一节 个人所得税

一、居民纳税人

凡符合下列标准之一的非美国公民,即为居民外国人,否则,即为非居民外国人。

① 持有"绿卡"标准。具有美国合法永久居民身份(即持有"绿卡")的外国人享有在美国永久居住或工作的权利,被认定为美国税收上的居民外国人。

② 实际居留标准。一个外国人即使未持有"绿卡",只要于本年度在美国居留达183天;或者本年度在美国居留至少31天,且在本年及上溯两年的时间里在美国累计居留达183天,也将被认定为居民外国人。

1. 征收范围

(1) 工资薪金所得

美国公民、居民外国人和非居民外国人都需要就其在美国当地取得的工资薪金所得缴税，无论该所得在何时何地取得。员工报销的生活费用（如餐费或住房补贴），或符合条件的差旅费不需缴税，但配偶或子女的类似费用则需要缴税。符合条件的差旅费是指个人暂时性离开其税收管辖地时发生的差旅费。

（2）资本利得

美国公民和居民外国人取得的资本利得属于其全球收入，须缴纳美国个人所得税。

对于非居民外国人，如果其在一个纳税年度内在美国停留时间超过183天并在该纳税年度当年取得资本利得，则需由支付方按其取得的净资本利得代扣代缴30%的预提个人所得税。上述规定不适用于按照实际居留标准应被视为美国居民纳税人的外国人士。此外，投资组合所得也将纳入个人所得税的应纳税所得额。

（3）股权薪酬

美国公司向员工发放多种形式的股权薪酬，包括股权激励计划等，每种方式征税的方法都有不同。如果员工收到作为服务报酬的期权，则纳税人在行权时（购买或拥有归属权或出售股票或其他财产时）确认收入。纳税人在某些情况下可以选择递延至出售或转让期权时纳税。纳税人收到非法定股票期权或法定股票期权，决定了其应税收入的时间、类型和数量。一般而言，当非法定股票期权被行权时，可能会产生收入。然而，法定股票期权在行权后一般不会产生纳税义务，直到该行权对应的股票出售。

外国人在美国居住之前获得的股票期权，在行权时可能需就所有或部分已实现的收入缴纳美国所得税。通常来说，当外国人作为居民外国人对其持有的外国期权进行行权时，产生的收入需要缴纳美国个人所得税。同时，其中一部分可被视为外国来源收入。因此，即使该部分收益在美国被征税，也可以使用境外已纳税额进行抵免。外国个人在返回原国家后，对其在美国居留期间持有的期权进行行权，如果该期权的所有权是其居留美国期间转移给此外国个人的，则该外国个人需就这部分收入缴纳美国个人所得税。

(4) 业务收入

个体经营户通常会产生个体经营收入。在美国联邦税法规定下,个体经营收入的待遇与就业补偿相类似。但是,个体经营户通常可以比雇员扣除更多的业务费用,而个体经营收入可能相应缴纳更多的社会安全税款(个体经营税)。

(5) 股息收入

美国公民和居民外国人所获得的股息收入,无论其源自美国还是其他国家,都在征税的范围内。针对国内企业或者符合条件的外国企业所收到的合规股息,联邦个人所得税税率最高为20%(如果含纯投资收入税,税率为23.8%)。

(6) 租赁收入

美国公民和居民外国人所获得的租赁收入,无论其来源于美国还是其他国家,都在征税的范围内。

2. 个人所得税累进税率

美国所得税法规定,美国公民以及居民外国人需要就全球收入按照10%到37%的累进税率在美国缴纳联邦个人所得税。非居民外国人需要就其来源于美国境内的与在美国经营活动有实际联系的收入按照10%到37%的累进税率缴纳联邦个人所得税,并就其来源于美国的投资收入(如股息、利息或租金等)按照30%的税率缴纳联邦预提所得税。

累进税率分为夫妻合并纳税累进税率、已婚人士分别纳税累进税率、户主纳税累进税率和单身人士纳税累进税率。具体分类如表5-8-1、5-8-2、5-8-3、5-8-4所示:

表5-8-1 夫妻合并纳税累进税率表

应纳税所得额	税额
不超过20,550美元	应税收入的10%
超过20,550美元,但不超过83,550美元	2055美元加上应税收入超出20,550美元部分的12%

续表

应纳税所得额	税额
超过83,550美元，但不超过178,150美元	9615美元加上应税收入超出83,550美元部分的22%
超过178,150美元，但不超过340,100美元	30,427美元加上应税收入超出178,150美元部分的24%
超过340,100美元，但不超过431,900美元	69,295美元加上应税收入超出340,100美元部分的32%
超过431,900美元，但不超过647,850美元	98,671美元加上应税收入超出431,900美元部分的35%
超过647,850美元	174,253.50美元加上应税收入超出647,850美元部分的37%

表5-8-2 已婚人士分别纳税累进税率表

应纳税所得额	税额
不超过10,275美元	应税收入的10%
超过10,275美元，但不超过41,775美元	1027.50美元加上应税收入超出20,550美元部分的12%
超过41,775美元，但不超过89,075美元	4080.50美元加上应税收入超出41,775美元部分的22%
超过89,075美元，但不超过170,050美元	15,213.50美元加上应税收入超出89,075美元部分的24%
超过170,050美元，但不超过215,950美元	34,647.50美元加上应税收入超出170,050美元部分的32%
超过215,950美元，但不超过323,925美元	49,335.50美元加上应税收入超出215,950美元部分的35%
超过323,925美元	87,126.75美元加上应税收入超出323,925美元部分的37%

表5-8-3 户主纳税累进税率表

应纳税所得额	税额
不超过14,650美元	应税收入的10%
超过14,650美元，但不超过55,900美元	1465美元加上应税收入超出14,650美元部分的12%

续表

应纳税所得额	税额
超过55,900美元，但不超过89,050美元	6415美元加上应税收入超出55,900美元部分的22%
超过89,075美元，但不超过170,050美元	13,708美元加上应税收入超出89,050美元部分的24%
超过170,050美元，但不超过215,950美元	33,148美元加上应税收入超出170,050美元部分的32%
超过215,950美元，但不超过539,900美元	47,836美元加上应税收入超出215,950美元部分的35%
超过539,900美元	161,218.50美元加上应税收入超出539,900美元部分的37%

表5-8-4 单身人士纳税累进税率表

应纳税所得额	税额
不超过10,275美元	应税收入的10%
超过10,275美元，但不超过41,775美元	1027.50美元加上应税收入超出10,275美元部分的12%
超过41,775美元，但不超过89,075美元	4807.50美元加上应税收入超出41,775美元部分的22%
超过89,075美元，但不超过170,050美元	15,213.50美元加上应税收入超出89,075美元部分的24%
超过170,050美元，但不超过215,950美元	34,647.50美元加上应税收入超出170,050美元部分的32%
超过215,950美元，但不超过539,900美元	49,335.50美元加上应税收入超出215,950美元部分的35%
超过539,900美元	162,718美元加上应税收入超出539,900美元部分的37%

注：对于持有时间超过12个月的资产，资本利得联邦税率最高为20%。
对于持有时间少于12个月（含），使用超额累进税率法。
非居民外国人不享受户主和合并纳税的优惠待遇。

3．替代性最低税免税额

2022年纳税年度替代性的最低限额税的免税额为75,900美元，并从539,900美元开始逐步撤销（已婚合并纳税申报的免税额为118,100美元，并从1,079,800美元开始逐步撤销）。2021年的免税额为73,600美元，从523,600美元开始逐步撤销（已婚合并纳税申报的免税额为114,600美元，并从1,047,200美元开始逐步撤销）。该数据系变量，随年份变化而变化。

2022年纳税年度替代性最低税的免税额如图5-8-1所示。

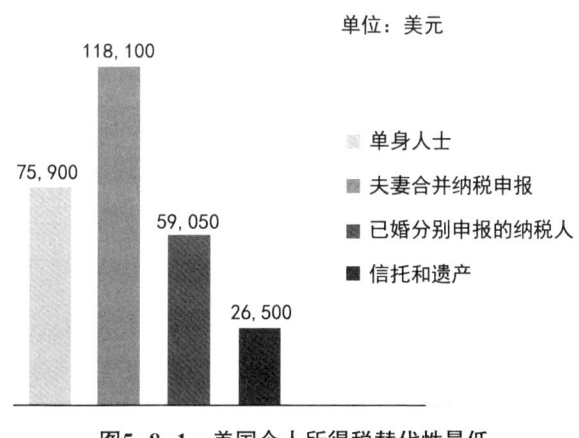

图5-8-1 美国个人所得税替代性最低免税额示意图

4．税前扣除

美国个人所得税的税前扣除有列举扣除法和标准扣除法两种，纳税人可以选择其一适用。

（1）列举扣除法

2022年纳税年度适用列举扣除的项目主要包括：符合条件的利息（住房抵押贷款利息扣除仅限于主要住所）；不超过10,000美元（已婚但分开纳税的限额为5,000美元）的税款。非居民外国人可以按一定限额扣除在美国发生的由意外伤亡、灾难、盗窃等原因造成的损失；向美国慈善机构进行的捐赠，不超过10,000美元（已婚但分开纳税的限额为5,000美元）的税款等。

（2）标准扣除法

标准扣除限额每年都根据通货膨胀程度调整。非居民外国人不适用标准扣除。

2022年对已婚夫妻共同申报的标准扣除额为25,900美元，户主申报的标准扣除额为19,400美元，单身个人和已婚个人单独申报的标准扣除额为

12,950美元。符合一定标准的，比如个人既为盲人又在65岁以上，标准扣除额将增加。

二、非居民纳税人

不符合持有"绿卡"标准及实际居留标准的非美国公民即为非居民外国人。非居民外国人需要就其来源于美国境内的与在美国经营活动有实际联系的收入按照10%—37%的累进税率缴纳联邦个人所得税。而非居民外国人来自美国的租赁收入通常适用30%的统一税率，但非居民外国人也可以选择申报扣除费用后的不动产租赁净收入，适用所得税累进税率。同时，非居民外国人来自美国的股息、利息或租金等投资收入通常会由支付方代扣代缴30%的联邦预提所得税。在进行个人所得税的申报时，非居民外国人可享有一定程度的税收优惠。此外，非居民外国人如果有符合资格的领养的美国籍儿童，也可以申请儿童税收抵免。

第二节 公司所得税

美国公司所得税是对美国居民企业的全球所得和非美国居民企业来源于美国境内的所得征收的一种所得税，分联邦、州和地方三级征收。美国联邦公司所得税现适用21%的统一税率。

一、居民企业

企业只要依据美国法律在美国注册设立，则为美国税收居民企业，不论其是否在美国开展经营活动或拥有财产，也不论其股权是否为美国企业或个人所持有。

美国联邦税法规定，美国税收居民企业需就其全球收入在美国缴纳公司所得税。全球收入包括由该企业设立于美国境外的分公司所取得的收入，而无论该分公司是否向其美国总公司分配利润。为避免双重征税，对于美国居民企业来源于境外的所得，已缴纳的税款可以进行税收抵免。

美国联邦税法规定，通过特定交易或法律程序将原注册于美国的公司转变为境外公司的原美国公司，在一定条件下从税务角度仍被视为美国税收居民企业，从而应就其全球收入缴税。这一规定，旨在避免总部位于美国的跨国公司利用美国税收居民的定义来逃避美国税收管辖的非合理避税行为。

1. 应纳税所得额

美国税收居民企业取得的来源于全球的几乎所有形式的收入（包括经营收入、服务费收入、股息收入、利息收入、特许权使用费收入、租金收入、佣金收入、处置财产收入和从合伙企业取得的收入等），减去允许税前扣除的折旧额、摊销额、费用、损失和其他特定项目后的余额，为应纳税所得额。

（1）美国公司之间的股息收入

自2018年1月1日起，美国税收居民企业从其他美国税收居民企业取得的股息收入的70%可以不计入企业应纳税所得额。如果收到股息企业持有分配股息企业大于等于20%且小于80%的股权，则取得的股息不计入应纳税所得额的比例可以提高至80%。关联集团内（共同持股比例为80%及以上）的股息分配，在不涉及其他第三方的情况下可以不缴纳公司所得税。

税改前，美国采用全球征税制，同时采用境外税收抵免制度以消除双重征税。税改后，美国对股息收入改为属地征税，即自2018年起美国税收居民企业从持股比例为10%及以上且持有时间超过一年的外国企业取得的股息收入，可按最高100%的比例进行税前扣除。

（2）资本利得的税务处理

出售或交换持有时间超过12个月的资本性资产所产生的所得或损失为长期资本利得或损失。

出售或交换持有时间在12个月以内（含12个月）的资本性资产所产生

的所得或损失为短期资本利得或损失。

目前,企业长期资本利得适用与普通收入相同的税率。资本损失只能用于抵减资本利得。企业的长期资本利得抵减短期资本损失后的余额为其净资本利得(长期资本损失不能用于抵减短期资本利得)。企业在一个纳税年度内的资本损失超过资本利得的部分,符合一定条件的可以向以前年度结转3年,向以后年度结转5年用于抵减资本利得。

(3)税前扣除

企业在本纳税年度正常进行的贸易或经营活动中,支出或计提的必要费用允许在税前扣除。

① 折旧。有形资产的资本性支出可以计提折旧。企业对资产的税务折旧方法可以不同于其会计折旧方法。

② 资产扣除。企业可以选择将某些用于积极贸易或经营活动的新投入使用资产的成本作为费用进行税前扣除。

③ 损耗。企业拥有的除木材、某些石油和天然气资产之外的自然资源资产的损耗符合一定条件的可以按成本法或比例法计算扣除。

④ 摊销。企业大部分无形资产的支出需进行资本化并以15年的年限按比例直线摊销。

⑤ 坏账损失。企业计提的坏账准备金可以在确定相关款项无法收回的当年进行税前扣除。

⑥ 利息支出。企业与贸易或经营活动相关的利息支出一般可以于发生当年进行税前扣除。

⑦ 公益捐赠。企业允许扣除的公益捐赠金额最高不能超过减去某些扣除项目之前的应纳税所得额的10%。《救助法案》规定,企业向符合条件的慈善机构进行的现金捐赠的扣除比例提高为应纳税所得额的25%。

⑧ 员工福利计划(养老金计划及支出)。为员工提供退休福利,包括雇员福利、利润共享福利或股权红利计划等的企业可以享受政府提供的税收优惠。

⑨ 已纳税款。纳税人已缴纳的州和地方税可以在联邦公司所得税税前

扣除。

⑩ 或有负债。企业计提的或有负债准备金只有在相关责任实际确定时，涉及的金额才能在税前扣除。

⑪ 研发支出。根据企业采取的所得税会计处理方法的不同，研发支出符合条件的可以在发生当期全额扣除或在不少于60个月的时间进行摊销。

⑫ 支付给境外关联方的费用。美国税收居民企业通常可以就其实际支付给境外关联方的符合市场公允原则的特许权使用费、管理服务费用和利息进行税前扣除。但是，对于受控外国企业，美国税收居民企业可在支付给受控外国企业的款项被计入受控外国企业收入时进行税前扣除。

税改后首次引入了税基侵蚀与反滥用税的（Base Erosion and Anti-abuse Tax，"BEAT"）相关规定。BEAT通过重新计算应纳税所得额来计算BEAT附加税，以限制美国企业向境外关联企业支付的可抵扣费用，包括利息费用、版权费用和其他大部分服务费用。需要重新计算的企业为近3年平均总收入高于5亿美元（包括5亿美元），且向境外关联方支付的可税前抵扣款项占企业可税前抵扣款项总额3%的美国企业。

⑬ 其他不可税前扣除情况。

⑭ 罚金和罚款。因违反法律法规而向政府支付的罚金或罚款一般不得在税前扣除。

⑮ 行贿金、回扣和其他支出。直接或间接支付的行贿金、回扣或其他非法支出不得在税前扣除。

⑯ 业务招待费。税改规定招待费不可税前扣除。企业发生的国际和国内差旅费的扣除也受一定条件的限制。

2．合并纳税

美国母公司及其直接或间接持有80%以上股权的美国子公司可以组成美国合并纳税集团，提交合并的联邦公司所得税纳税申报表。

合并纳税集团内某一成员公司的亏损可以抵销另一成员公司的利润。除某些设立在墨西哥和加拿大的子公司外，美国母公司的境外子公司不能成为美国合并纳税集团的成员。

3. 公司所得税优惠政策

（1）一般商业抵免

美国联邦税法为完成特定经济目标的企业提供各种特殊税收优惠，这些优惠被统称为一般商业抵免。纳税人在本纳税年度允许使用的一般商业抵免额最高不得超过其应纳所得税额，未抵免完的部分可以往以前年度结转一年，或者往以后年度结转20年。

（2）研发支出税收抵免

纳税人的合格研发支出中超过基数部分的20%可以作为研发支出税收抵免，在特定期间内用于抵免其应纳美国联邦公司所得税。当年的基数由纳税人前4个纳税年度的平均收入额乘以固定比率得出，固定比率最高为16%。基本数额不能低于纳税人本年度发生的合格研发支出的50%。此外，纳税人还可以替代简便抵免法计算抵免额度。该抵免法规定，纳税人在2008年以后纳税年度产生的合格研发支出超过前3个纳税年度的平均合格研发支出50%的部分的14%可以作为研发支出税收抵免，用于抵免纳税人的应纳美国联邦公司所得税。纳税人享受的抵免优惠金额必须从当年可以税前扣除的研发费用中扣除。

4. 境外已纳税额抵免

根据签订的税收协定，纳税人可以选择通过抵免法（包括直接抵免和间接抵免）或扣除法就其在境外已纳所得税税额获得美国税收减免。纳税人有权在已缴纳或计提境外所得税之日起10年内任意更改抵免法或扣除法的选择。

二、非居民企业

根据外国法律成立，并通过外国政府注册的企业，不论其是否在美国开展经营活动或拥有财产，即使股权的全部或部分为美国企业或个人所持有，都属于美国联邦税法规定的非税收居民企业。

非居民企业需按30%的税率缴纳公司所得税，通常采用由美国付款方进行代扣代缴的预提税形式。与美国签有双边税收协定的国家的非居民企业，若满足相关条件，可享受低于30%的预提所得税优惠税率。

三、其他

1．预提税税率

美国居民/非居民企业支付下列款项时需要缴纳预提税，适用税率如图5-8-2所示：

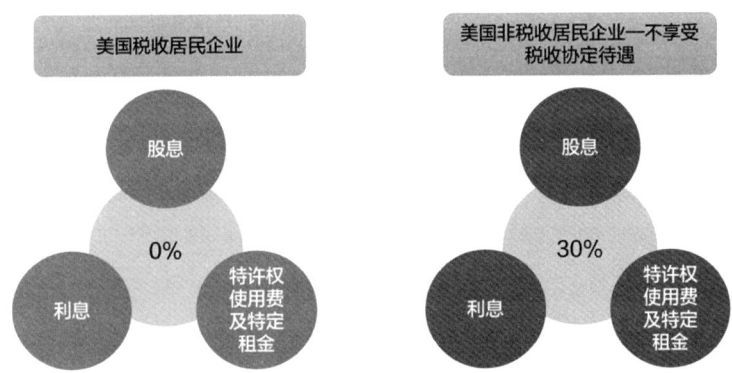

图5-8-2　美国企业预提税适用税率示意图

2．分支机构所得税

外国公司在美国设立的分支机构取得的收入按一般联邦公司所得税的规定纳税。在分支机构未对其税后利润进行分配的情况下，其取得的与在美国的贸易或经营活动有实际联系的税后利润，没有于取得收入当年再投资美国的贸易或经营活动，或在下一纳税年度从美国的贸易或经营活动中抽回投资的，则将被征收30%的分支机构所得税。

分支机构所得税符合一定条件的可以根据美国与外国公司所在国签署的税收协定进行减免。

3．累积盈余税

美国联邦税法允许企业为发展业务或其他合理的商业目的而保持一定的累积盈余，超过税法认定的合理商业目的累积盈余，在一定条件下将按照应税累积盈余被征收20%的累积盈余税。一般而言，如企业能够提供具体、详细以及可行的为商业目的而使用累积盈余的计划，可以在一定程度上支持其保留累积盈余的合理商业目的。

4．地方公司所得税

美国各州（不征州公司所得税的州除外）规定了1%—12%不等的州公司所得税税率。州公司所得税的计税依据通常为企业的联邦应纳税所得额经过该州法律规定的纳税调整之后乘以一定的分摊比例。传统上，分摊比例的计算一般基于三个因素，即有形动产和租赁费用、销售收入和其他收入、薪资。然而，由于社会和技术变化，越来越多的企业不再需要依靠在一个州雇佣人员或投放资产的方式产生收入，越来越多的州仅考虑将销售收入作为唯一分摊因素或对销售因素进行加权。企业缴纳的地方公司所得税可以在计算联邦公司所得税时用于税前扣除。

◆ 第九章 巴西

第一节 企业所得税

一、居民企业

在巴西登记注册的法律实体为企业所得税居民纳税人。居民企业纳税人需要就收入和资本缴纳企业所得税及净利润社会赞助费，两者共同作为企业所得税。净利润社会赞助费本质上是一种社会保障费用，但其计税基础和征收的规则与企业所得税一致，所有征企业所得税的收入也须征净利润社会赞助费。

除了上述两种与企业所得相关的税收，巴西另征收两种基于总收入的社会保障费，即社会一体化税和社会保障金费。

企业所得税纳税人包括：所有居民法律实体；分支机构，代理和非居民实体的代表处；非注册的商业机构；取得来源于巴西所得的非居民实体。

1. 企业所得税应税收入

国家税典对应税收入的规定如下：由于收入界定较宽泛，企业所得税适用于所有资本、服务或二者结合取得的收入，也包括纳税人资产或权益处置的利得。因此，企业所得税适用于工商业交易过程中取得的所有收入，以及各种来源的金融收入。

居民企业应就全球所得纳税。根据法令和临时措施规定，任何巴西居民企业不仅需要在企业所得税基数中包括来源于境外的所得，而且要根据所占股份的比例将其在海外的参股公司年度利润包括在内，无论被参股公司是否进行了实际的利润分配。

企业所得税征缴主要有四种核定方式：实际利润法、核定利润法、简易计税法和强制核定利润法。

2．股息所得计税处理

巴西通过股息免除机制避免双重征税，即居民企业从税后利润分配股息给居民或非居民股东，该股息不需交税。因此，在计算所得税计税基础时，从居民纳税人处取得的股息不包括在内，但从非居民纳税人处取得的股息必须包括在内。

3．税收减免

联邦宪法规定，只要出于非营利目的并且满足法律规定的要求，政党、基金会、工会和教育及福利组织的收入可减免所得税。巴西的次级行政单位（州、联邦区和市）和寺庙也可以根据宪法规定免除相关税费。宪法规定的免税项目还包括书籍、报纸、期刊以及用于印刷的纸张。另外，慈善、娱乐、文化和科学相关的非营利组织也可享受企业所得税减免（包括资本利得）。同时，巴西政府对在特定经济活动领域表现优异的企业或设立在特殊区域的企业也给予税收减免。

4．扣除项目

纳税人只有按实际利润法计算企业所得税时，才被允许进行相关项目的扣除。总体而言，与生产经营相关必须在税款所属期内支付或负担的成本费用可扣除，上述费用必须与其正常的交易或经营活动有关。

（1）服务和管理费

与纳税人生产经营活动相关的服务管理费、商业和工业技术以及其他类似服务费用可税前扣除。向非居民支付的与技术、科技或行政辅助相关的费用在特定条件下也可作为营业费用扣除。

① 费用必须是真实的，即通过派遣技师、设计师等人员到巴西或代表该巴西公司在国外进行的技术研讨；

② 根据财政部的规定,按照种类或涉及行业不同等,可扣除的比例也不同(1%—5%)。

技术协助合同必须在巴西国家工业产权局(INPI)和巴西央行备案。

一般而言,技术协助费从引进该工业流程起不超过5年内可扣除,特殊情况下,企业可申请延长至10年。

(2)研发费用

具有科研性质,为发展和改进工业产品而支出的研发费用可以扣除。但是,企业为研发购入的土地支出不可扣除,其购入的机器设备仅可进行常规的折旧。

对特定类别的费用扣除还有特殊规定,如广告费、摊销、坏账、礼物及捐赠支出、招待费、保险费、利息支出、董事费和研究费用等,采用限额扣除。如果纳税人未在法定纳税期间扣除固定资产的折旧费,不允许在其他纳税期间一并扣除,或法定比例外超额扣除。

(3)其他不可扣除项目

但是,下列权益性费用不可以扣除:

① 非居民企业的巴西分支机构代表外国总部支付的专利、配方和商标等相关的权益性支出;

② 居民企业向个人和企业股东、董事或其亲属或其受赡养人支付的权益性支出。

5. 资本利得

处置公司资产或权益产生的资本利得应按实际利润法或核定利润法计算应税所得。资本利得的金额为该项资产的售价与其账面价值之差。任何形式的资产处置给其他实体均应确认资本利得。出售投资组合取得的利得也应并入应税所得。

(1)资本性资产

根据法律规定,任何资产的处置应进行资本利得评估。虚拟货币视同金融资产,如果截至年底纳税人持有等值于1000雷亚尔的虚拟货币,应在纳税申报表"其他货物"栏内进行申报,交易超过等值于35,000雷亚尔的虚拟货币，应根据相应的资本利得按照15%的税率缴纳企业所得税。

（2）资本利得和损失的计算

对于常规资产，资本利得由售价及初始成本的差额确定。对于投资其他公司的情况，初始成本为实际支付的价款，包括实际支付的价款及其与权益价值之间的差额。资本利得应在实现的当期计入应税所得。

对于投资组合，如目标实体未在股票交易所或任何询价式市场上市，出售其股份按照一般方法确定资本利得金额。企业取得或处置上市公司股票、股票交易所或其他证券市场的可变现投资时，应确认净所得。

净所得的确认方式与资本利得一致，即根据处置价格和取得成本之差进行评估。净所得按月综合入账，不得按照单项交易入账。同时该利得应缴纳0.005%的预提税，并在计算企业所得税最终税额时抵扣。对于当日交易，预提所得税税率为1%。按实际利润法规定，当日交易产生的损失不可以税前扣除。另外，交易发票中记载的获得或处置证券时必要的费用可在计算应纳税所得额时扣除。

按照实际利润法规定，上述净所得无须按月预缴，在年终进行汇算清缴；按照核定利润法规定，净所得必须单独计算缴税。非股票交易取得的利润视同常规资本利得。

（3）免除缴纳的资本利得

根据农村改革项目强制出售给州内资产管理部门的所得免于缴纳所得税。

（4）资本利得递延纳税

企业在核算年度后的应收款时，可以在每个收款期内将相应部分的所得计入当期应税所得。

强制出售给州政府所取得的资本利得，如果企业将该利得转入特殊利润，并且在其后2年内用于购买另一个固定资产，则该资本利得可以递延纳税。

6．损失

经营活动中的正常损失可以在一定条件下抵减。

（1）经营损失

根据收入、成本和费用计算确认的会计损失可以抵减会计利润。

企业以前年度税务亏损可在一个纳税年度弥补不超过当年30%的税务利润，以前年度税务亏损可以无限期向后结转，不可以向前结转。

（2）非经营损失

非经营损失，是指由于处置固定资产、投资和无形资产而产生的损失，也须遵从30%弥补上限，并且只能弥补相同性质活动产生的利润。

（3）资本损失

由于意外或不可抗力造成固定资产的毁坏或受损产生的资本损失，或由于技术更新换代导致资产被提前取代，除非收到保险赔付，可就其不可折旧部分税前扣除。

7．税收优惠

为促进特殊区域的发展和鼓励某些特定经济活动，巴西出台了大量的税收优惠政策，主要包括鼓励出口、特定经济部门激励和区域激励等方面的政策。

（1）区域投资基金税收优惠

政府设立了东北投资基金和亚马孙投资基金，这些基金从企业所得税税收中获取资金，由特定代理人管理。基金用于购买在相关区域中经营的企业所发行的证券。

企业在支出一定款项后，有权利从相关基金中获得相应证券的利息，这些利息后续将转化为代表基金投资组合的证券。从上述两个基金获得的利润不会作为股息支付给外国投资者。

（2）储蓄和投资筹划税收优惠

该筹划旨在提倡自愿组成利润共享的储蓄基金，目标是提高员工的福利，以组合投资的方式进行。所募集的资金，必须用在储蓄和投资筹划的投资基金或由具备资质的机构进行监管，并需遵守以下规定：

① 企业投入的上述收入不视同工资或不具有社保性质；

② 如果企业投入的资金满足一般性的规定，并且至少有50%的员工受

益，该资金可作为营业费用税前扣除。

（3）加速折旧

特定行业的现代化或扩张过程中获得的新固定资产，可以采用加速折旧政策。获取用于科学研究和创新的固定资产，可享受加速折旧政策。

（4）自由经济贸易区和保税仓库税收优惠

在玛瑙斯自由经贸区内经营的企业生产或销售的产品，政府给予税收优惠，该优惠待遇延续至2023年。玛瑙斯自贸区旨在于亚马孙流域建立一个工业、商业和农业进出口贸易中心，其主要场所为玛瑙斯港、内格罗河、亚马孙河和乌鲁布河。在玛瑙斯自贸区内成立的企业，为特定用途而进口的货物可以享受进口税收减免及工业产品税的减免。特定用途包括用来制造其他产品、再出口、内部使用或工业运营以及提供服务。除用于上述目的的货物，以及从玛瑙斯自贸区进口用于区外贸易的货物，需按照正常的税收规定纳税。

出口货物免收关税。即在玛瑙斯自贸区收到的、改良的或加工的货物用于在先锋区、边界区域和其他西亚马孙区域使用或消费的货物免收关税。西亚马孙地区包括亚马孙州、阿克里州、朗多尼亚州和罗赖马州。

上述优惠不适用于武器和弹药、香水、烟草、酒精饮料和国内产品的出口以及由此发生的从ZFM的进口。ZFM区域在亚马孙区域，因此所有适用于亚马孙区域的税收优惠同样适用于ZFM。

圣安娜自贸区、博阿维斯塔自贸区等共同组成了亚马孙自贸区域带。覆盖所有自贸区的税收优惠可用至2050年12月31日，玛瑙斯自贸区的特别税收优惠待遇可用至2073年。

（5）社会、文化和体育发展税收优惠

企业向文化部和体育部批准的文体项目捐赠的支出可在税前扣除。

给予捐赠者或捐献者的税收优惠应遵从以下限制：

① 按照实际利润法规定，按文化类项目4%、体育类项目1%的上限进行扣除；

② 每个文化项目或每年一笔以巴西雷亚尔计价的款项可以扣除。

8．税率

巴西企业所得税税率分企业所得税税率、企业所得税附加税税率及净利润社会赞助费税率。

（1）企业所得税税率：15%；

（2）企业所得税附加税税率：10%（针对年度应税利润超过240,000雷亚尔的部分）；

（3）净利润社会赞助费税率：9%（金融机构自2020年3月1日起适用税率为20%）。

因此，非金融公司企业所得税最高合计征收税率为34%。

9．预提所得税

以下几项须缴纳预提所得税，预提所得税可抵免企业所得税的应纳税所得额。

（1）利息

净资产利息的支付应征收预提所得税。针对巴西股东及位于非低税收管辖地区外资股东获得的相关利息，税率为15%。在低税收管辖区股东完成的净资产利息支付，适用25%的预提所得税税率。

从其他信贷交易纳税人处获得的利息，应作为金融投资获得的固定收入缴税，根据交易期限的长短适用22.4%—15%的累退税率，具体如图5-9-1所示。

在所有情况下，预提所得税可抵免企业所得税的应纳税所得额。

（2）向税收居民支付的服务费

根据规定，服务费视为应税收入，并征收企业所得税。下列服务所支付的服务费还应缴纳1.5%的预提所

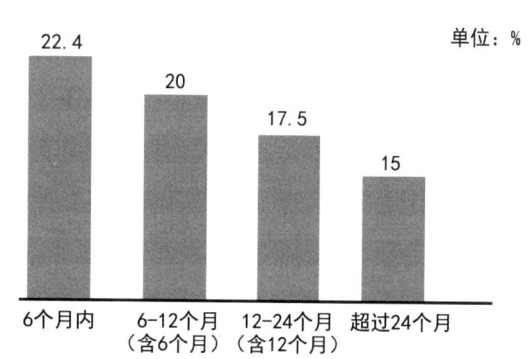

图5-9-1　巴西从其他信贷交易纳税人处获得的利息预提所得税适用税率示意图

得税。

① 任何民事或商业交易的佣金、经纪费或中介费；

② 广告及宣传服务费，不包括直接支付给广播、电视、报纸和杂志公司的费用以及向专业协会或合作社支付的费用；

③ 信贷和市场评估协助相关的服务费、信贷管理费、风险评估费及应收应付账款管理费。

清洁及安保服务费适用1%的预提所得税税率。

（3）向专业公司支付的费用

由一个纳税人向另一纳税人支付的专业服务费（如法律、审计、咨询、建筑）应按1.5%的税率缴纳预提所得税。

（4）金融投资收入

纳税人进行的金融投资产生的收入及净收益的预提所得税税率根据交易性质不同而有所不同。在任何情况下，金融投资产生的收入应被视为企业所得税应纳税所得额。

（5）固定收益投资收入

固定收益投资收入根据投资周期的长短以累退税率缴纳预提所得税。具体如图5-9-2所示。这些税率涵盖了所有不同种类的固定收益投资收入的适用税率。

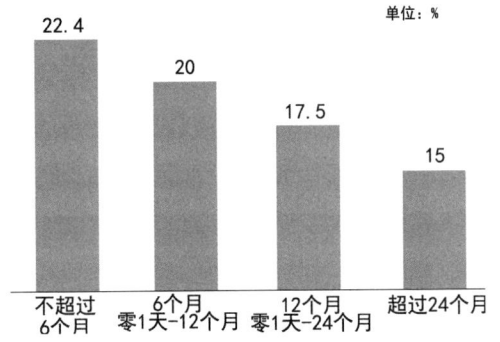

图5-9-2 巴西固定收益投资收入预提所得税适用税率示意图

（6）固定收益投资基金

固定收益投资基金配额赎回的收入产生的预提所得税取决于基金被归类为短期投资基金还是长期投资基金。

税法将平均赎回期限超过365天的固定收益资产构成的证券投资组合视作长期投资基金。根据交易周期的不同，其预提所得税累退税率为22.4%—15%。

税法将平均赎回期限小于365天的固定收益资产构成的证券投资组合视

作短期投资基金。根据交易周期的不同,其预提所得税累退税率为22.4%—20%。周期小于等于6个月的交易适用22.4%的税率;周期大于6个月的交易适用20%的税率。

长期投资基金的半年期预提所得税限制税率为15%。短期投资基金的半年期预提所得税限制税率为20%。

图5-9-3总结了预提所得税在以上不同情形中的税率。

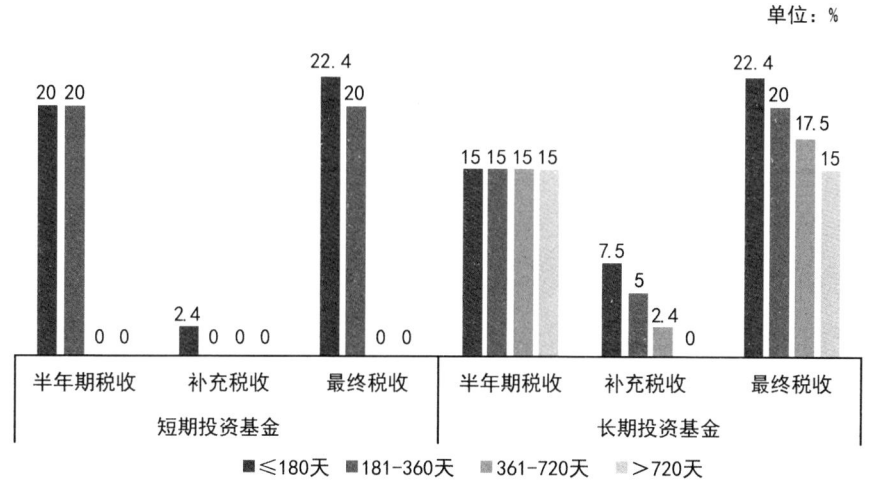

图5-9-3 预提所得税的不同税率概览示意图

(7)股票基金

只要满足巴西税法的要求以及巴西证券委员会的法规,股票基金收入以及其他可变收益投资基金,在配额赎回时适用税率为15%的预提所得税。

作为通用准则,投资基金投资组合中至少67%为公众利益实体的股票,并以15%的税率征税。

对于私募股权基金,巴西证券委员会目前规定基金组合至少90%为股票或其他证券投资。若不满足税法和巴西证券委员会的规定,私募股权基金的税收待遇和常规固定收益基金的待遇一样。

股票基金不适用半年期预提所得税标准。

(8)房地产投资基金

房地产投资基金收入的预提所得税适用税率为20%。巴西证券委员会规定，房地产投资基金在每年的6月30日和12月31日应分配至少95%的收益。

（9）不缴纳预提所得税项目

① 股息。以税后利润支付的股息不缴纳预提所得税。

② 特许权使用费。巴西的法律规定，特许权使用费不征收预提所得税，同时也不征收增值税。

二、非居民企业

如果不是巴西居民，按外国法律设立的实体及巴西境外的常设机构应作为独立纳税人处理。

1．应税境内所得

非居民实体的常设机构（分支机构）需作为居民实体就巴西来源的所得缴税，并与居民企业适用同一规则。

常设机构与总部之间的付款属于关联交易，适用转让定价法规和资本弱化条款。

未在巴西设立常设机构的非居民企业来源于巴西的收入，根据不同性质适用不同税率缴纳预提所得税。

非居民企业取得的股息、利息和特许权使用费与居民企业适用同一规则。

2．资本利得

非居民纳税人在巴西取得的资本利得与居民纳税人适用同一规则。

当交易双方均为非居民实体时，处置位于巴西境内的资产或权利产生的资本利得应在巴西纳税，且相关税款必须由非居民买方在巴西的注册代理人负责缴纳。该注册代理人对收取非居民卖方应缴纳的资本利得税负有法律责任。

3．预提所得税

在巴西没有常设机构的非居民实体需缴纳预提所得税，而且根据不同的收入类型，适用不同的税率。

若未特别规定税率，则一般按总金额适用15%的最终预提所得税税率。根据巴西法律规定，向在低税收管辖区注册的实体支付的费用按25%的税率缴纳预提所得税，除非有另行规定。

支付给非居民的特定款项的预提所得税税率为0。该清单包括出口商向海外代理商支付的佣金和特定利息。特定服务预提所得税也有免税优惠。

非居民实体没有义务就向巴西居民企业支付的款项扣缴税款。

（1）股息

向非居民实体支付的股息和其他利润分配免征所得税。

（2）利息

支付给非居民实体的贷款利息，一般按15%税率缴纳预提所得税（若支付给位于低税收管辖区的实体按25%税率缴纳预提所得税）。股本权益总金额按15%税率缴纳预提所得税（若支付给位于低税收管辖区的个人则适用25%税率）。

根据国家货币委员会的规定，非居民企业在巴西金融和资本市场投资取得的利息适用15%预提所得税税率。

非居民企业在巴西金融和资本市场投资所取得的利息，在下列情况下与居民企业适用相同规定（依据交易期限适用22.4%—15%的累退税率）：

① 如果投资不符合国家货币委员会的规定；

② 如果外国投资者位于低税收管辖区。

（3）零税率适用条件

当非居民企业所得来源于2011年1月1日之前购买、并依据证券委员会或国家货币委员会设立的巴西非金融类企业公开交易的债券和证券时，如满足下列条件，预提所得税税率降为0。

① 购买方无再出售承诺。

② 未授权发行人两年内回购或提前赎回或预先支付。税收优惠不适用位于低税收管辖区的个人。

如果投资基金至少持有85%上述证券，满足一定条件，非居民企业从中取得的收益适用零税率优惠。

零税率同样适用于从满足下列条件的投资基金中取得的所得：

① 债券投资组合的85%（最初两年为67%）是为实施基础设施建设项目或进行研发创新项目而专门成立的企业发行；

② 投资基金组合的95%（最初两年为67%）满足前述要求。

支付给非居民实体的利息还有一些其他的免税和零税率优惠。

（4）特许权使用费

非居民实体的特许使用费总金额按15%税率缴纳最终预提所得税。

居民实体向非居民支付的特许权使用费，作为转让技术、商标和专利以及提供技术、管理或科学援助服务的对价，也应该缴纳经济领域介入费。该费用不需要代扣代缴，而是由巴西付款人直接承担。跨境软件使用许可费无须缴纳特许权使用费，但如果涉及购买软件所有权（技术转让），则需缴纳特许权使用费。

支付特许权使用费无须缴纳巴西联邦及州增值税。进口商为获得向巴西最终消费者销售或分销软件使用许可权而向境外支付的款项，被视为特许权使用费，按15%的税率缴纳预提所得税。

如果特许权使用费的受益所有人位于低税收管辖区，则适用的预提所得税税率为25%。

第二节 个人所得税

一、居民纳税人

居民个人需就全球范围内的所得缴纳个人所得税。个人所得税采用累进税率按年度缴纳，在特定情形中须按月预缴。在个人所得税中，居民个人取得的收入可以分为两类，即资本利得和其他收益。资本利得及一些特定种类的投资收益通常需要分项进行单独评估并分别缴纳。部分类型的个人收入需进行源泉扣缴。确认居民个人的所得和收益采用收付实现制。目前，巴西法律尚未对外籍人士有特别的税收规定。

1．纳税人

（1）满足以下任一条件可被认为是巴西税收居民。

① 永久居住在巴西，即该个人的习惯居住地为巴西。

② 在境外的任何巴西政府机关或机构工作。

③ 进入巴西：持永久签证，从中可以推断该个人长期停留巴西的意愿，该个人自入境之日起即成为居民纳税人。持临时签证：雇佣关系下来巴西工作或"培养医生"项目中取得医学奖学金的个人，从入境日起；12个月内在巴西停留超过184天；入境后12个月内获得永久签证，即使停留小于184天。

④ 拥有非居民身份的巴西公民并且返回巴西永久居住，自返回之日起。

⑤ 暂时或永久性地离开巴西，未在法定时限内向税务机关提交他们的非居民身份的适当声明。

（2）若发生如下情况，且向税务机关提交他们的非居民身份的声明，则可以认定其丧失税收居民身份：

① 暂时性离开巴西12个月；

② 永久性离开巴西。

纳税人如在离开巴西时未向税务机关提交明确的离境申报，同时按规定在巴西提交了纳税申报表，其将仍被视为巴西的税收居民。法院认为，纳税人按规定在巴西提交了纳税申报表，表明其有兴趣并有意愿与巴西保持税收征纳关系。

配偶或同性伴侣可选择提交一个共同的纳税申报表。

2．个人所得税应纳税所得额

个人所得税应纳税所得额包括从资本或工作中所产生的世界范围内的收入，以及出售资产或权利时实现的收益，还包括纳税人的净资产与报告的收入不对应的任何增加，除非纳税人证明增加是有合理原因的，如免税所得等。

一般而言，全部所得均应按照累进税率缴纳个人所得税，除非在特定法规下该个人视同企业纳税人。当所得支付方为企业时，应以代扣代缴方式支付税款。

个人所得税纳税年度为当年的1月1日—当年的12月31日，税收评审年度与纳税年度定义一致。

3．免税所得

免税收入类型包括：

（1）从巴西居民企业获得的从税后利润中支付的股息。

（2）免费使用住宅或营业场所视同所得的部分。

（3）工伤事故赔偿，不超过法律最高金额。

（4）计入个人账户的社会一体化税/PASEP储蓄计划下的金额。

（5）雇主对雇员（包括董事）私人养老金计划或替代方案的贡献。

（6）被保险人死亡后的人寿保险或储蓄基金的收益，以及在任何情况下退还的保险费，包括放弃的保单。

（7）居民个人接受的赠与和遗产。

（8）雇主支付给职工的医疗费用和医疗保险费。

（9）职工从雇主处取得的利润分享计划下的收入且不超过6677.55雷亚尔的部分，超出部分将按7.5%—27.5%的累进税率缴纳个人所得税。

（10）因特定疾病致残或因退休而获得的社会保险金。

（11）在某些特定情况下，从因基础设施项目融资而发行的债券中获得的投资收益。

（12）雇主仅为雇员在境外或雇主所在城市以外的城市发生的食宿费用而支付给雇员的每日津贴。

4．就业所得

（1）工资

就业所得一般包括雇员从雇主处得到的工资薪金和任何其他类型的补偿和福利，包括雇主按时发放的薪金报酬、奖励、保险费或其他附带福利等。

雇主必须按月代扣代缴个人所得税税款，月度代扣代缴的税金可在年度申报时抵扣。

（2）实物福利

实物福利应按照市场价值或雇主所花费成本价值一并征税。巴西发放的以下福利（图5-9-4）为实物福利。

图5-9-4　巴西雇员实物福利类型示意图

（3）养老金

个人从65岁起取得的公共养老金收入，按特定标准免除个人所得税。从2015年4月1日起，上限是每月1903.98雷亚尔。私人养老金收入，以及不满足相关条件的公共养老金收入，被视为个人所得的应纳税所得，并以累进税率征收个人所得税。

（4）董事费

居民个人以其作为董事会或其他管理机构的成员身份所赚取的报酬被视为是工资薪金所得，须按累进税率计算所得税，且由支付方代扣代缴。

（5）股权期权

目前，对于雇员或雇主直接所获得的无成本的股票期权，巴西的税法以及劳动法并未做相关规定。但在实际操作中，若雇主或雇员行权，此部分收入会被判定为实物福利进而按累进税率进行征税。

在特定情况下，对个人从因基础设施项目融资而发行的债券获得的投资收益免征预提税。

5. 业务和专业收入

（1）除视同企业纳税人的情况之外，个体业户所得需缴纳个人所得税。

独立个人的劳务收入按个人所得税的累进税率缴纳。向独立个人服务支付费用的纳税人，应按相同的累进税率，实行源泉扣缴。

个人收入中来自国外的收入、向他人提供个人服务所得或租赁收入（没有被征税）必须每月预缴。

（2）以下为个人营业和职业收入的扣除额。

① 支付给员工的薪酬及相关的社会保障缴款。

② 支付给第三方的费用。

③ 为取得应税收入和保持应税所得来源必需支付的费用。只有独立的商业代理可扣除与运输有关的费用。

为计算预缴税款金额，上述提到的扣减额上限为个人与活动有关的月收入。超过当月收入的费用，可在同一纳税年度内的其他月份结转。不得扣除装置、机器和设备的折旧费或运输费用。

6. 投资收益

投资收益通常包含在个人所得税的应纳税所得额中，应纳税所得不包括由居民企业从税后利润中支付的股息。

（1）基础设施建筑、研发项目及开发、创新项目的法人实体所发行的债券利息收入可采用零税率。

（2）在特定情况下，巴西公司向股东支付的净资产所得，按15%的税率进行源泉扣缴。

（3）特许权使用费包含在个人应纳税所得额中，适用一般累进税率。纳税人支付的特许权使用费应进行源泉扣缴。

（4）租金收入属于应税项目，纳税人支付的租金也须进行源泉扣缴。

在评估个人所得税税基时，可以扣除出租不动产之所有人所缴纳的不动产税，前提是该所有人在相应期间取得了前述不动产的租金收入。

7. 资本利得

资本利得为资产处置的对价减去资产的购置成本。

资本利得税以15%—22.4%的税率计税。资本利得单独计算，因此不包含于年度所得税申报计算中。

居民个人在出售住宅物业180天内，用出售收入再投资或购买巴西境内另一住宅物业，则出售环节的所得免税。如果仅将部分收入用于再次购买，则未使用部分应缴纳所得税。

出售低值资产或权利的资本利得，如果销售价格在完成销售的当月不超过35,000雷亚尔，以及在场外交易市场进行交易的股票销售价格不超过20,000雷亚尔的，则均可予以免税。

出售上市公司股份、其他股票交易所或询价式证券交易市场的有价证券，须就净收益缴税。净收益遵循与资本利得相同的原则，即评估处置价格和取得成本之间的增值。净收益并不是根据每笔交易计算的，而是计算一个月内涉及的所有交易。

净收益单独征收所得税，根据交易性质的不同，按15%或20%税率征收（根据交易的性质，某些交易需预付0.005%或1%的扣缴税款）。销售价格不超过20,000雷亚尔的在询价式市场交易的股票相关收益可免税。

出售关于公共设施私募股权基金的资本利得，无论是否在证券交易所进行交易，均适用零税率。该优惠政策同样适用于居民个人对私募股权基金研究开发和创新所获的资本利得。

8. 扣除项目、津贴及税收减免

（1）扣除项目

个人所得税按照个人总收入减去允许扣除额和津贴的余额计算。居民个人可以在计算其年度应纳税额中扣除下列项目：

① 纳税人及受纳税人抚养或赡养人用于药物、心理治疗、牙医、理疗等不可报销但可证明的相关花费；

② 与提供单独服务所得收入相关的可扣除费用；

③ 由法庭指令或司法确认的赡养费及子女抚养费；

④ 支付给国家社会保障中心（INSS）的社保费用；

⑤ 为纳税人或其家属提供的个人养老金计划；

⑥ 纳税人给予被抚养或赡养人的年度支出；

⑦ 抚养或赡养人支付的列入规定的教育支出，扣除上限为3561.50雷亚尔；

⑧ 为纳税人或其家属提供的个人退休基金（FAPI）计划；

⑨ 65岁以上公民每月领取的养老金或退休酬金，扣除上限为1903.98雷亚尔；

⑩ 向有资质的巴西私人养老基金交纳的养老金支出，上限为应纳税所得额的12%。

居民个人的月度纳税申报允许扣除以下项目：

① 由法庭指令或司法确认的赡养费及子女抚养费；

② 纳税人支付给抚养或赡养的月度津贴；

③ 向有资质的巴西私人养老基金交纳的养老金支出，上限为应纳税所得额的12%。

（2）津贴

从2015年4月1日起，个人可月度扣除一定金额的抚养或赡养费，金额为每月189.59雷亚尔。

（3）税收减免

以下类型的个人所得可以适用税收减免，但该减免不得超过所得税额的6%：

① 向特定的项目、基金及慈善团队给予的慈善捐款；

② 社会保障的缴纳是由"国内个人雇主"支付，一定限额内（近1171.84雷亚尔，抵减限额按特定公式计算得出）可扣除。

9．税率

（1）收入和资本利得

收入和资本利得适用税率见图5-9-5。

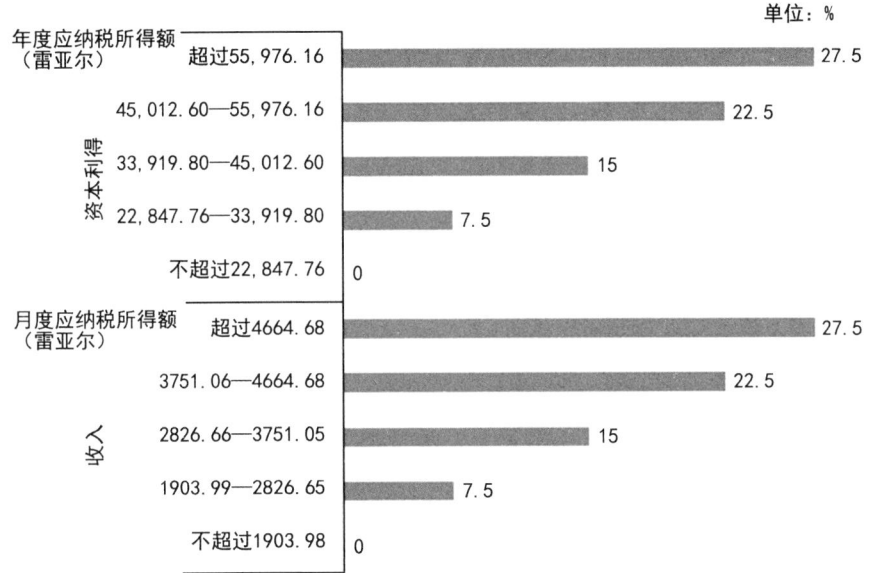

图5-9-5　巴西居民收入和资本利得个人所得税适用税率示意图

目前资本利得税适用累进税率，税率为15%—22.4%。

（2）源泉扣缴

个人取得的就业收入和企业支付的收入，适用源泉扣缴。代扣代缴的税款一般被视为预缴款，并可冲抵纳税人的年度个人所得税额。

员工参与利润分享计划从雇主处取得的收入，适用代扣代缴的征管方式，适用税率如图5-9-6所示。

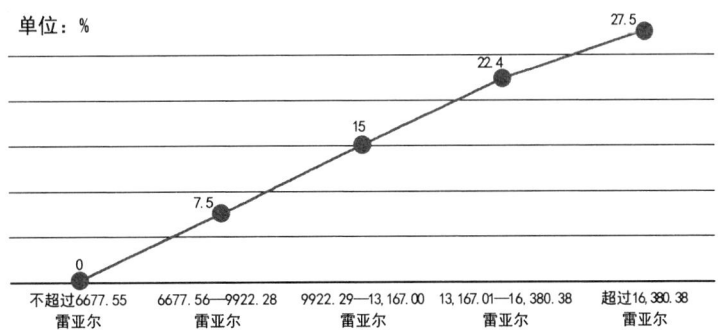

图5-9-6　巴西员工参与利润分享计划所得适用税率示意图

二、非居民纳税人

1. 纳税人

巴西境内的个人若不满足居民纳税人条件，则为非居民纳税人。此外，当巴西税收居民离境且提交离境个人所得税申报表，则即时被视为非居民纳税人；若其未在离境时进行离境个人所得税申报，则将在离境12个月后被认定为非居民纳税人。

2. 应税所得及税率

（1）如非居民纳税人取得的收入无专门规定的税率，适用15%税率；如有专门规定的税率，适用该税率。对于资本利得，非居民纳税人享受与居民纳税人同样15%—22.4%的累进税率和税率适用标准。表5-9-1简要概括了常见不同所得类型及其适用税率。

表5-9-1　常见不同所得类型及其适用税率表

税率	类型
15%	1. 非居民纳税人一般情况下适用15%的税率 2. 非居民纳税人从巴西境内所取得的特许权使用费所得适用15%的税率 3. 非居民纳税人取得的来源于巴西的动产或不动产租赁所得按15%的税率进行税费征收
25%	1. 若非居民纳税人为低税司法管辖区税收居民，其从巴西境内所取得的特许权使用费所得、来源于巴西的动产或不动产租赁所得、来源于巴西的权益性所得按25%的税率进行税费征收 2. 非居民纳税人从巴西取得的任何形式的任职受雇所得均适用25%税率，且不得税前扣除 3. 非居民纳税人来源巴西境内的任何商业形式的收入或相关专业技能方面的收入均按其收入总额的25%进行税费征收，且无任何扣除项

（2）向非居民个人支付以下发生在境外的费用，可免征预提所得税：

① 为教育、科学或文化目的而支付的款项，包括学费、会议或研讨会费用、能力考试费用；

② 国外医疗相关的医疗费和住院费（包括家属医疗）。

就居住在巴西的专业人员所获得的培训服务向境外个人或法人实体支

付的款项,应按15%的税率缴纳预提所得税。这些款项被定性为发生在境外的技术服务费(向位于较低税收管辖区的个人支付相关款项时,税率为25%),而不被视作可免征预提所得税的教育或科学开支。

第三节 增值税

巴西的增值税概念包括工业产品税和商品流通服务税。工业产品税是联邦税,商品流通服务税属于州政府税。

工业产品税是一种增值税,是对所有类型工业产品的供应和进口征收的一种联邦税,遵从非累积原则,属于流转税,即前一交易环节(包括产品进口)缴纳的税收可以在涉及产品生产的后续环节中抵扣。工业产品税的部分税收收入会分配给州政府和市政府。

商品流通服务税是一种增值税,即之前交易产生的商品流通服务税可以用于抵扣后续交易产生的增值税,对产品流通、提供任何城际服务或州际运输服务和通信服务征收,该税种也适用于海外进口商品。商品流通服务税按各州的法规管理,由各州的财政部门负责征收管理。根据巴西联邦各州之间的具体协议,州政府可以给予免税、降低税基、核定扣除及其他税收优惠。

一、增值税纳税人

纳税人是进口或生产产品的任何人,或是联邦法律适用同等待遇的任何人。对于被查封、丢弃和拍卖的产品,其供应商和经销商也是工业产品税的纳税人。

不管实体的法律地位如何,只要从事产品进口或工业加工,那么就有工业产品税的纳税义务。如纳税人享受免税待遇,则在获得税务机关的书面同意后,可以免缴工业产品税。

非企业纳税人（即服务供应商）或个人（私人使用）进口的产品不需缴纳工业产品税。

没有特别规定表明集团应被视为单一纳税人，但对同一公司或关联方各机构（常设机构或分公司）之间转让产品的税基有法规明确规定。这里的关联方是指与公司之间可以用最宽泛的条款进行交易而无须互惠互利的公司，其不具备公司外第三方交易的独立性特点，但有管理控制权或通过其他方面影响公司决策。

二、增值税应税对象

工业产品税的应税对象是制造商供应的或任何人进口的任何类型的工业加工品。根据巴西法院判定，目前进口商再销售进口产品仍被视为应税对象。

生产活动（适用工业产品税）和提供服务（适用社会服务税）实际表现的不同主要基于赋予产品的目的或用途。如果产品是合约方个人使用或消费，或构成合约方公司固定资产的一部分，那么生产加工将被视为实际的服务，因此适用市政府税中的社会服务税。但是，如果产品最终用于销售或生产其他产品，那么交易会被认定为制造商进行实际的工业化，因此适用工业产品税。

三、增值税税率

根据工业产品税法规定的税收分类代码，不同产品的工业产品税税率不同，税收分类代码按照税则注释（NESH）和共同对外关税（TEC）制定。工业产品税的税率一般为0—50%。具体税率根据南共体通用海关编码（NCM）以及工业产品税税率表（TIPI）而定。

税率一般与产品的必需性成反比，而且时常会进行调整。如生产香烟、酒精饮料适用较高税率，而某些半成品则适用极低的税率，某些产品收取固定工业产品税税费，即特定类别的每个物品收取固定金额工业产品税。一般零税率仅适用于生活必需品，但这种必需性是基于巴西经济的现状的，政府可能决定降低工业产品税税率（或对进口交易提高税率）来刺激特定行业的发展。工业产品税是少数在巴西法律制度中明确规定的税种，不再需要通过制定新法律来调整税率。在法律规定的范围内，税务机关可以通过法令自由制定工业产品税税率，并立即生效。

四、增值税进项税额抵扣

工业产品税对工业产品的每个生产环节征收。在增值税的情况下，经过多个生产环节加工的产品（如从原材料到产成品）允许抵扣调整每个单独环节已经支付的工业产品税。当生产阶段结束后，不再征收工业产品税，且累计的财务负担通常并入产品的最终成本中。

用于生产应税产品的原材料、半成品和包装物等，已支付的税金（工业产品税进项税）可以用于抵扣应税金额。

采购产品并不构成新产品的一部分，而是用于生产应税产品，也会产生工业产品税进项。包括需进行折旧的工具，或由于与生产的产品物理接触而损坏的工具。

某些在巴西生产的特定机械设备构成固定资产的一部分，而且仅用于生产流程，也可以用于抵扣。这些符合条件的项目都被财政部列入了清单。最高法院规定，国内购买者采购巴西制造的机器作为其公司固定资产使用享受进项抵扣，这是对民族工业的一种补贴，因此对国外产品并不适用。生产商可以考虑工业产品税进项税——从非工业产品税纳税人的批发商处购买原材料、半成品和包装物等所支付的税金。上述产品的适用税率乘以该产品价格的50%，即为工业产品税进项税金额。

五、增值税税收优惠

根据巴西税收法规，以下项目可以享受增值税免税优惠：

① 加工食品和点心直接销售给消费者，无特殊容器盛装；

② 工匠在无他人合作的情况下，在其住所加工手工制品，并直接销售给消费者；

③ 独立工人制衣或制作类似物品，并与消费者直接交易；

④ 直接从消费者或用户处取得订单生产产品，且生产过程中绝大部分是专业工作；

⑤ 药店制药并直接销售给消费者；

⑥ 在公司等机构外组装产品，用于建造楼房、管道、工厂及类似建筑；

⑦ 根据第三方指示或为使用产品的公司布置、恢复和修理使用过的物品；

⑧ 按照生产商的保证，无偿修复不良产品，甚至是更换产品；

⑨ 将发动机转换为乙醇燃料发动机。

同一工业企业内生产的用于制造商自用的产品不征税。

宪法规定的免税政策适用于书籍、报纸、期刊和用于印刷的纸张，此项免税政策也适用于进出口关税和工业产品税。

对运往玛瑙斯自由贸易区的产品，自进入自由贸易区时免征联邦工业产品税。进入保税区供内部消费、使用或工业化的产品，或经海关仓库运往亚马孙西部地区的产品（不包括武器弹药、香水、烟草、客车和酒精饮料），不缴纳工业产品税。

如果保税区产品在出口前发生应税事件，则在下列累加条件下，对用于维修服务的备件免征工业产品税：

① 雇佣服务的第三方位于保税区内；

② 货物是服务于雇主的固定资产；

③ 这些服务由保税区以外的机构提供。

◆ 第十章 澳大利亚

第一节 企业所得税

澳大利亚的企业所得税适用于公司、有限合伙企业、企业单位信托和公共交易信托基金。

一、居民企业

澳大利亚居民企业，是指在澳大利亚注册成立的企业，或虽然不是在澳大利亚成立但在澳大利亚从事经营活动且主要管理机构位于澳大利亚的企业，或其具有控制表决权的股东是澳大利亚居民（居民企业或居民个人）的企业。居民企业就其全球来源的应税所得申报企业所得税，包括净资本利得。

1．税率

企业所得税税率统一为30%。2019/2020财年及之前年度，年营业收入累计不超过2500万澳元的小型企业减按27.5%缴纳企业所得税；2020/2021财年，年营业收入累计不超过5000万澳元的小型企业减按26%缴纳企业所得税；2021/2022财年及以后年度，年营业收入累计不超过5000万澳元的小型企业减按25%缴纳企业所得税。

2．税收优惠

（1）研发优惠政策

自2018年7月1日起，澳大利亚实施新的研发税收优惠政策，对于符合资质的从事研究和开发活动的实体提供税收减免。

① 对于集团年收入总额低于2000万澳元的公司，享受可退还的税收抵免：当年发生1亿澳元（含）以下的研发支出的，可按43.5%的比率进行可退还的抵免；超出1亿澳元的部分则适用30%的比率。

② 对于收入总额超过2000万澳元的公司，享受不可退还的税收抵免。1亿澳元（含）以下的研发支出按38.5%的比率进行抵免，超出1亿澳元的部分则适用30%的比率。

通常来说，只有在澳大利亚进行的研发活动所对应的研发费用才能享受该研发费用税收优惠。但在少数情况下，如该研发活动无法在澳大利亚开展，海外进行的研发活动发生的费用也能享受该税收优惠。

（2）初创型公司的投资者税收优惠政策

自2016年7月1日起，如果投资者投资一个符合资格的初创公司，可获得相关税收优惠。

① 不可退税、可结转的税额扣除。其金额等于投资者符合条件的投资额的20%，投资者及其附属公司在每个收入年度的合并扣除额上限为200,000澳元。

② 特定资本利得的企业所得税处理。对于连续持有至少12个月且少于10年的符合条件的股份，其产生的收益可不计入资本利得；对于持有少于10年的符合条件的股份，其产生的损失不得计入资本损失。

3．应纳税所得额

应纳税所得额=收入总额-不征税收入-免税收入-各项扣除金额-允许弥补的以前年度亏损

（1）收入范围

应税收入主要包括一般收入（如来源于经营活动、利息或特许权使用费等的收入）和法定收入（如净资本利得）。一般来说，收入在取得的时候应计入该纳税年度的应税收入，但根据收入的不同类型有不同的纳税时点。

澳大利亚居民企业一般需就其全球范围内资本利得缴纳企业所得税。

但是，对澳大利亚居民企业通过出售其持有至少10%股权的，从事一定时间实质性经营活动的非居民公司股权所取得的资本利得，不征资本利得的企业所得税。

（2）税前扣除

可在税前列支的扣除项目为，经营活动中产生的、与取得应税收入相关的费用支出，主要包括企业在一般经营活动中产生的费用、利息支出、与贷款相关的费用（在5年内或贷款期内进行摊销）、符合条件的坏账支出、修理费用、折旧/摊销费用、税务申报费用、特许权使用费等。法律法规同时明确了特定项目的费用支出的扣除数额和扣除时间的限制（如业务招待费与预付费用的扣除受到一定限制；罚款不能在税前扣除等）。企业可折旧/摊销的资产必须是可在有效期限内进行折旧/摊销、并能根据其使用时间合理预计其折旧/摊销额的，不包括土地、可交易股票。一些非特定情形的无形资产可扣除。

（3）亏损弥补

亏损分为经营亏损和资本亏损。

① 经营亏损可无限期结转。企业可以选择使用以前年度可弥补的经营亏损抵减当前年度的应纳税所得额，也可以选择不使用亏损抵减，继续往以后年度结转。除了适用合并纳税制的纳税集团内企业，经营亏损不得在不同企业间相互转移。

② 企业发生的资本亏损只可用于抵减资本利得，同时可无限期结转，用于抵减日后的资本利得。

在2019/2020财年、2020/2021财年和2021/2022财年产生的税务亏损可以分别向前结转抵销2018/2019财年、2019/2020财年、2020/2021财年的纳税利润。

（4）特殊事项的处理

企业重组所涉税收问题可能取决于各种因素，包括：是否涉及股份/整体或标的资产的转让；收购机构是否属于税务合并集团的一部分；重组企业是否有任何权益由非居民持有；目标公司的资产类型和税务属性（如亏损等）；涉及的实体类型（包括税务优先实体）；因收购、合并或重组而导致的居住地变更可能产生的资本利得税应纳税行为等。

集团内的税务合并或重组是免税的，因为集团的所有成员都被视为一个纳税人的分支。

4. 应纳税额与合并纳税

应纳税额=应纳税所得额×适用税率-减免税额-抵免税额

受同一集团全资控股的澳大利亚企业可选择成立单一纳税实体，在澳大利亚进行合并纳税申报。合并纳税允许互相抵销合并集团企业之间的利润和亏损。并入合并纳税集团的成员企业只能是100%全资控股的澳大利亚居民企业，且选择是不可撤销的。

澳大利亚居民企业100%直接或间接由同一外国公司所拥有，且在澳大利亚设有共同的澳大利亚控股公司，在符合特定的条件下，其非居民母公司也可以把他们作为一个纳税主体进行合并纳税。

二、非居民企业

判定所得来源地是否为澳大利亚有两个常见标准：一是企业取得的收入是否为企业在澳大利亚的经营所得；二是企业取得的收入是否源于澳大利亚居民的支付或源于位于澳大利亚境内资产的所得。

1. 应纳税所得

在适用双边税收协定的情况下，非居民企业构成澳大利亚的常设机构时，对其获得的营业利润征税。不存在双边税收协定时，按照澳大利亚普通法中关于收入来源地的规则来判定非居民企业取得的收入是否来源于澳大利亚，并因此判定是否应征税。

澳大利亚非居民企业出售澳大利亚应税财产取得的资本利得须按照30%的税率纳税。出售持股比例不超过10%的澳大利亚公司股权或出售的股权所属的澳大利亚公司直接或间接拥有的澳大利亚物业（如土地、房地产）比例不超过50%的，可豁免对资本利得部分的缴税义务。

非居民企业向其境外股东支付来源于澳大利亚的股息及来源于澳大利亚应税财产的净资本利得时，需要在澳大利亚代扣代缴所得税。如有双边税收协定，适用协定规定。

2．预提所得税

（1）股息

居民企业向非居民企业支付未完税股息时一般按30%的税率扣缴预提所得税，有双边协定的，遵从协定税率。

股息受债资比例的限制，根据交易的经济实质，判断其属于股息还是利息。

（2）利息

居民企业向非居民企业支付利息时一般按10%的税率扣缴预提所得税，有双边税收协定的，遵从协定税率。特定的公开发行的债券免征预提所得税。

（3）特许权使用费

居民企业向非居民企业支付或计提特许权使用费时一般按30%的税率扣缴预提所得税，有双边协定的，遵从协定税率。

（4）资本利得

澳大利亚非居民企业出售澳大利亚应税财产取得的资本利得，需按照30%的税率纳税。非居民股东将其持有的澳大利亚子公司股权计入资本账户，且该公司不被视为应税澳大利亚资产的，则应免于缴纳澳大利亚资本利得的企业所得税。

（5）其他

非居民企业取得的管理费、技术服务费和租金一般不征收预提所得税。境外保险公司取得的保险费（除人寿保险费外），非居民企业取得的旅客运输、邮件寄递、货物运输等收入，征收3%—5%不等的预提所得税。

非居民企业从澳大利亚管理投资信托取得与不动产相关的收益，适用15%的预提所得税税率。

支付与自然资源相关的款项适用特殊的预提所得税规定。分支机构利润分配不适用预提所得税规定。

非居民企业应及时向澳大利亚居民企业（付款方）报告其居民国地址，以便其能按正确的税率扣缴预提企业所得税，否则，澳大利亚居民企业方将按47%的高税率扣缴预提所得税。

第二节　个人所得税

一、居民纳税人

澳大利亚居民纳税人是指在澳大利亚有固定住所的个人或一个纳税年度内在澳大利亚停留超过183天的个人。澳大利亚居民个人应就其全球范围内的应税所得（包括净资本利得）缴纳个人所得税。纳税人按收付实现制的原则来计算应税收入。

纳税人就图5-10-1所列项目缴纳个人所得税。

图5-10-1　澳大利亚居民个人所得税纳税项目示意图

1. 税率

澳大利亚居民纳税人的个人所得税实行综合税制和超额累进税率。居民纳税人适用的个人所得税税率如图5-10-2所示。

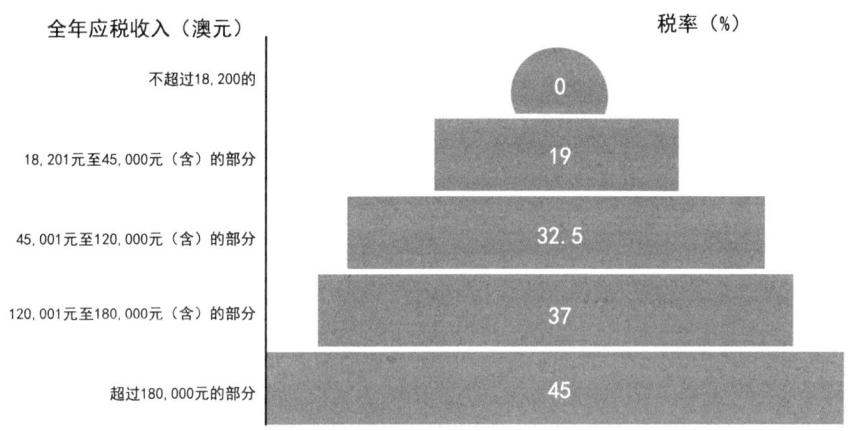

图5-10-2 澳大利亚居民纳税人个人所得税税率示意图

2. 税收优惠

① 员工持股计划类型和其他因素，某些情况可适用税收优惠政策，包括每年1000澳元的免税额，或最高15年的递延纳税优惠。

② 根据收款人的年龄与收取款项的类型，60岁以下个人取得的由澳大利亚政府特许的退休基金支付的退休金可享受税收优惠政策。

③ 居民个人可就处置持有一年以上的资产所得申请减半征收所得税；出售主要居住房屋的所得免税；离婚或死亡情况下可申请延期纳税；符合税法定义的小型企业的经营者处置企业部分或全部资产的税收优惠等。

3. 可税前扣除项目

可在税前列支的扣除项目是个人取得应税收入过程中发生的相关费用。主要包括个人支付的以下费用：

① 与受雇直接相关的费用（如往返不同工作地点之间的交通费）；

② 与工作相关的费用（如上班需穿戴的制服费）；

③ 与房产投资相关的贷款利息；

④ 自由职业者支付的允许扣除的保险费（除人寿保险的保险费外）；

⑤ 向澳大利亚核准的团体支付的捐赠支出；

⑥ 税务咨询费用；

⑦ 与受雇或取得应税收入活动直接相关的教育费用（超过150澳元）；

⑧ 与受雇或取得其他应税收入活动相关的资产折旧费（小型纳税人可

对价值低于1000澳元的资产在取得当年按其价值一次性税前扣除）；

⑨ 与取得应税收入资产相关的利息费用；

⑩ 受限制的与家庭办公室直接相关的住宅支出等，允许在税前扣除。员工取得由雇主全额报销的费用既不征税也不能在税前扣除。

4．不可税前扣除项目

私人性质的费用（如上下班交通费）、免税收入（或不征税收入）相关的费用、与政府补助款项相关的费用、交际应酬费、罚款、与资本所得相关的费用、贿赂、医疗费用等，不可税前扣除。

二、非居民纳税人

对于非居民个人的税收征收办法，要看非居民个人是否适用税收协定。在可适用相关税收协定的情况下，根据税收协定的相关条款对非居民个人取得的应税收入征税。在没有相关税收协定的情况下，根据澳大利亚国内相关规定对非居民个人取得的来源于澳大利亚或视同来源于澳大利亚的收入进行征税。非居民个人扣除部分同居民纳税人一致。

非居民个人的受雇收入、经营活动和专业劳务所得、股息收入、资本利得，需要缴纳个人所得税。

非居民纳税人适用的个人所得税税率如图5-10-3所示。

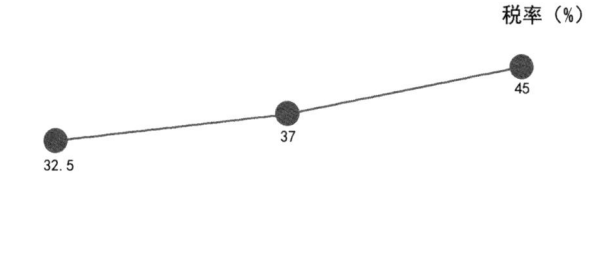

图5-10-3　澳大利亚非居民个人所得税税率示意图

对于非居民个人股东而言，取得澳大利亚居民企业汇出的已付税股息一律在澳大利亚免税，但不能退税。如果取得澳大利亚居民企业未付税股息，收到上述股息前需缴纳股息预提所得税，税率一般默认为30%。

第三节　商品及服务税

在澳大利亚已办理或应办理商品及服务税注册登记的，在境内销售应税商品或提供应税服务，或者进口应税商品和服务的，为商品及服务税的纳税人。企业年营业额超过75,000澳元（非营利机构为150,000澳元）的，需办理商品及服务税的注册登记。所有出租车运营者不论年营业额多少，都必须注册。

商品及服务税的税率为10%。纳税人销售或提供的某些种类食品、医疗服务、教育服务、幼儿服务、出口商品及服务、慈善活动、宗教服务、污水处理服务、涉及非居民的部分交通运输服务、国际邮寄服务、贵金属提炼后的第一手销售等，适用零税率。

一、税收优惠

以下项目为免税项目：
① 金融服务；
② 住宅租赁；
③ 住宅销售（除商业住宅或新住宅外）、通过签署长期租赁合同提供的住宅（除商业住宅或新住宅外）；
④ 贵金属销售（除贵金属提炼后的第一手销售外）；
⑤ 女性卫生用品销售；
⑥ 符合资质的受雇佣残障个人购买或租赁的车辆。
以上免税收入所发生的进项税额也不得抵扣。

二、应纳税额

纳税人销售应税商品或提供应税服务，应纳税额为当期销项税额抵扣当期进项税额后的余额。如果当期进项税额大于销项税额，纳税人可以申请退税。

当发生含税价超过75澳元的销售时，销售方必须在28天内开具商品及服务税发票给购买方，以便对方凭票进行进项税额抵扣。每张发票的抵扣年限为4年。如购入商品或服务全部或部分用于私人的，则对应部分的进项税额不得抵扣。

纳税人进口商品或服务，其计税价格包含该进口商品或服务的关税完税价格、境外运输费、相关运输保险费以及关税。

三、合并纳税

两个或两个以上受同一集团持股比例90%以上的公司、信托、合伙企业或相关联的个人，可选择组成集团纳税实体，在澳大利亚进行合并纳税申报，但纳税集团的成员不能全部为个人。合并纳税不考虑纳税集团内部各个成员之间的购销交易，各个成员共同分担纳税集团的应纳税负。所有纳税集团成员均需办理商品及服务税的注册登记，采用一致的会计年度和会计口径，不能再隶属于其他纳税集团，且不属于需要缴纳商品及服务税的分支机构。纳税集团的成立需向联邦税务局申报，并委派一名代表成员负责纳税具体事务。代表成员不能为非居民，但其他成员则无此限制。

参考文献

［1］《中国居民赴某国家（地区）投资税收指南》，国家税务总局网站。

［2］全优：《OECD及各国对数字经济税收问题解决方案探讨与展望》，《中国财政》2019年第18期。

［3］岳云嵩、齐彬露：《欧盟数字税推进现状及对我国的启示》，《税务与经济》2019年第4期。

［4］梁嘉明：《法国数字税动因、进展及启示》，《金融纵横》2019年第11期。

［5］寇韵楳：《数字经济背景下英国数字税制度分析与启示》，《湖南税务高等专科学校学报》2020年第33期。

［6］哈维·S.罗森、特德·盖亚著，郭庆旺译：《财政学》，中国人民大学出版社2020年版。

［7］孙南翔：《全球数字税立法时代是否到来——从法国数字税立法看全球数字经济税制改革》，《经济参考报》2019年08月07日。

［8］路广通：《解析数字税：美欧博弈的新战场》，《信息通信技术与政策》2020年第1期。

［9］茅孝军：《新型服务贸易壁垒："数字税"的风险、反思与启示》，《国际经贸探索》2020年第36期。

［10］王强、王孟可：《洞察全球数字税征管体系》，《中国外汇》2019年第18期。

［11］王敏、彭玥：《多因素助推数字税开征应提速》，《中国财经报》2020年09月29日。

［12］唐滔、蒋韫颖、李依珊：《跨国数字经济活动征税改革方案与进展》，《金融纵横》2020年第7期。

［13］许丽、殷思益：《欧洲数字服务税征收探讨与启示》，《对外经贸》2020年第7期。

［14］张巾、李昭、肖荣美：《全球数字经济税收规则调整动态及思考》，《税务与经济》2020年第4期。

［15］张群：《全球数字税最新进展、动因及对我国的启示》，《信息通信技术与政策》2019年第7期。

［16］陈勃：《数字服务税理论探析》，《湖南税务高等专科学校学报》2020年第33期。

［17］黄健雄、崔军：《数字服务税现状与中国应对》，《税务与经济》2020年第2期。

［18］华成红：《数字税的国际实践研究及启示》，《现代商业》2020年第19期。

［19］邱峰：《数字税的国际实践及启示》，《西南金融》2020年第3期。

［20］智勐：《加快数字税务建设，高质量推进新时代税收现代化》，《税务研究》2020年第8期。

［21］中国信息通信研究院：《全球数字经济新图景（2020年）——大变局下的可持续发展新动能》，2020年10月。

［22］张秀青、赵雪妍：《全球数字税的最新进程、发展特征与趋势及中国立场》，https://www.cifnews.com/article/45977。

［23］《7月1日起，印度尼西亚将对国外数字产品交易征收10%增值税》，https://baijiahao.baidu.com/s?id=1669542725739947033&wfr=spider&for=pc。

［24］《墨西哥2020年税务更新！将影响亚马逊、Mercado Libre等平台卖家的数字税》，https://baijiahao.baidu.com/s?id=1649274202045142334&wfr=spider&for=pc。

［25］驻南非共和国大使馆经济商务处：《南非提出征收数字税等增值税和改革措施》，http://za.mofcom.gov.cn/article/jmxw/202010/20201003010114.shtml。

［26］Lips. The EU Commission's digital tax proposals and its cross-platform impact in the EU and the OECD[J]. Journal of European Integration,2020,42(7).

［27］Jones Adjei Ntiamoah,Joseph Asare. Taxation of Digital Business Transactions: Challenges and Prospects for Developing Economies[J]. Journal of Economics and Public Finance,2020,6(3).

［28］Natalia Victorova,Victorova Natalia,Pokrovskaia Natalia,Yevstigneev Yevgeniy. Reflection of digital transformation on tax burden[J]. IOP Conference Series: Materials Science and Engineering,2020,940 (1).

致　　谢

中国商业联合会会长	姜　明
丝路规划研究中心副理事长	蒋志刚
中国中小商业企业协会副会长	宋　捷
中国石化集团资本公司财务总监	朱冬梅
中国生产力学会副秘书长、 　　中国自由贸易创新发展研究联盟秘书长	王海平
国家林业和草原局竹缠绕复合材料工程技术研究中心主任	叶　柃
中国乡村发展协会特聘常务副会长	邓小君
中科网联数据科技有限责任公司董事长	张　余
万里智库国际研究院秘书长	赵　悦
大同国际陆港港务有限责任公司董事长	李　强
丝绸之路国际经济论坛组委会秘书长	任树平
中国人民大学制度学研究中心主任	彭和平

特别感谢

本书的主要资料来源于国家税务总局网站所发表的《中国居民赴某国家（地区）投资税收指南》。在此，我要向组织者和编译组的同志们致以衷心的感谢，感谢你们的辛勤付出，感谢你们为促进中外税收合作与交流作出的贡献。你们是本书的幕后英雄，值得我们敬佩和学习。